우당탕탕

중국 이야기

우당탕탕 **중국** 이야기

중국 사업 백 퍼센트 성공 노하우

2016년 6월 7일 초판 1쇄 발행

글 신윤창
펴낸이 길도형
표지디자인 김민희
디자인 인디나인
인쇄 천일문화사
제책 제일제책
펴낸곳 장수하늘소
출판등록 제406-2007-000061호
주소 10881 경기도 파주시 회동길 445-4 301호
전화 031-8071-8667 **팩스** 031-8071-8668
E-mail jhanulso@hanmail.net
ⓒ신윤창, 2016
ISBN 978-89-94627-54-0 03320

「이 도서의 국립중앙도서관 출판시도서목록(CIP)은 e-CIP 홈페이지 (http://www.nl.go.kr/ecip)와
국가자료공동목록시스템(http://www.nl.go.kr/kolisnet)에서 이용하실 수 있습니다.
(CIP제어번호: CIP2016012321)

우당탕탕 중국 이야기

중국

신윤창 지음

장수하늘소

중국 사업에서 성공하기

나의 경력은 일반 직장인들에 비해 그리 평범한 편은 아니다. 1988년 첫 직장인 LG전자(당시 금성사)에서 국내 가전 영업을 한 이래, 피어리스(화장품), 애경산업(화장품), 필립스전자(소형 가전), 개인 사업(화장품), 미니골드(쥬얼리), LG생명과학(의약품)을 거쳐 지금 세라젬H&B(화장품)의 중국 법인장으로 근무하고 있다. 화장품 경력이 많기는 하지만, 가전과 화장품, 쥬얼리, 의약품이라는 전혀 다른 네 개의 산업 분야에서 일관되게 마케팅과 영업을 하면서 약 27년간 여덟 곳의 직장에서 다양한 경험을 쌓을 수가 있었다. 어찌 보면 끈기가 없어 한 직장에 오래 머물지 못했다는 실패와 포기의 역사처럼 보일 수도 있겠지만, 나는 단 한 번도 신입 사원 시절부터 가졌던 꿈을 포기한 적이 없었다. 그래서 그곳이 어디든 언제나 열정을 다해 일을 해왔으며, 항상 변화를 추구하고 그 변화에 도전해왔다.

첫 직장인 LG전자 때, 신입 사원인 나는 월 매출 3천~5천만 원 정도의 고만고만한 대리점들을 맡게 되었다. 나는 늘 담보 상태에 있는 대리점들의 매출을 최대한 끌어올리기 위해, 발상을 전환하여 과감히 대리점들을 법인으로 바꾸었다. 당시 작은 대리점은 세금 문제가 두려워 매출을 늘리고 싶어도 어느 정도 선에서 조절하는 경향이 있었는데, 이를 역이용한 사례였다. 결과는 두 배가 넘는 매출 신장으로 돌아왔다.

1995년 세제 회사였던 애경산업은 화장품을 출시했다. 하지만 세제 이미지가 너무 강해서 번번이 실패를 맛보곤 하였다. 그때 나는 프랑스 파리의 유명한 패션 브랜드인 마리끌레르를 화장품에 도입하여 애경의 이미지를 바꾸는 한편, 혁신적인 디자인과 컬러로 수백억 원대의 매출을 기록하며 큰 성공을 거둔 바도 있었다. 또한 남들이 약사법 때문에 모두 안 된다고 하는, 여드름 전용 화장품인 에이솔루션(a-solution)을 출시하여 역시 큰 성공을 거두었으며, 이것이 계기가 되어 한국에서 여드름 화장품들이 우후죽순으로 나오는 시대를 열기도 하였다.

그 밖에 14K 골드 쥬얼리 회사인 미니골드에서는 디즈니 캐릭터 실버 액세서리를, 고혈압 등의 전문 의약품 회사인 LG생명과학에서는 피부 미용 분야의 필러 주사제를 출시하여 모두 좋은 성과를 내었다. 이 모든 것이 기존의 방식과 반대되는 도전이었다. 그런 도전이 있었기에 세제 회사에서 화장품을, 골드 회사에서 액세서리를, 전문 의약품 회사에서 필러를 취급하고도 모두 큰 성공을 거두게 된 것이다.

그리고 지금은 의료기 회사에서 화장품을 하고 있다. 그것도 홈그라운드인 한국이 아닌, 미지의 땅 중국이다. 옛말에 싸움에서 이기기 위해선 전쟁터를 바꾸라는 말처럼, 지금까지 한국에서 새로운 발상의 브랜드나 상품이 나의 도전이었다면, 이제부터는 한국이 아닌 중국 땅 그 자체가 나의 도전이 된 것이다.

그러나 항상 성공만 한 것은 아니었다. 빨리 성공하고 싶은 욕심에 개인 사업을 하다 쓰라린 실패로 전 재산을 잃기도 했었고, 여러 회사에서 온 힘을 다하여 큰 성과도 냈었지만, 조직 내에서 정치적이지 못했던 성격상 스스로 회사를 떠나기도 했었다. 이 모든 것이 덜 성숙된 나의 오판이었고, 지금의 나를 키우는 중요한 자양분이 되기도 했다. 한 번의 실수는 있을 수 있겠지만, 더 이상 같은 실수는 반복할 수 없다.

그래서 포기하지 않고 계속 나만의 꿈을 찾아 힘들고 험난한 도전을 해왔다. 그 꿈이란, 한 회사의 CEO가 되어 직원들이 진정으로 행복해하고 사회에 공헌하는 회사를 만들어보겠다는 것이다. 그래서 그 꿈이 이끄는 대로 나는, 중국이 어떤 나라인지도 잘 몰랐고 중국어도 제대로 못했지만, 어떤 운명에 이끌린 것처럼 산둥 성 칭다오에 발을 들여놓게 되었다.

세라젬은 중국에서는 이미 의료기 회사로 잘 알려진 중견 기업이다. 그리고 일찌감치 중국의 화장품 시장의 가능성을 보고 계열사를 창업한 것이다. 어느새 육 년이라는 시간이 흘러, 중국 세라젬 화장품은 우여곡절 끝에 수백억 원대의 매출을 올리는 단단한 흑자 기업이 되었다. 하지만 그것은 알면 알수록 더욱 그 속을 알 수 없는 중국인 고객들과, 중국에서 살며 사고방식이 중국인처럼 변한 현지 한국인 직원들과의 수도 없는 갈등과 고난의 연속을 극복한 결과였다. 중국에 처음 오는 한국인들은 중국 대륙의 광활한 자연에 놀라고, 그들의 찬란했던 문화의 규모에 놀라지만, 가장 놀라는 건 알면 알수록 더 알 수 없는 중국인, 그 자체이기 때문이다.

그럼에도 불구하고, 최근 많은 한국 기업들이 제품만 좋으면 중국에서 다 잘될 것이라는 착각에 빠져 있는 것 같다. 특히 한국 화장품이 중국인들에게 각광을 받게 되자, 개인이든 회사든 물밀듯이 중국 시장에 진입하고 있다. 그러나 중국 시장은 그리 호락호락하지 않다. 이미 유명한 다국적 회사들이 1선 대도시 시장을 장악하고 있으며, 그 뒤를 저가의 중국 로컬 회사들이 추격하고 있다. 그리고 그 중간에 한국 회사들이 끼어서 선전을 하고 있으나, '한류와 K-뷰티' 열풍이 식으면 어찌 될지 아직은 모르는 상황이다.

그런데 여전히 많은 한국 화장품 회사가 위생 허가를 받지도 않고, 정식 수출이 아닌 따이공(밀수)을 통해 중국 시장을 더럽히고 있다. 한국에서야 당장 매출만 늘어나고 돈만 잘 벌면 무슨 상관이냐는 식이겠지만, 나중에 그 회사가 정식으로 중국에 진출하려 할 때는 이미 저가로 흘러버린 브랜드 이미지를 다시 끌어올리기는 쉽지 않을지도 모른다. 중국에서 사업을 하고 싶다면 철저하게 중국 법을 따르고, 근시안적인 당장의 이익을 버리고 장기적으로 중국의 소비자를 정직하고 투명하게 만나는 방법부터 배워야 할 것이다.

또한 중국에서 사업을 해서 돈을 번다면, 마땅히 중국 정부에 제대로 세금을 내어야 하고, 중국인에게 고용의 자리를 창출하고, 이익을 중국 사회에 환원할 줄 아는 진정한 중국 회사로 자리 잡아야 한다. 돈 좀 벌고 한국으로 돌아가는 회사가 아니라, 장기적 비전을 통해 사람을 남기고, 브랜드를 남기며, 중국에서 백 년을 이어갈 회사가 되어야 할 것이다.

현재 세라젬 화장품은 자체 개발한 총 아홉 개 브랜드 백이십 품목의 화장품을 3~4선 도시들의 작은 소매점을 통해 유통하고 있다. 중국에 온 지 육년이 지난 지금도 여전히 성장하고 있으며, 또 다른 새로운 도전을 진행 중이다. 그러나 육 년 전만 해도 유명 브랜드들의 각축전이었던 대도시를 피해 비교적 쉽게 진입했던 이 시장도 이젠 치열한 경쟁 속에 빠져 있다. 한국의 화장품 회사들이 같은 시장에 뛰어들어, 이 중국 땅에서 한국 기업들끼리 피터지는 치열한 경쟁을 하게 된 것이다. 그래서 중국은 쉬지 않고 여전히 우당탕탕 시끄럽다.

나는 'K-뷰티'란 말이 존재하지도 않았던 때에 남들보다 일찍 중국에 와서 중국 직원들을 새로 채용해가며 일을 시작했다. 그래서 좌충우돌 우당탕탕 시끄러웠다. 한시도 계획대로 제대로 일이 진행되지가 않았다. 그것은 내가 처음에 중국이란 나라와 중국인들을 너무 몰랐기 때문이었다. 그러다보니 뭐든지 직접 겪으며 헤쳐 나가야만 했다. 그것은 내 인생에 가장 힘든 일이었지만, 다행히 몇 년이 지나 매출이 성장하고 회사가 안정권에 진입하게 되었다. 그때 나는 문득 생각했다.

"내가 만약 중국에 대해 보다 더 잘 알고 시작했었다면?"

"내가 만약 중국인들의 문화와 속성을 잘 이해했었다면?"

아마도 회사를 좀 더 빨리 더 크게 성장시켰을지도 모를 일이다. 이 글을 쓰게 된 동기가 바로 이런 이유였다. 중국에서 사업을 시작하려거나, 중국에서 취직하고 싶어 하는 많은 사람들에게 이런 시행착오를 조금이라도 줄이도록 알려주고 싶었다. 나는 직접 중국에서 겪었던 나의 경험담을 누구나 읽기 쉽게 소설처럼 이야기로 풀어나가면, 더욱 재미있고 현실적으로 피부에 와 닿을 것이라 생각했다. 비록 화장품 회사의 이야기이지만, 많은 부분에서 다른 산업에 종사하는 분들도 공감할 수 있으리라 생각한다.

요즘 텔레비전에 음식 방송이 많이 나오는데, '아는 만큼 맛이 좋다' 라고 한다. 중국도 마찬가지다. 아는 만큼 재미있고, 아는 만큼 실수가 줄어들 것이며, 아는 만큼 성공할 확률이 높을 것이다. 이 책이 중국 초보자들을 위해 그런 길라잡이가 되어, 작은 도움을 줄 수 있기를 바란다.

참고로, 이 글은 상당 부분 실제 있었던 일을 중심으로 썼으나, 이야기의 재미를 위해 등장인물들의 성격을 극적으로 과장하거나 다르게 설정하였다. 따라서 이 책에 등장하는 인물들은 실제 인물과 상당히 다르게 표현되었음을 이해하여 주기 바란다.

2016년 4월
신윤창 올림

차례

들어가는 글 | 중국 사업에서 성공하기 _4

제1부

우당탕탕 창업 이야기

1. 갑작스런 중국 발령 _14

2. 고립무원(孤立無援) _40

3. 패스트 세컨드(Fast Second) 전략 _60

4. 색조 화장품(Make-up) 개발 _72

5. 창립 대회 _91

제2부

우당탕탕 마케팅 이야기

1. 안후이 성 출장 _104

2. 메이디커 기초 화장품 개발 _112

3. 단체 사표 사건 _138

4. 앓던 이를 뽑다 _159

5. 연구 개발부 나 부장 _172

6. 신입 사원 김현웅 _187

제3부

우당탕탕 영업 이야기

1. 송 부장 가족 _210

2. 대리상의 리더급 이 부총경리 _218

3. 대리상 사무실 지원 제도 _235

4. 교육부 임 부장 _248

5. 마른 수건도 쥐어짜라 _257

6. 제주한방 시로미 _266

7. 협상의 법칙 _285

8. 민족의 영산 백두산 _310

9. 사상누각(沙上樓閣) _323

10. 새로운 도전의 시작 _337

11. 대단원 _349

제1부
우당탕탕 창업 이야기

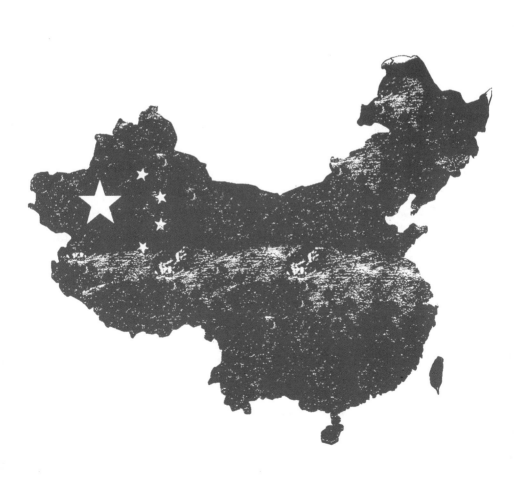

1. 갑작스런 중국 발령

이른 아침부터 인천공항 검색대는 무척 혼잡했다. 나는 간신히 출국 심사를 마친 후 한숨 돌리며 손목시계를 들여다보았다. 아직 한 시간의 여유가 있었다. 무엇을 할까 궁리하다가 모처럼 면세점이나 둘러보기로 했다. 하지만 수많은 면세점들이 즐비한 공항 한복판에서 어디로 먼저 가야 할지 잠시 망설였다.

그때였다. 갑자기 휴대폰 벨이 왁자지껄한 공항 안을 가득 채우듯 요란하게 울렸다. 좀 전에 아내와 마지막 통화까지 마친 터라, 이렇게 이른 시간에 누구일까 의아해하며 주섬주섬 바지 주머니에서 휴대폰을 꺼냈다. 휴대폰 화면에는 긴 번호들이 찍혀 있었는데, 분명 한국 번호는 아니었다. 나는 왠지 꺼림칙한 마음으로 전화를 받았다.

삼 개월 전까지만 해도 나는 잘 나가는 대기업의 마케팅 부장이었다. 어느 날 전 직장 상사였던 민 대표가 회사를 옮기면서 함께 일하자고 제안을 하기 전까지는 말이다. 꼭 그분과의 의리 때문만은 아니더라도, 더 늦기 전에 내 꿈에 다시 한 번 도전해보고 싶은 열망이 끓어올랐다. 나는 주변의 만류에도 불구하고 선뜻 회사를 그만두고 말았다. 남들이 부러워하는 대기업을, 그것도 사십대 후반의 나이에 떠난다는 것은 그리 쉬운 결정이 아니었다. 게다가 내가 일할 회사는 서울도 아닌 지방에 있었고, 이름도 잘 알려지지 않은 회사였다. 그럼에도 내가 빠른 결정을 내리게 된 것은 내게 주어진 시간이 일주일뿐이기도 했지만, 이미 마케팅 업계에서는 저명한 민 대표가 가는 회사라는 믿음도 있었고, 무엇보다 대기업의 부속품 같은 존재로 살기보다는 내가 새로 회사를 만들어 운영해보고 싶은 욕망이 나를 무작정 앞으로 나아가게 했다.

입사는 일사천리로 진행되었다. 나는 신사업추진 팀에 배치되었는데, 이제껏 내가 오기만을 기다리기나 한 듯, 그동안 쌓였던 업무들이 한꺼번에 밀려들었다. 기본 시나리오는 간단해 보였다. 이미 중국에 자리를 잡은 이천 개에 달하는 모기업의 의료기 매장에 화장품을 론칭하는 일이었다. 처음 이 사업에 대해 얘기를 들었을 때는 땅 짚고 헤엄치기처럼 쉬워 보였다. 그래도 나는 두 눈으로 직접 보고 확인해야겠다는 의지로 이 주일간 중국 시장조사를 다녀왔다. 그리고 내린 결론은 사업 계획 전면 수정이었다. 의료기 대리점의 고객 대부분은 육칠십대 노인들이었으며, 고가의 의료기를 취급하던 대리점장들은 품목은 많고 값은 싼 화장품을 받아들일 준비가 전혀 되어 있지 않았기 때문이다.

나는 처음부터 다시 시작한다는 각오를 다졌다. 새로 설립할 화장품 회사가 나아갈 방향과 계획을 다시 작성하고, 기존의 의료기 매장을 벗어나서 주 고객층인 삼사십대의 여성을 타깃으로 하는 진검승부를 택했다. 물론 많은 논란도 있었지만, 우리는 회사로부터 어렵게 승인을 받아냈다. 그 후 거의 삼 개월 만에 서울 강남에 한국 법인을 설립하고, 연이어 다음 달에 중국 칭다오(靑島)에도 중국 법인을 설립하게 되었으니, 이 모든 것이 2009년 12월부터 2010년 3월까지 단 사 개월 만에 이루어진 일이었다.

대표이사인 민 대표는 매사에 엄청난 추진력을 가진 사람으로 유명했다. 그는 길일(吉日)을 따로 받아 한중국 법인의 창립 일자를 미리 정해놓은 후, 무조건 그 날짜에 회사를 설립하도록 우리를 몰아붙였다. 우여곡절 끝에 나는 몇 안 되는 직원들과 함께 이 말도 안 되어 보이던 어려운 숙제들을 모두 해치운 것이었다.

어찌 보면, 회사를 설립한다는 일이 서류 몇 장 준비하고 자본금만 있으면 쉽게 될 법도 했다. 하지만 이번 경우는 상당히 달랐다. 그 짧은 기간 중에 한국과 중국의 작은 화장품 회사 두 곳을 실사하고 인수하는 작업이 병행되었기 때문이다. 한 곳은 한국에서 한방 과학 화장품을 출시하여 사업을 하고 있는 회사로, 제품의 콘셉트와 품질이 좋았으며, 중국에서 위생 허가도 받은 품목들이 있어 빠르게 중국에 도입할 수 있다는 이점이 있었다. 그런 이유로, 이미 내가 입사하기 전부터 신사업추진 팀에서 인수 절차를 진행 중이었다. 다른 한 곳은 오 년 전부터 중국에 화장품 유통망을 가지고 있던 칭다오의 작은 한국 회사였다. 맨땅에 헤딩하듯 시작할 뻔한 우리에게는 적격인 회사였다.

사실 나는 내심 불안하기도 했다. 회사 두 곳을 인수하면서까지 일을 급히 진행하다가 자칫 돌이킬 수 없는 큰 실수로 연결될지도 모른다는 생각에 마음이 썩 내키지 않았다. 더욱이 두 회사의 실사 결과가 그리 좋은 편도 아니었다. 하지만 내가 이 회사에 들어오기 전에 이미 많은 일이 진행된 상태라서, 되돌리기에는 너무 멀리 와 있었다. 무엇보다 전후 사정을 잘 모르는 내가 사업 시작부터 민 대표의 의지를 꺾기가 쉽지도 않았다.

어쨌든 우리는 중국에 화장품 위생 허가를 받은 브랜드를 가지고 있으면서 제품 개발 능력을 보유한 회사와, 중국 안후이 성에 영업 조직의 기반을 마련한 회사를 인수하여 한중국 사업의 기반을 마련하게 되었다. 또한 두 회사의 대표이사를 한국 법인의 상품 개발 임원과 중국 법인의 영업 총괄 임원으로 채용함으로써, 회사는 좌청룡 우백호 같은 경험 많은 인재도 얻게 되었다. 그때만 해도 나는 사업의 첫 발을 잘 내딛었다고만 생각했다.

그러나 두 회사는 그동안의 누적 적자로 자본금을 모두 잃고 부채만 쌓여 있었기 때문에, 우리가 회사를 통째로 인수하면 자칫 부실 채무로 나중에 잘못될 수도 있다는 우려를 낳았다. 그래서 주식 인수를 통해 한국과 중국에 있는 회사로 쉽게 갈아타는 것보다, 한국과 중국에 각각 새로운 회사를 설립하여 두 회사의 자산과 부채만 인수하는 어렵고도 복잡한 과정을 거쳐야만 했다.

한편 나는 입사할 때만 해도 한국 법인의 마케팅 전략 임원으로서, 한국 법인의 사업을 진행하는 동시에 중국 법인을 지원하기로 되어 있었다. 그런데 중국 법인을 맡기로 하고 한 달 전에 미리 중국으로 간 임원이 새로 인수한 리화 화장품의 대표였던 이 상무와 큰 갈등을 일으키게 되었다. 그러자 민 대표는 특급 결단을 내려, 갑자기 나를 중국 법인의 책임자로 발령을 내고 말았다. 그것이 바로 일주일 전의 일로, 중국어도 전혀 할 줄 모르고 중국에 대해서 어떤 경험이나 지식도 없는 내가 바로 지금 중국으로 가기 위해 인천공항에 서 있는 이유였다.

"네, 여보세요?"

"신 상무님, 안녕하세요? 중국에 있는 이 상무입니다. 오늘 중국으로 들어오시는 거죠?"

휴대폰 너머로 중국에 있는 리화 화장품 이 상무의 낮은 목소리가 시끄러운 와중에도 너무도 또렷이 들려왔다.

"아, 네. 지금 인천공항입니다. 한 시간 후면 탑승합니다. 금방 만날 텐데, 무슨 일이시죠?"

뭔가 좋지 않은 일을 예감하며 나는 이마를 찌푸렸다.

"미리 알려드릴 말씀이 있어서요."

"무슨 일이 있나요?"

"그게 저…… 중국에서 제품 개발을 맡고 있던 윤 이사 아시죠? 어제 그 사람을 회사에서 내보냈습니다."

"네? 뭐라고요?"

이 상무의 주저하는 느릿한 말투와는 상반되게 나의 목소리는 점점 더 다급하게 커져갔다.

"앞으로 중국에서 신제품을 개발하려면 윤 이사가 꼭 필요한데, 어쩌려고 그러셨습니까? 그리고 이제 이 상무는 더 이상 동사장(董事長)이 아니지 않습니까. 회사의 일개 중역으로서 민 대표님의 허락도 없이 직원을 마음대로 자를 수 있는 권리는 없습니다."

중국에서는 대표이사를 사장이라고 부르지 않고 동사장이라고 부른다. 우리나라의 회사에는 이사회가 있어서, 이곳에 속한 이사들을 직급에 따라 상무이사, 전무이사 등으로 호칭하며, 이중 가장 상위의 직급으로 이사회를 대표하는 사람을 대표이사라고 칭한다. 따라서 대표이사가 대부분 사장이며, 때로는 회장이 사장을 겸하기도 한다. 물론 여러 계열사를 가진 그룹의 경우 임원급이 대표이사를 하는 경우도 있다.
이와 마찬가지로, 중국 회사에는 동사회(董事會)가 있고, 각 동사들 중의 최고자, 즉 CEO를 동사장이라고 부르는 것이다. 따라서 일반적으로 동사장은 오너 겸 사장 또는 회장을 칭하는데, 중국에 진출한 한국 회사의 경우 중국 법인장이 법적으로 동사장이 되는 경우가 많다.

"윤 이사가 회사에 손해를 입힌 일이 생겼습니다. 밀린 급여를 받겠다고 회사 재고를 빼돌린 것이 바로 얼마 전에 들통이 났습니다. 이런 사람이 새롭게 시작하는 회사에 있으면 안 될 것 같아, 신 상무님 오시기 전에 미리 제가 급여정산 다 끝내고 나름 조용히 해결한 것입니다."
나의 강한 어조에 이 상무는 당황한 듯 더욱 낮은 목소리로 대답했다.

"그래도 그건 이 상무님 혼자 결정할 문제는 아니죠. 제가 지금 칭다오로 가니, 다시 한 번 윤 이사를 만나보겠습니다."

"아닙니다. 윤 이사는 마침 오늘 한국으로 돌아간다고 하더군요."

"뭐라고요? 후유, 일단 알겠습니다. 이따 칭다오에 가서 다시 얘기하죠."

나는 전화를 끊었다. 몹시 기분이 나빴다. 윤 이사는 내가 한 달 전 리화 화장품을 실사하며 인터뷰를 했을 때만 해도, 매우 바른 생각과 꽤 괜찮은 상품 기획 아이디어를 가지고 있었다. 누구보다 더 우리 회사와 함께하는 것을 무척 반겼던 사람이었다. 나는 그와 신상품에 대해 오랜 시간 토의하면서, 그래도 리화에 이런 사람이 한 명이라도 남아 있어 다행이다 싶은 생각이 들었다. 그런데 이런 일이 생기다니, 칭다오로 가기도 전에 뭔가 삐거덕거리는 것만 같아 마음이 답답하였다. 나는 조급한 마음에 면세점 구경은 접고 곧장 탑승구로 발길을 돌리며, 빨리 칭다오에 도착하기만을 초조하게 기다릴 수밖에 없었다.

칭다오 공항에는 송 차장이 마중 나왔다. 그는 대학 때 의상학과를 전공했으나 패션 디자이너보다는 마케팅이 좋아 미국에서 뒤늦게 경영학을 공부했다. 서른여덟이라는 나이에 걸맞지 않게 동안인 데다 마른 체격에 세련된 옷차림으로 몇 년은 더 젊어 보였다. 회사를 설립하고 대부분의 인재를 외부에서 영입한 것과는 달리, 그는 모기업 출신으로서 회사 설립 전부터 신사업추진 팀에서 지금까지 나와 함께 호흡을 맞춰왔다.

그는 중국을 맡기로 했던 전 임원과 함께 한 달 전에 칭다오에 미리 와서 중국 법인 설립을 위한 서류 업무뿐만 아니라, 앞으로 일할 사무실을 결정하고 인테리어 회사와 사무실 디자인에 대한 일을 해왔다. 그러다 전 임원이 이 상무와의 갈등으로 갑자기 한국으로 소환되자, 혼자 민박집에서 일해오다가 이제야 비로소 나와 배턴 터치를 하여 내일이면 한국으로 잠시 돌아갈 수 있게 되었다.

많은 사람들이 일 년짜리 중국 관광 비자를 받았다고 중국에 일 년간 계속 체류할 수 있다고 착각하는 경우가 있다. 중국에서 정식으로 취업증을 받고 일 년짜리 장기 거류증(居留證)이 없는 사람이라면 한 달 이상을 중국에 머물 수가 없기 때문에, 매달 한 번은 반드시 한국에 다녀와야만 했다. 지금은 중국 법인이 아직 영업집조(營業執照, 사업자등록증)가 나오지 않은 상황이라 우리는 거류증을 받을 수가 없기 때문에, 이렇게 매달 한 번은 한국에 다녀오면서 거류증 취득에 필요한 서류도 준비하고 겸사겸사 가족도 만날 수가 있었다.

"안녕하세요, 상무님!"

송 차장이 환하게 웃으며 인사했다. 나는 칭다오로 오는 내내 마음에 걸렸던 걱정이 조금이나마 사라지는 것 같아, 함박웃음과 함께 손을 내밀었다.

"송 차장, 오랜만이야. 무척 수고가 많아."

"고생은요? 하하! 하긴, 짧은 한 달 동안 많은 일이 있어서 이것저것 드릴 말씀이 많습니다만, 그래도 일단 호텔로 먼저 가셔야죠. 가시면서 천천히 전해 드리겠습니다."

"아니야. 우리가 입주할 사무실이 이곳 공항 근처라며? 일단 거기부터 가보고 싶네."

"네, 여기서 차로 십 분도 채 걸리지 않으니, 한번 가보시죠. 그런데 아마 깜짝 놀라실 겁니다. 너무 기대는 하지 마세요."

"그러게 말이야. 이미 자네가 보내준 사진을 보고 놀랐네. 이런 게 다 중국이 다르다는 거겠지."

송 차장은 개인영업용 승용차를 빌려왔다. 일반 택시가 아니라 우리가 흔히 '나라시'라고 부르는, 승용차를 가진 개인이 불법으로 영업을 하는 차다. 중국에서는 이를 헤이처(黑車), 즉 검은 차라고 부르는데, 역시 이름에서도 불법이라는 의미가 연상되었다.

작년 여름휴가 때, 베이징대학을 졸업하는 조카를 축하도 할 겸 베이징으로 가족 여행을 간 적이 있었다. 그때도 대부분의 교통수단으로 이 헤이처는 진가를 톡톡히 발휘한 바 있었다. 특히 헤이처 운전기사는 불법 영업을 하는 것이 무슨 자랑이나 되는 듯, 신호를 무시하는 건 다반사에 중앙선 침범 등 온갖 무질서한 운전으로 우리를 목적지로 신속히 안내했다. 나는 놀라움을 넘어 두려움과 함께 존경스러움마저 느낄 지경이었다. 공교롭게도 작년 7월에 난생 처음으로 중국 여행을 한 후, 11월에 회사를 옮겨 이곳 중국에서 일하게 된 것을 보면, 어쩌면 이 모든 게 하늘이 정한 나의 운명과도 같다는 생각이 문득 들었다.

"와우! 세상에……."

사무실은 샤자좡(夏家庄, 하가장)이라는 아파트 단지 앞에 즐비하게 늘어선 사층짜리 상가 건물 중 하나였다. 이미 사진으로 보았지만, 사무실을 직접 눈으로 본 순간 나는 입을 다물 수가 없었다. 기초공사만 끝내고 버려진 것처럼 어두운 회색 시멘트 바닥과 벽과 천장이 뼈다귀처럼 서 있을 뿐이었다. 공사 당시 인부들이 쓰고 버린 도구와 옷가지, 음식물 찌꺼기 등 각종 쓰레기 더미들이 아무데나 널브러져 있어, 마치 미국 영화 속 부랑자들이 드럼통에 쓰레기를 태우며 모여 있는 범죄 소굴 같아 보였다.

"이걸 다 우리가 치우고 수리해서 들어가야 하는 거야? 그래도 내부가 좀 정돈되어 있는 곳은 없었나?"

"여러 곳에 가봤지만 다 이렇습니다. 그나마 우리가 생각하는 규모에 저렴한 임대료는 이곳뿐이었어요. 진짜 사무실처럼 다 꾸며진 오피스텔 같은 곳은 시내 쪽으로 나가야 하는데, 임대료가 너무 비쌉니다. 알아보니 중국은 사람이 사는 아파트도 분양할 때는 이렇게 기초만 되어 있고, 입주할 사람들이 전부 인테리어를 한 후 들어간다고 하더군요."

"지난번 리화 화장품 사무실에 갔을 때는 그래도 사무실다웠는데 말이야."

"거긴 오피스텔이니까요. 마침 호텔이 리화 사무실 근처이니까, 먼저 호텔로 가서 짐을 풀고 사무실로 가시죠."

내가 먼저 승용차에 오르자, 송 차장은 앞좌석에 앉으며 금방 배운 서툰 중국어로 기사에게 띄엄띄엄 말했다.

"슈푸, 취라오산피지우청바.(아저씨, 라오산의 맥주성으로 갑시다)"

사무실은 공항에서 고속도로로 삼십여 분 떨어져 있는 칭다오 시내 라오산취(崂山区, 노산구)에 있었다. 라오산은 서울의 북한산처럼 칭다오를 대표하는 명산으로, 그 산을 둘러싸고 있는 지역이 바로 라오산취이다. 라오산취에는 라오산뿐만 아니라 세계적으로 유명한 곳이 하나 있는데, 매년 여름이면 칭다오 맥주 회사에서 세계 맥주 축제를 개최하는 피지우청(啤酒城, 맥주성)이다. 우리 사무실이 있는 건물인 위롱따샤(裕龙大厦, 유롱대하)는 바로 피지우청 맞은편에 있었다. 나는 지난번에도 축구장보다 몇 배나 큰 땅덩어리를 매년 한 번 열리는 맥주 축제만을 위해 그냥 놀리고 있는 것을 보며, 중국이 진정 거대한 대륙이기 때문에 가능한 것이라고 생각했었다.

우리는 호텔에서 체크인을 한 후, 짐만 놔두고 바로 사무실로 다급히 걸어갔다. 춘삼월 꽃샘추위와 강한 칭다오 바닷바람이, 서울보다 따뜻한 줄 알고 가볍게 봄옷만 입고 온 나를 한겨울 추위 속으로 끌어들였다.

다들 지난번에 한 번 만났던 사람들이기 때문에 처음과 같은 서먹함은 없겠다 싶었지만, 막상 사무실에 도착하자 왠지 긴장이 되었다. 나는 사무실 문을 열며 중국어로 크게 인사를 했다.

"따지아 하오!(여러분 안녕하세요)"

순간 오십 평 남짓한 사무실에 옹기종기 앉아 있던 몇 안 되는 사람들의 시선이 온통 나에게 쏠렸다. 곧이어 맨 뒷자리에 있던 임 이사가 벌떡 일어나 나오며 나를 반겼다.

"어서 오십소. 오시느라 고생했심더."

구수한 경상도 사투리를 구사하는 임 이사는 리화의 관리 부문 임원으로

서, 나보다 두 살 아래였다.

"네. 안녕하세요! 이 상무 계시나요?"

나는 대뜸 이 상무부터 찾았다.

"동사장님은 지금 안 계십니더. 오전에 안후이 성으로 출장 갔지예. 얘기 몬 들었습니꺼?"

그는 아직도 이 상무를 동사장이라 칭했지만, 나는 개의치 않았다.

"네? 아까 나랑 통화도 했었고, 오늘 만나기로 약속도 했었는데요?"

"앞으로 새롭게 회사를 시작하는 중요한 시기인 만큼, 퍼뜩 영업 조직을 재정비해야겠다며 그냥 막 떠났심더."

영업 상무가 영업하러 갔다는데 더 이상 할 말은 없었지만, 바로 조금 전의 약속도 어기는 그를 앞으로 계속 신뢰할 수 있을지 의구심이 들었다. 그러나 나는 그냥 바쁜 일이 있겠지 하며 별일 아니게 넘겨버리고, 앉을 자리를 찾아 박스들이 너저분하게 쌓여 있는 작은 회의실로 들어갔다. 그러고 보면 이들은 오늘 내가 오는 것에 대해 아무런 준비도 하지 않고 있었던 것 같았다. 첫날부터 참담한 마음에 한숨을 쉬며, 나는 일단 회의실에 있는 박스들부터 치우고 앉을 자리들을 몇 개 확보하고 나서, 임 이사를 불러 말했다.

"내일부터 직원 모두 일대일 면담을 하겠습니다. 그러니 내일 아침엔 직원들 이력서나 인사기록부를 먼저 준비해주세요. 오늘은 일단 송 차장과 중국 법인 설립과 사무실 인테리어에 대해 얘기 좀 나누겠으니, 임 이사는 내일 보는 걸로 하시죠."

임 이사가 나가자, 나는 송 차장을 불러 회의를 하였다.

"송 차장은 내일 서울로 돌아가야 하니, 먼저 그간의 일들을 자세히 얘기해 주게."

송 차장은 꽤 꼼꼼한 사람이었다. 의류 디자인을 하면서 한땀 한땀 깃들였던 장인 정신이 아직 남아 있는지, 매사에 세밀하게 업무를 처리하는 것이 마음에 들었다. 다만 과유불급(過猶不及)이란 말처럼, 때때로 세밀함이 지나쳐서 시야가 좁다는 것이 아쉬웠다. 그러나 그 점은 앞으로 나와 함께 일해 나가면서 충분히 보완될 것이라 생각했다.

기대에 부응하듯 그는 시시콜콜 다 보고하였다.

"법인 설립은 청양 구청 대외협력 팀의 최 과장과 함께 진행하고 있는데, 오늘 상무님이 가지고 오신 서류와 법인 도장을 제출하면, 다음 주 3월 25일이면 영업집조가 나올 예정입니다. 아 참, 돈은 준비해 오셨지요?"

"응, 칠만 위안 준비해 왔지."

"네. 그럼 됐습니다. 다음으로 회사 사무실은 네 개의 층을 모두 임대하는데, 한국 평수 기준으로 총 삼백 평이 좀 넘는데도 일 년 임대료가 이십오만 위안(약 4500만 원)뿐이 안 됩니다. 지금 이곳 리화 사무실이 오십 평 수준인데 일 년 임대료가 육만오천 위안(약 1170만 원)인 것에 비하면 정말 싼 것이죠. 아 참, 이곳은 전세나 월세 개념이 없고 일 년치 월세를 한 번에 내는 연세(年稅) 개념으로 임대 거래가 이루어지고 있습니다. 그리고 건물주는 그 지역 청양 류팅의 촌장인데, 대부분 건물을 촌장이 다 소유하고 있습니다."

"촌장? 아직도 촌장이란 게 있나?"

나는 송 차장의 하염없이 긴 이야기를 잠시 끊으며 물었다.

"아무래도 사회주의 국가이다보니, 땅은 주민과 함께 쓰는 국가 공유지이고, 이곳에 촌장이 건물을 지어 임대 수익을 챙기는 것 같습니다. 촌서기라고도 부르는데, 우리나라 촌장이나 이장과 달리 엄청난 권력자이고 또한 부자이기도 하죠. 앞으로 이 사람과의 꽌시(관계, 关系)도 매우 중요할 것입니다."

송 차장은 나의 질문에 짧게 답하더니, 다시 말을 이었다.

"이것이 임대 계약서입니다. 이건 상무님이 가지고 계시고요, 그리고 다음으로……, 문제는 인테리어인데요……."

"인테리어? 그건 또 뭐가 문제지?"

"세 개 업체로부터 견적을 받아 봤는데, 다들 도저히 한 달 이내로는 공사를 마무리 못한다고 합니다. 회사 창립 오픈 행사 겸 사업자 대회가 4월 28일이니, 그 전에는 입주를 해야 하는데, 다들 난색을 표명합니다."

"그래서 어떻게 되었는데?"

"다행히 한 업체가 한번 해보겠다고 했는데, 사실 불안합니다. 밤도 새우고 휴일에도 일해야만 날짜를 맞추는데, 요즘 중국인 인부들도 밤에는 일을 안 하려고 해서 인건비를 두 배로 줘야 한답니다."

"결국 돈이 문제구먼. 그래서 견적이 얼마인데?"

"한 곳은 중국 회사고, 두 곳은 한국 회사인데, 해보겠다고 나선 삼보장식이 한국인 사장이라서 믿을 만합니다. 다행히 다른 두 곳에 비해 견적도 큰 차이가 없는 편입니다. 그리고 이미 보셨겠지만 바닥부터 천장까지 다 해야 하는 대공사라서 인테리어 견적이 육십만 위안이고, 사무 가구 및 주방, 냉난방 시스템 등이 이십만 위안으로 총 팔십만 위안이 나왔습니다. 그런데 이게 일단 기본 비용이고, 중국에서는 인테리어를 하다 보면 자꾸 부족한 게 발견되어 아마도 일백만 위안 정도는 예상해야 될 것이라 합니다."

"일백만 위안이면 한국 돈으로 일억 팔천만 원이나 되는데 너무 비싼 것 아닌가? 게다가 중국인데 말이야."

"그래도 지금 상황에서는 선택의 여지가 없습니다. 그때까지 일정을 맞추려면 지금 당장 결정하고 공사에 들어가야 합니다, 상무님!"

지난달 한국 법인 사무실을 역삼역 인근에 얻어 인테리어 및 사무 집기 비용으로만 삼억 원 정도를 썼는데, 또 다시 이억 원 상당의 돈이 인테리어 비용으로 들어가야 한다는 말을 듣자, 나는 사업을 시작하기도 전에 너무 일을 크게 벌이는 것이 아닌가 하는 걱정부터 앞섰다. 한국에 있을 때 나는 작게 시작해서 점점 크게 넓혀 가자는 뜻으로 민 대표에게 임대료가 싼 가산 디지털 단지에서 벤처처럼 시작하자고 제안했었지만, 민 대표는 사무실이 좋아야 그만큼 사업도 잘되는 것이라며 역삼동에 사무실을 낸 것이었다.

그리고 이제 중국에선 열 명도 안 되는 직원들과 사층짜리 건물에서 사업을 시작해야 한다. 하지만 중국 법인은 한국 법인과는 입장이 달랐다. 본격적인 사업은 바로 이곳 중국에서 벌어지는 것이고, 한국 법인은 중국 법인을 지원해주는 역할이었기 때문이다. 그래서 나는 곧 이 사층 건물에 우리 직원들이 바글바글 가득 찰 것을 분명하게 예상할 수가 있었으니, 그 정도 인테리어 비용이 아깝지는 않았다.

"그럼 진행하는 걸로 하고, 일단 나도 삼보장식 사장을 한번 만나서 비용을 더 줄일 수 있는지 의논해보겠네. 인테리어 디자인은 어떤가? 도면은?"

송 차장은 인테리어 3D 디자인과 함께 도면을 펼쳐 보이며 내게 자세히 설명했다.

"가만, 삼층 대강당이 좀 이상한데?"

나는 도면을 보다가 그의 말을 끊었다.

"강당이 이렇게 세로로 길쭉하면 맨 뒤에 앉은 사람들이 강단이 제대로 보이겠나?"

"상무님, 그건요, 사층 중간을 가로지르는 기둥들 때문입니다. 아무래도 이 기둥들이 시야를 가릴 것 같아서 강당 밖으로 빼도록 했습니다."

"그건 아니지. 송 차장, 사람들이 기둥을 피해 앉을 수는 있지만 강단과 너무 멀면 교육의 집중도 안 되고, 앞에서 강의하는 사람도 힘들어. 우리는 앞으로 중국인 대리상들을 모아서 여기서 수시로 교육을 해야 하는데, 교육이 제대로 안 되면 우리 제품을 제대로 팔 수나 있겠어? 무엇이든지 항상 우리의 편의나 입장보다는 상대방의 입장에서 생각해봐야 해. 흠, 이건 아무래도 도면을 다시 그려야겠어. 그럼 내가 모레 삼보 사장을 만나서 가로로 넓게 수정하는 안에 대해 논의해보겠네. 알았지?"

"네, 알겠습니다."

나는 칭다오에서의 첫날 일과를 마치고 송 차장과 둘이서 저녁식사로 소주 한잔을 한 후, 얼마 떨어지지 않은 꼬치 전문점인 '투다리'로 자리를 옮겼다. 한국 브랜드인 투다리는 간판에 중국어로 '투따뤼'로 발음되는 '토대력(土大力)'이라고 쓰여 있었는데, 나는 발음이나 의미가 모두 잘 맞아떨어진다며 이름 하나 참 잘 지었다고 생각했다.

사실 대부분의 중국인들은 영어를 잘하지 못한다. 베이징이나 상하이의 유명 대학 출신이나 외국 유학파들이 많이 증가하고 있다고는 하지만, 세계에서 가장 많은 인구를 자랑하는 중국에서는 그 수가 조족지혈(鳥足之血)이나 다름없다. 바로 오늘만 해도 나는 칭다오대학 졸업 예정인 인턴 여직원에게 컵을 하나 달라고 했는데, 그녀는 컵이 무엇인지 알아듣지 못했다. 이처럼 쉬운 영어 단어조차 알아듣지 못하는 것이 지금의 중국 현실인 것이다.

중국의 법적 허가상의 이유도 있겠지만, 외국의 수많은 회사들이 중국으로 들어올 때 대부분 중국어 이름을 만드는 것도, 영어를 이해하지 못하는 중국인들에게 회사명과 브랜드를 쉽게 알리려는 마케팅적 노력의 일환일 것이다. 그런 점에서 중국어 브랜드를 얼마나 잘 만들었느냐는 중국 땅에서 승패를 좌우하는 초석이 될 정도로 매우 중요한 일이다.

내가 투다리 간판에 대해 칭찬하자, 한 달 먼저 살았다고 중국에 대해 뭐좀 더 안다고 생각한 송 차장이 말했다.

"상무님, 중국에도 세계 유명 브랜드들이 많이 들어왔잖아요? 그럼 이름 알아맞히기 게임 한번 할까요?"

"무슨 게임?"

"제가 중국어 브랜드를 말하면, 상무님이 원래 브랜드 명을 맞히는 거죠. 벌주는 맥주 한 잔 어때요?"

"에이, 그거 내가 불리한데?"

"쉬운 것도 많아요. 다행히 중국 맥주잔은 한국 것의 절반 크기니까, 너무 부담 갖지 마시고 재미 삼아 한번 하시죠."

"오케이. 콜!"

"그럼 첫 번째 문제입니다. '싱바커'가 무엇일까요?"

"그거 한자로 어떻게 쓰는데?"

"어? 제가 아직 한자를 잘 쓸 줄은 모르는데요."

"아니, 글로 보지도 못하고 어찌 답을 맞히나?"

"그럼 제가 힌트를 드릴게요. '싱'은 '별 성(星)' 자의 의미를 중국어로 따온 것이고, '바커(巴克)'는 영어 발음을 중국어로 비슷하게 발음한 브랜드입니다."

"별, 스타, 바커. 스타바커, 아! 스타벅스(Starbucks)군!"

"네, 맞습니다. 이거 이렇게 해서는 게임이 안 되겠네요. 제가 답을 다 가르쳐드렸으니 말입니다."

송 차장은 푸념의 말을 하며 맥주를 단숨에 마셨다.

"그냥 제가 알려드리지요. 글은 쓰지 못하지만 발음이라도 알아두면 도움이 되실 겁니다. 내일 저 떠나면, 중국 직원에게 한자어를 적어 달라고 하세요. 우선 먹는 것부터 말씀드리면, 중국에서 제일 성공한 패스트푸드점인 KFC는 켄터키 발음을 딴 컨더치(肯德基), 맥도날드는 마이당러(麦当劳), 코카콜라는 커커우커러(可口可乐), 펩시콜라는 바이스커러(白事可乐), 피자헛도 있는데 이건 잘 생각이 안 나네요. 잠시만요."

송 차장은 지갑에서 종이쪽지 하나를 꺼내 슬쩍 보더니 말을 이었다.

"아, 비성커(必勝客)네요."

나는 송 차장이 든 종이를 낚아채며 말했다.

"이게 뭔데?"

쪽지에는 그동안 송 차장이 메모한 아주 기본적인 전투 중국어가 깨알처럼 적혀 있었다.

"하하! 그냥 이걸 주고 가면 되지, 뭘 받아 적게 만드나?"

"하하, 원래 드리려고 했었죠. 그래도 제가 몸으로 깨치며 어렵게 배운 건데, 그리 쉽게 드릴 수는 없죠. 그래야 상무님도 금방 더 배우실 테고요. 복사하시고, 이 주일 후에 제가 다시 오면 돌려주세요."

"그래, 알았네."

나는 송 차장과 중국 생활에 대해 이런저런 많은 이야기를 나눴다. 내일 바로 떠나는 송 차장에게는 못내 아쉬운 시간이었다.

자동차에 부착된 중국 브랜드명.
폭스바겐-상해대중, GM-상해통용.

송 차장과 헤어지고 호텔로 돌아오자, 이제부터 이곳에서 혼자서 헤쳐나가야 한다는 현실이 나를 더욱 두렵게 했다. 나는 송 차장에게서 빼앗은 쪽지를 꺼내 읽어봤다. 택시에서 행선지를 말할 때, 식당에서 음식 주문할 때, 상점에서 물건 살 때 등, 먹고살기 위한 생존 중국어가 한글 발음과 함께 적혀 있었고, 뒷면에는 아까 얘기한 각종 브랜드 명이 적혀 있었다.

"이딴 남의 회사 브랜드가 뭐가 중요하다고……."

나는 침대에 누워 다시 한 번 브랜드들을 중얼거렸다.

"BBQ-比比客(비비커), 롯데리아-乐天利(러티엔리), 삼성-三星(싼싱), 나이키-耐克(나이커), 아디다스-阿迪達斯(아디다쓰), 벤츠-奔驰(뻔츠), 폭스바겐-大众(따종), 제너럴 모터스-通用(퉁용)……."

브랜드 명을 자세히 들여다보니, 발음을 비슷하게 중국식으로 표기한 것들과 발음과는 전혀 상관없이 의미를 전달하려는 것으로 나뉘는 점을 발견했다. 특히 자동차 브랜드 중에서 내 눈길을 끄는 건 독일 자동차인 폭스바겐이었다. 왜 대중(大众, 따종)이라고 했을까? 나는 인터넷으로 폭스바겐(Volkswagen)을 검색해 보고 '아하!' 하며 미소를 지었다.

독일어로 폭스(Volks)는 국민, 또는 보통 사람들을 가리킨다. 제 2차 세계대전 당시만 해도 자동차는 부자들의 점유물이었다. 이에 히틀러는 보통 사람들도 경제적 부담 없이 살 수 있고, 두 명의 어른과 어린아이 셋을 태우고도 시속 백 킬로미터로 달릴 수 있는 자동차를 개발해달라고 주문했다. 그리하여 당시 자동차 설계자로 명성을 날리던 페르디난트 포르셰(Ferdinand Porsche)가 그 유명한 딱정벌레(Beetle) 형태의 소형차를 디자인했으나, 당시 자동차 회사들이 이를 부담 없는 가격으로 생산할 수 없어 국영 회사로 폭스바겐을 만들었다고 한다. 이렇듯 폭스바겐은 그 이름에서도 대중(Volks)의 자동차(Wagen)임을 쉽게 짐작할 수 있으니, 중국으로 넘어온 회사와 브랜드 이름도 중국식으로 대중 차가 된 것이다.

그러고 보니 GM(General Motors)도 이해가 가기 시작했다. 이것도 단어만 다를 뿐 그 의미는 폭스바겐과 다름이 없었다. 말 그대로 보통의(General)

자동차(Motors), 즉 보통 사람들이 타는 자동차라는 뜻이 아닌가. 그런데 폭스바겐의 대중과 의미는 비슷하지만, 브랜드를 다르게 하기 위해 GM은 중국에서 통용(通用)이라고 한 것이 아닌가 싶었다. 순간, 나는 앞으로 우리가 만들어나갈 화장품 브랜드 명을 어떻게 풀어야 할지 눈이 확 뜨이는 기분이 들었다.

'그래, 가능하면 중국 사람들도 그 의미를 이해할 수 있고, 발음도 비슷하게 한다면 금상첨화일 거야.'

나는 수많은 브랜드들을 떠올리며 뒤척이다 어느새 스르륵 잠이 들었다. 참으로 많은 일들이 몰아친 하루였다.

다음 날 나는 임 이사부터 면담을 시작했다. 사 년 전 이 상무를 따라 중국으로 넘어와서 리화 화장품의 관리를 맡았던 그는 대뜸 월급부터 말을 꺼냈다. 회사가 어려워지자 스스로 급여를 줄여 지금 만이천 위안(약 216만 원)을 받고 있지만, 원래는 만오천 위안이었으며, 지금쯤은 이만 위안(약 360만 원)을 받기를 희망한다는 것이었다. 회사가 망해가는데 고작 자기 앞길만 챙기는구나 하는 생각에 나는 실소를 머금었다.

"월급은 일단 원래 받았던 만오천 위안으로 올려 주겠습니다. 더 이상은 바라지 마세요. 어차피 이 회사를 우리가 인수하지 않았으면 이만큼 다시 받지도 못했을 겁니다. 게다가 중국 온 지 사 년이나 지났는데도 제대로 중국어도 못하시고. 일단 일하는 것 봐서 능력이 보이면 차츰 올려 주겠습니다. 자, 급여 얘기는 그만하시고, 몇 명 안 되는 직원들이지만 어디 한 명씩 제게 자세히 얘기 좀 해주세요. 면담하기 전에 미리 직원들에 대해서 들어봐야겠습니다."

"네? 몬 말입니꺼?"

"신상 명세, 성격, 특징, 장단점 등등 말입니다. 이력서들도 다 가져오시고요. 어제 말씀드렸는데 이력서 안 가져오셨나요?"

"아! 있슴더, 잠시만예."

그런데 이력서를 가져오겠다고 밖으로 나간 그는 삼십 분이 지나도 돌아오지를 않았다. 좁은 회의실에서 벽만 바라보며 마냥 기다리다 못한 내가 밖으로 나오자, 임 이사는 그새 누군가와 통화를 하고 있다가 얼른 전화를 끊었다. 뭔가 일이 잘못 돌아가는 느낌이었다.

"아, 죄송함더. 급한 전화가 와서예."

임 이사는 그제야 이력서 파일을 주섬주섬 챙겨 회의실로 들어왔다. 그는 중국 직원들의 이력서를 보여주며 한명 한명 이야기를 해주었다. 그러다 지난달 재고 실사 때 나도 만난 바 있던 서 이사와 그의 언니인 서 부장에 대한 이야기가 나왔다.

"서 이사는 스물여덟 살의 어린 나이에 영업이사를 맡고 있는데, 일은 잘하나요?"

"아무래도 조선족이다보니 한국말도 통하고, 화장품 회사 출신이라 현재로서는 서 이사만 한 사람은 없심더. 서 이사 없으면 아예 영업이 안 되지예."

"하지만 경력이 짧은데, 이사 급여도 만만치 않고, 만이천 위안이면 또래의 다른 중국 직원보다 무려 네 배나 되는 급여 아닙니까? 제가 보기엔 딱 과장급 수준처럼 보이는데, 영업은 이 상무가 하고 서 이사는 통역하는 거 아닌가요? 무슨 통역에게 이리 많은 급여를 줍니까?"

"어이쿠, 아닙니더. 대부분의 영업은 서 이사가 하지예. 동사장님이 무슨 영업을 직접 합니꺼?"

나는 임 이사의 입에서 또다시 동사장이란 말이 나오자, 이젠 안 되겠다 싶어 한소리를 하고 말았다.

"동사장이라뇨? 이 상무가 아직도 동사장입니까? 지금 여러분은 리화 화장품에 근무하고 있는 것이 아닙니다. 그리고 이 상무는 이제부터 영업 담당입니다. 본인이 직접 영업을 해야 하는데, 무슨 영업이사가 또 필요하죠?"

"아, 네, 죄송합니더. 습관이 들어 마⋯⋯."

"좋습니다. 그럼 서 이사는 부장으로 내리고, 언니인 서 부장은 과장으로 해서 급여도 조절하는 건 어떤지요?"

"쉽진 않을 낍니더. 그 두 사람이 회사의 핵심이니까예."

"알겠습니다. 그럼 이제 서 부장 들어오라고 하세요."

나는 당초에 임 이사를 통해 좀 더 많은 정보를 미리 알고 싶었지만, 달리 소득이 없었다. 나는 세 명의 인턴사원까지 총 일곱 명의 중국 직원들의 면담을 마쳤다. 모두 기대 밖이어서 참으로 앞날이 더욱 갑갑해지는 순간이었다. 그래도 지금 나는 중국어 한마디도 못하고 중국이란 나라에 대해서 아무것도 모르는 입장이라, 이나마도 없는 것보단 나을지도 모른다며 스스로를 위안할 수밖에 없었다.

그후 나는 청양 사무실의 인테리어 도면 변경, 사무 집기 결정 및 사무실

공사에 관련한 비용을 꼼꼼히 따져보는 한편, 청양 구 투자 유치 공무원과의 면담, 촌장과의 사무실 임대 계약 확정에 따른 잔금 지급, 법인 통장 개설 등의 여러 일로 라오산 구를 떠나 청양 구에 있는 삼보장식 사무실 한구석을 빌려 많은 시간을 보내야만 했다. 그렇게 일주일이 순식간에 지나갔다. 그리고 주말이 되어서야 드디어 영업하러 안후이 성에 갔던 이 상무가 돌아왔다.

나는 이 상무를 만나 그간 있었던 일을 설명하며, 앞으로의 나의 계획을 말했다.

"사무실 레이아웃은 제가 다시 조정했습니다."

나는 사무실 설계도를 그에게 내밀었다.

"이 상무 방이 너무 커서 제 방 크기와 똑같이 조정하였습니다. 그러다보니 회의실이 커져서, 이렇게 회의실과 작은 접객실 형태로 회의실을 두 개 만들었어요. 그리고 강당 구조가 잘못되어 이렇게 강단을 보며 가로로 넓은 형태로 바꿨습니다. 일정이 촉박한 관계로 바로 진행했으면 좋겠는데, 이 상무 생각은 어떠세요?"

"네. 그렇게 하시죠. 그리고 제가 인테리어하는 김 사장을 잘 아니, 나중에 따로 한번 만나보겠습니다."

이 상무가 흔쾌히 승낙하자, 나는 다음으로 첨예한 문제인 서 이사와 서 부장 이야기를 꺼냈다.

"이 두 사람은 우리 회사 조건으로 보면 경력 면에서 이렇게 대우해줄 수 없는 사람들입니다. 특히 서 부장은 송 차장과 함께 일해야 하는데, 송 차장보다 직급을 높게 줄 수도 없어요. 그러니 다들 직급을 하향 조정해야겠습니다."

"맞는 말씀이세요. 그것도 뜻대로 하세요. 그런데 서 이사는 그대로 유지했으면 좋겠네요. 이사에서 갑자기 부장으로 떨어지면 현장 사업자들을 이끌기가 어려워질 수 있습니다."

"하지만 이미 회사가 바뀌었고, 회사엔 체계가 있는데, 이 경력도 짧고 어린 아가씨를 임원으로 채용할 수는 없습니다. 호칭만 유지하는 건 고려해보죠."

의외로 이 상무는 별말 없이 동의했다.

"자, 다음으로 브랜드에 대한 이야기인데, 지금 리화의 브랜드들은 하나같이 상표등록이 되어 있지 않습니다. 이렇게 되면 브랜드로서의 가치가 없어요. 확인해보니 이 일은 카이라는 직원이 하고 있던데, 앞으로 카이를 통해 브랜드 등록 가능성을 알아보고 일단 전부 등록해야겠습니다. 그리고 유통기한이 얼마 안 남은 재고들이 많은데, 이에 대한 처리 방안은 이 상무가 영업적인 측면에서 생각해보시기 바랍니다. 사장님이 다음 주 월요일에 중국에 오시니, 그때 사장님께 전반적인 회사 조직 체계와 운영 방안을 함께 보고드릴까 합니다."

"네, 알겠습니다."

이 상무는 거리낌 없이 대답했다. 나는 회의를 마무리하며 함께 저녁식사를 하자고 말했다.

"출장 다녀오시느라 고생했는데, 오늘은 제가 한턱 낼 테니, 다같이 회식 한번 할까요?"

"네, 좋죠. 이곳에 북한산 털게가 유명한데, 드셔보셨나요?"

"털게요? 처음 들어보는데요?"

"그래요? 그럼 그리로 갑시다. 아주 맛있습니다. 그런데 값이 좀 비싸니 전부 다 가지는 말고 서 부장, 서 이사, 임 이사까지만 함께 가죠."

"그러시죠."

우리는 걸어서 십여 분 거리에 있는 털게방이란 곳으로 자리를 옮겼다. 이 상무는 대게와 털게를 섞어서 푸짐하게 시켰는데, 주변에 나오는 각종 해물 반찬만 해도 수십 가지였다. 두 개의 상 위에 더 이상 음식을 놓지 못해 그 위로 쌓아 올릴 정도였다. 쫄깃한 대게 살과는 달리 부드러운 털게는 내가 경험하지 못했던 새로운 맛이었다. 나는 중국에 와서 일주일 만에 모처럼 정신없이 식사를 즐겼다. 게다가 우려와는 달리 다들 허심탄회한 행동과 뭔가 다시 해보겠다는 활기찬 모습들이라, 나는 다소 긴장했던 마음을 놓으며 마음껏 술과 음식을 즐길 수가 있었다. 중국에서 맞이한 토요일 밤은 순풍의 돛단배처럼 순조롭고 즐거운 한때로 지나가고 있었다.

2. 고립무원(孤立無援)

칭다오에 도착한 민 대표도 역시 나와 같은 행보를 했다. 이제 막 바닥 공사를 시작한 사무실 건물을 둘러보고, 호텔로 가서 투숙한 후 바로 위롱따샤로 자리를 옮겨 그간의 보고를 들었다. 내가 바빴던 일주일을 간단히 보고하고, 마지막으로 직원 처우 문제에 대해 얘기를 하자, 갑자기 옆에 있던 이 상무가 끼어들었다.

"그런데 사장님, 서 이사와 서 부장을 강등하는 것은 좋지 않을 것 같습니다. 직원들 사기도 있고, 대리상들 보기에도 체면이 안 섭니다. 중국에서 체면은 사업하는 데 매우 중요한 일이죠."

나는 순간 깜짝 놀라며 이 상무에게 말했다.

"아니, 제겐 그러자고 동의했으면서 갑자기 말을 바꾸면 어떡합니까?"

나는 얼른 민 대표를 바라보며 말을 이었다.

"사장님, 이 사람들은 우리 회사 인사 규정에 따르면 이런 직위를 유지할 수가 없습니다. 경력이 너무 짧습니다. 이렇게 되면 저희 직원들과도 너무 형평이 안 맞아요. 이 상무도 동사장이었다가 상무로 내리지 않았습니까?"

그러자 다시 이 상무가 말을 받았다.

"그래서 말인데요, 사장님. 저도 부동사장이란 호칭을 해줬으면 합니다. 비록 상무이지만, 이전까지도 동사장이라 불리었는데 갑자기 상무가 된다면, 영업을 이끌기가 쉽지 않습니다."

"중국에 부동사장이란 호칭이 있나요? 차라리 영업 총경리라고 하면 되죠. 이 상무는 영업 총경리, 저는 마케팅과 관리 총경리, 이렇게 둘로 나누는 게 맞지 않습니까?"

중국에서의 직급은 우리나라와 상당히 다르다. 우리나라의 직급 체계는 다분히 일본 기업의 형태를 차용한 것으로, 일반적으로 사원-대리-과장-차장-부장-임원(이사, 상무, 전무)-부사장-사장-회장의 체계를 따르고 있다. 그러다가 이런 수직 조직의 틀을 벗어나서, 보다 원활한 커뮤니케이션과 의사 결정을 위해 서구적인 팀제를 도입하여 팀원-팀장의 개념으로 축소하는 등 복합적인 형태로 발전한 반면, 중국은 나름대로의 독특한 직급 체계를 가지고 있다.

즉, 직원(職員, 즈위안)-주임(主任, 주런)-경리(經理, 징리)-총감(總監, 종지엔)-부총경리(副總經理, 부종징리)-총경리(總經理, 종징리)-동사장(董事长, 동쓰장)의 단계로 이루어진 중국 기업의 직급은 한국이나 일본보다 많이 간소하다. 한국의 사원에서 회장에 해당하는 동사장까지가 일곱 단계뿐이 안 되니 말이다.

중국의 직급을 한국과 비교하면 주임은 대리급, 경리는 과/차장급, 총감은 부장급이라 할 수 있으며, 그다음이 부사장급인 부총경리(이하 부총)로 바로 뛰는데, 대부분의 부총들은 부사장이라기보다는 임원급이라 할 수 있겠다. 다음이 전문 경영인인 총경리가 바로 사장이라 할 수 있으며, 동사장은 회장 또는 경영주로서 큰 회사에서는 총경리를 따로 두지만, 작은 회사에서는 동사장이 총경리를 겸하는 경우도 많다.

주의할 점은 경리란 직책이 우리나라에서는 주로 재무회계부에 속한 하나의 경리 업무로 귀속되지만, 중국에서는 중간 관리자의 전반적인 직급을 뜻한다는 것이다. 따라서 경리라는 명함을 받았다면, 회계 경리로 일하는 사람이 아니라 중간 관리자급의 직책임을 명심해야 한다. 그런 경리들의 최고봉이 총경리이니, 그가 당연히 사장인 것이고, 부총경리가 임원 겸 부사장인 것이 당연한 일이다.

그런데 중국 기업들은 규모에 따라 총감이 있기도 하고 없기도 하다. 그래서 어느 중국 기업에 가면 만나는 사람마다 온통 경리들로 득실거리기도 한다. 경리까지 진급하기는 빨라도 부총이 되기는 쉽지 않으니, 아주 지겹도록 경리만 하는 경우가 허다하다. 그런 점에서 사 년 주기로 직급을 올려주는 우리나라의 방식이, 내 생각엔 임직원들의 사기를 올려주는 데 더욱 적합한 것 같다. 또 하나 주의할 점이 있다면, 바로 주임이란 직책이다. 공공기관에서의 주임이란 한국의 국장급 공무원이니, 주임을 우리나라의 낮은 직책으로 착각해서 깔보면 안 되기 때문이다.

갑자기 민 대표를 가운데 두고 원칙을 지키려는 나와, 어떡하든 기존의 틀을 유지하며 더 유리한 고지를 점령하려는 이 상무가 첨예하게 대립하였다. 그러자 끝내 민 대표의 입에서 일갈 불만의 소리가 터져 나왔다.

"두 사람은 그동안 이런 거 하나 통일하지 못하고 뭐 했지? 직책이 부동사장이면 어떻고, 총경리면 어떤가? 어차피 똑같은 상무인데. 그냥 두 사람 다 부동사장하든지. 그리고 그 서 이사와 서 부장도 그대로 유지하는 걸로 하게."

"사장님, 그럴 순 없습니다. 그러면 위계질서가 무너집니다. 경력도 많고 나이도 많은 송 차장이 그럼 서 부장 밑으로 들어가야 하나요?"

"그럼 송 차장도 부장으로 호칭을 올리면 되겠네. 어차피 중국 법인이니까, 한국과는 다르게 한 단계씩 다 올려주자고. 두 사람도 다 부동사장하고."

회사의 위계질서와 어긋난 인사 조직에 한동안 어안이 벙벙했던 나는 다시 정신을 차리고 민 대표에게 소신 있게 의지를 내보였다.

"사장님, 저는 그냥 총경리로 하겠습니다. 저는 원칙에 어긋나면서까지 부동사장이란 이상한 호칭을 받으며 일하고 싶지가 않습니다. 저라도 모범을 보여야 한다고 생각합니다."

내가 이렇게 말하면 민 대표의 생각이 조금이라도 바뀔 줄 알았으나 그건 오산이었다. 민 대표는 더 이상의 고민 없이 그대로 조직 문제를 결정하고 말았다.

"그럼 이 상무는 부동사장, 신 상무는 총경리 하시오. 그리고 이 상무는 영업에 차질이 없도록 최선을 다하기 바라네. 자, 그럼 또 다른 안건이 있나?"

나는 할 수 없이 답답한 마음을 억누르고 참담한 목소리로 나머지 보고를 이었다.

"제품 개발을 하기로 한 윤 이사가 그만두어서 문제가 많습니다. 그래서 일단 향후 상품 기획과 개발은 제가 진행하고, 디자인과 브랜드 관리를 위해 중국 직원인 카이를 마케팅 팀으로 발령 내고, 서 부장은 원래 하던 대로 인사 총무를 맡기겠습니다."

그러자 내 말이 끝나기 무섭게 이 상무가 또 다시 반대 의견을 제시했다.

"사장님, 카이나 서 부장은 원래 영업부 소속이었는데 그동안 인력이 부족해서 이일 저일 함께했던 것입니다. 이제 다시 영업부로 소속시켜 영업을 다지도록 하겠습니다."

"이 상무님, 디자이너가 무슨 영업부입니까? 그럼 앞으로 신제품 준비는 누가 하란 말이죠? 인사 총무 업무는요?"

"신 상무님, 그건 앞으로 모두 새로 뽑으면 되잖아요."

"그러면 지금 당장 일이 안 돌아가지 않습니까?"

둘이 또 티격태격하며 붙자, 민 대표가 다시 언성을 높였다.

"두 명의 임원이 합심해서 일할 생각은 하지 않고 서로 싸우려고만 하니 처음부터 일이 되겠나? 일단 모두 영업부로 보내고, 신 상무는 직원을 빨리 새로 뽑도록 해. 그리고 새로 사람이 들어올 때까지 당분간 그 사람들은 하던 일들을 병행하도록 하고. 오늘 회의는 이만 끝내고, 신 상무만 따로 나 좀 보자고."

이 상무가 방을 나가자, 민 대표는 대뜸 나를 야단치기 시작했다.

"도대체 어찌 된 건가? 이 상무 하나 제대로 휘어잡지를 못하고. 신 상무가 그 정도뿐이 안 되는 사람이었나?"

"사장님, 이 상무는 일주일 내내 출장 갔다가 엊그제 토요일에 와서 제 의견에 모두 동의했습니다. 그런데 지금 갑자기 사장님 앞에서 말을 바꿀 줄 전혀 몰랐습니다. 그래서 전임자와도 문제가 있었던 거 아닌가 싶습니다."

"변명하지 말게. 어쨌든 결과는 둘이 서로 싸우고 있다는 것 아닌가? 그러지 말라고 사람을 교체해서 신 상무를 급히 보낸 것 아닌가?"

"사장님, 그렇지가 않습니다. 이 상무 저 사람, 진짜 표리부동한 사람입니다."

내가 자꾸 민 대표의 말에 토를 달자, 그는 순간 과거 전 직장에서 나의 팀장 시절의 상사로 돌아가 내게 말을 놓으며 딱 잘라 말했다.

"됐어. 그런 줄 알았으면 네가 그에 맞게 대응하면 되지 않나? 앞으로 너는 무조건 이 상무에게 양보해. 그냥 다 져주라고. 너나 나나 지금 중국에서 비빌 언덕은 이 상무랑 저 몇 안 되는 중국 직원들뿐인데, 저들마저 없다면 둘이 지금 뭘 할 수 있겠어? 그러니 모두 양보해. 지금은 원칙이니 뭐니 따지지 말고 이 상무가 하고 싶어 하는 대로 다 해주란 말이야! 알겠어?"

나는 하는 수 없이 민 대표의 말에 수긍했다.

"네, 알겠습니다."

『중용(中庸)』에 '언고행 행고언(言顧行 行顧言)'이란 말이 나온다. 언은 행을 돌아보아야 하고, 행은 언을 돌아보아야 한다는 말이다. 이는 사람의 말은 반드시 행동으로 옮겨져야 하며, 또 행동의 과정에서 새로운 말이 만들어져 다시 행동으로 옮겨져야 한다는 끊임없는 순환의 과정을 의미한다. 하지만 말과 행동이 모두 순리에 맞지 않게 따로 노는 이 상무와 함께 이 중국 땅에서 사업을 해야 한다는 사실이, 마치 망망대해에 홀로 떠 있는 작은 돛단 배처럼 막막하기만 했다.

부동사장이 된 이 상무는 갑자기 태도가 확 바뀌었다. 그간 리화에서 같이 일했던 모든 직원을 영업부로 발령 내서 모두 자기 휘하에 두었으며, 삼보장식을 방문해 내가 확정했던 인테리어를 바꿔 자신의 사무실을 다시 넓혔고, 내가 선정했던 집기들도 민 대표의 것은 동사장 체면에 이러면 안 된다며 고가의 원목으로 모두 바꿨다. 나중에 회사를 방문하는 대리상들에게 과시하며 보여주는 것도 중요한 일이며, 그것이 중국의 방식이라는 이유였다.

로마에 가면 로마법을 따라야 한다고, 중국의 고전 『한비자』에도 입향순속(入鄕循俗)이라는 말이 나온다. 그 마을에 들어가면 그 마을의 법도를 따라야 한다는 말이다. 그러니 어쩌겠는가? 여기는 중국이고, 나는 중국에 대해 전혀 모르니 말이다. 그래서 나는 졸지에 직원 한 명도 없는 총경리가 되었다. 나는 임 이사를 통해 얼른 디자이너와 회계를 뽑으라고 지시하였지만, 앞으로 한 달 후에 사무실을 이전할 청양 근처에 집이 있는 사람이 당장 집에서 먼 라오산으로 출근하기는 쉽지가 않았다. 이곳의 대중교통이 그리 좋지가 않아 청양 사무실이 완성되기까지 한 달간을 버스를 갈아타며 왕복 약 네 시간이나 걸리는 출퇴근을 해야 하기 때문이다.

이렇게 나는 협조자 한 명 없이 완전히 고립되었다. 이제부터는 무조건 나혼자 헤쳐나가야 할 일만 남게 되었다. 나는 가장 먼저 자금과 회계를 챙겼다. 모든 것을 이 상무에게 양보해주더라도 이것만은 절대 양보할 수가 없었다. 그래도 경영학과를 나와 재무회계를 공부한 가닥은 있었지만, 지난 이십여 년 동안 영업과 마케팅에서만 근무하다보니 전문적인 수준이 될 수는 없었다. 그래서 나처럼 비전문적인 경영자의 경우 일반적으로 회계장부 기장을 전문 세무 대리인에게 일임하는 경우가 많은데, 나는 그래서는 안 된다고 생각했다. 아무리 작은 사업체라 해도 이를 경영하는 사람은 철저하게 회계를 직접 챙겨야 한다. 각종 재무제표가 보여주는 지표는 그 회사의 객관적인 상태와 성과를 보여주어, 언제든지 경영자가 상황에 따라 유연한 의사 결정을 할 수 있도록 안내하기 때문이다.

그래서 회계만은 내가 직접 챙겼다. 일단 한국의 회계부터 알아야겠다는 생각에, 인터넷을 통해 공부를 다시 하고 매일 발생하는 경비를 일일이 장부에 정리하며 비용을 통제, 관리하였다. 특히 영업에서 쓰는 비용은 아무리 이 상무가 허락을 하였다 해도 지출승인서에 나의 사인을 받지 않으면 일 원 한푼도 나가지 못하도록 까다롭게 관리하였다.

하루는 화장실의 두루마리 휴지가 다 떨어져서 사야겠다는 요청이 들어왔다. 나는 휴지를 구입해서 화장실마다 비치한 지 얼마 안 됐는데 무슨 휴지가 벌써 떨어졌냐며 직접 확인을 하였다. 그런데 쌓여 있던 화장지가 모두 온데간데 없이 사라져버린 것이다. 커피믹스, 볼펜 등도 마찬가지였다. 알고 봤더니 직원들이 집에서 쓰려고 회사의 비품들을 가져갔기 때문이었다. 나는 아직 낙후한 중국의 상황과 직원들의 잘못된 태도를 보면서 무조건 자율에만 맡길 수 없다는 판단으로, 작은 것 하나도 세세하게 통제하기 시작했다. 매일 휴지의 상황을 점검하였고, 커피믹스는 하루에 한 사람당 하나만

나눠 주게 하였으며, 볼펜도 다 쓴 볼펜심을 가져올 경우 볼펜심만 교체해주도록 하였다. 물론 지금은 성숙된 문화의식과 자율적인 행동으로 이런 일은 다 사라졌지만, 중국에서 회사를 창업한 초기 단계에서는 이런 디테일한 관리는 반드시 필요한 일이라 생각한다.

그러나 내가 이런 일들을 하나하나 챙기며 회사 경영의 전반적인 일들을 수행하는 것은 분명 한계가 있었다. 그래서 일단 가장 시급히 구해야 할 사람은 중국 법에 맞는 세무회계에 능통한 중국인 회계였다.

그래도 지난 일주일간 한국에 갔었던 송 차장이 다시 돌아와서 그나마 다행이었다. 일단 내가 송 차장과 함께 시급히 처리해야 하는 일은 한 달 후에 있을 청양 사무실 개업 행사 겸 대리상 초청 사업설명회를 성공적으로 치르는 일이었다. 그러기 위해서는 사무실이 그 전에 꼭 완공되어야 했다. 다행히 사무실은 밤낮으로 공사가 진행되어 행사 일주일 전에는 완료가 될 것 같았다. 이날 행사에는 그룹 회장님을 비롯해서 한국의 VIP들이 초청되며, 리화 화장품이 거래했던 대리상 이백여 명이 참석하기로 되어 있었다. 이 행사가 바로 내가 자리를 새로 튼 중국에서 첫발을 알리는 신호탄이 될 것이다.

나는 송 차장이 없는 동안 청양에 있는 삼보장식 사무실 한구석을 빌려 쓰며, 앞으로 주 무대가 될 청양에서 일할 사람들을 수시로 면접 보는 한편, 청양에 있는 회계사와 세무 대리 계약을 했다. 송 차장이 다시 중국으로 들어오자, 나는 송 차장을 부장으로 승진시켰다. 그리고 따로 조용히 불러 말했다.

"송 부장, 부탁이 하나 있다. 앞으로 네가 영업부로 들어가라."

"영업부요? 그럼 상무님은요?"

"지금 당장은 나 혼자라도 괜찮지만, 아무래도 다음 주라도 당장 한국에 있는 인턴사원인 김현웅을 데려올까 해. 중국 런민(인민) 대학생이고 중국어도 잘하니까, 졸업하면 계속 채용해도 좋을 것 같아. 그리고 송 부장은 원래 마케팅으로 들어왔지만, 중국에서 영업도 모르면서 어찌 마케팅을 할 수 있겠어? 그러니 일단 영업부장 업무를 맡아서 하는 게 좋겠네. 그리고 말이야……."

나는 말을 잠시 끊고 송 부장의 표정을 살피다가 차마 하기 힘든 말을 꺼냈다.

"영업부로 가서 네가 나의 눈과 귀가 되어줬으면 좋겠어. 회사의 전 직원을 영업부로 만들어버리고, 사무실이 완성되면 따로 방을 쓸 텐데, 저들이 무슨 짓을 할지 도대체 모르겠어. 그러니 네가 그들과 호흡하며 영업도 배우고, 내게 그들의 생각과 말과 행동을 전달해줬으면 좋겠어. 특히 이 상무는 주의해야 할 사람이야. 겉과 속이 다르고 야심이 많은 사람이니, 잘못하면 이 회사를 다시 그에게 송두리째 빼앗길지도 모를 것 같아. 뭔 말인지 알겠어?"

『손자병법』에는 우리가 잘 알고 있는 지피지기 백전백승이란 말은 없고, '지피지기(知彼知己) 백전불태(百戰不殆)이고, 부지피이지기(不知彼而知己) 일승일부(一勝一負)이며, 부지피부지기(不知彼不知己) 매전필태(每戰必殆)이다'란 말이 있다. 적을 알고 나를 알면 백 번 싸워도 위태롭지 않고, 적을 모르고 자기만 알면 한 번은 이기고 한 번은 지며, 적도 모르고 나도 모르면 매번 위태롭다는 뜻이다. 그런 만큼 모든 일은 그가 적이든 아군이든, 상대방의 의도를 파악하고 준비해야 할 것이다.

"네. 그렇잖아도 저도 중국에선 처음에 영업을 해야 한다고 생각했습니다. 시장도 모르고 영업 방식도 모르면서 이 상무에게만 의존하면 안 되죠. 제가 확실히 이 상무의 경험과 지식을 다 습득해오겠습니다. 걱정하지 마세요."

송 부장은 나의 우려와는 달리 흔쾌히 대답했다.

회의를 마치고 퇴근 후 나와 송 부장은 바닷가 근처 한식당에 가서 오랜만에 그간의 회포를 풀었다. 그동안 우리는 단체 숙소로 아파트 하나를 삼 개월간 계약하여, 조선족 가정부를 쓰며 집에서 식사를 해결해왔다. 아침에 출근하면 가정부가 빈집에 와서 청소하고 빨래도 하며, 저녁에 먹을 밥을 준비해놓고 가는 형식이었다. 그러다 서로 필요한 게 있으면 메모를 남겨 주고받았는데, 한마디로 얼굴 보기 힘든 우렁각시 같은 가정부인 셈이었다.

한국의 사업자등록증에 해당하는 중국의 영업집조.

또 다시 일주일이 지나, 나는 잔인한 4월을 맞이했다. 4월 28일 창립 행사는 이제 정확히 사 주일이 안 남았으나, 아직 준비된 건 하나도 없었다. 사무실 인테리어 공사도 아직 끝나지 않았으며, 행사에 대한 구체적인 계획도 없었다. 무엇보다도 불안한 건 과연 이백 명이나 되는 안후이 성의 대리상들이 이곳 칭다오까지 올 수 있을지의 여부였다. 아직 한 번도 본 적이 없는 영업 조직의 실체에 대해 과연 이 상무 말만 믿어야 할지도 의심스러웠다.

그래도 다행히 우리나라의 사업자등록증 격인 영업집조가 발급되었다. 드디어 칭다오에 우리 회사가 법적으로 창립이 된 것이다. 민 대표가 회사 창립일의 길일이라며 받은 3월 25일에 반드시 날짜를 맞춰야 한다고 주장하는 바람에, 한국 법인 CFO인 최 이사와 송 부장 그리고 나는 하루라도 빨라도 안 되고 늦어도 안 되는 3월 25일, 딱 이 날짜가 영업집조에 인쇄되게끔 하기 위해 얼마나 고생을 했는지 모른다. 나는 난생 처음 보는 중국의 영업집조를 감격에 차서 바라보며 민 대표에게 가지고 갔다.

"사장님, 드디어 나왔습니다. 우리 회사 영업집조입니다. 이제 저희 중국 법인이 법적으로 중국에서 인정하는 화장품 유한공사로 설립되었습니다."

"오, 드디어 나왔나? 날짜는 틀림없이 3월 25일이지? 어디 보자."

민 대표는 대뜸 날짜부터 확인했다.

"네. 3월 25일 확실히 찍혔습니다."

"흠, 멋지군."

민 대표와 나는 금박으로 찍힌 영업집조를 바라보며 가슴 뿌듯한 감동을 느꼈지만, 나는 한편으로 앞으로 헤쳐나갈 일이 점점 걱정으로 다가오는 순간이었다.

주말을 맞아 곧 한국으로 돌아가야 할 민 대표는 단합 대회 겸해서 한국인 임직원들 모두 함께 가까운 칭다오 구경이나 하자고 했다. 우리는 이 상무의 안내로 사무실 인근에 있는 스라오런(石老人, 석노인) 관광지의 작은 산에 왔다. 이곳에는 중국 무협 영화에서나 볼 법한 수염을 기르고 상투를 튼 도사들이 도를 닦고 있는 미아오(廟, 묘, 사당)가 있어, 신선을 모시고 제를 올리는 모습이 마치 지금이 현재가 아니라 과거로 돌아간 듯한 착각을 일으키게 하는 게, 한국에선 볼 수 없는 무척 이색적인 풍취를 자아냈다.

등산로는 초입에서는 무성한 대나무 숲길을 걸으며 신선한 풀 내음으로 삼림욕을 하다가, 약 오십 분 정도 가파른 길을 따라 정상에 도달한다. 숨도 가쁘게 짧은 시간에 산행하기에는 안성맞춤인 곳이나, 입장료가 오십 위안(약 9000원)이나 되어 자주 오기엔 부담스러운 게 흠이었다.

나는 중국에 오기 전 직장 산악회에서 주말이면 여러 산을 다녔었고, 그 힘들다는 설악산 공룡능선도 다녀왔을 정도로 단련된 몸이었으나, 근 한 달

칭다오 스라오런 관광구의 산 위에 설치된, 천가라 불리는 고풍스런 하늘 길.

동안 중국에서 휴일도 반납한 근무와 스트레스, 그리고 연일 이어진 음주와 함께 찾아온 몸살감기로 심하게 앓고 일어난 터라, 그 오십 분이 무척 힘들고 길게만 느껴졌다.

그러나 정상 즈음에 오르자, 사람이 다니기 힘든 절벽 옆으로 오래전부터 도인들을 위해 만들어진 듯한 티엔지아(天街, 천가), 즉 이름도 거창하게 '하늘 길'이라 불리는 나무로 만든 길을 만나게 되었다. 고풍스런 중국 전통 가옥의 긴 회랑처럼 보였는데, 이 길을 마주한 순간, 나는 산을 오를 때 느꼈던 힘듦을 고스란히 내려놓을 수가 있었다. 옛 목조 건물의 운치 때문인지, 마치 내가 도를 닦고 검을 날려 하늘을 날 것만 같은 느낌이 들 정도였다. 중국이 아니면 어디에서도 느낄 수 없는 이런 풍취를 나는 무척 좋아했다. 더욱이 티엔지아에서 내려다보는 칭다오 바다의 풍경은 그동안 쌓였던 나의 고민을 단숨에 풀어주고도 남을 정도였으니 말이다.

그런데 이 기쁨도 잠시, 즐거운 마음으로 산을 내려오는 길에 갑자기 이 상무가 말을 꺼냈다.

"우리가 이사 가면 지금 쓰는 사무실은 어떡하죠? 아직 육 개월이나 계약이 남았는데 말입니다."

이 사안은 이미 전부터 주인에게 말해서 다시 다른 사람에게 세를 놓아, 나중에 잔금을 돌려받기로 얘기가 끝난 일이었기에, 나는 주저하지 않고 대답했다.

"세를 놓아서 잔금을 돌려받아야죠."

"하지만 그러다 세가 안 나가면 돈이 아깝지 않나요? 이미 낸 일 년치 임대료가 육만 위안(약 1000만 원)이니, 반년치면 삼만 위안이나 되는데 말이죠."

"뭐, 그래도 지금으로선 쓸 용도가 없으니 할 수 없죠."

나의 대답에 이 상무가 민 대표를 바라보며 말했다.

"사장님, 차라리 신 상무랑 송 부장 등 한국인 직원들 합숙소로 쓰면 어떨까요?"

민 대표는 이 상무의 말을 듣고 바로 고개를 끄덕였다.

"그거 좋은 생각이네. 굳이 돈 들여 다른 데 방을 다시 구할 필요가 뭐 있겠어? 안 그런가, 신 상무?"

순간 나는 또 한 번 어이가 없어 할 말을 잃고 있다가, 간신히 정신을 차려 대답을 했다.

"사장님, 거긴 사무실로 썼던 공간이라 지저분하기도 하고, 저희가 거주할 침대나 이불이나 가전제품들도 없습니다. 모두 다 새로 사려면 꽤 많은 돈이 듭니다. 게다가 새로운 사무실인 청양과는 거리가 너무 멉니다. 지금 일이 얼마나 중요한 때인데, 출퇴근에 낭비하는 시간이 아까울 판입니다. 그러니 저희는 사무실과 가까운 청양으로 집을 옮기는 게 좋겠습니다."

그러자 이 상무가 다시 말을 받았다.

"거기 오피스텔이라 다른 사람들도 집처럼 많이 거주하고 있어요. 주방도 있고 하니 사는 데 별 문제 없을 겁니다."

"그래, 이 상무 말이 맞아. 신 상무, 그렇게 하게. 지금처럼 초창기에는 무조건 절약부터 해야 하는 거야."

민 대표의 말에 나는 울컥 화가 나고 말았다. 나는 그동안 쌓인 감정을 못

참고 그만 민 대표에게 화를 내듯 말했다.

"사장님, 도대체 이게 뭡니까? 제가 살 집입니다. 먼 중국까지 와서 살아야 할 집조차도 제 마음대로 못합니까? 가전제품이나 집기 사는 데 드는 돈도 만만치 않을 겁니다. 게다가 육 개월 후면 청양으로 다시 이사해야 합니다. 그럼 그것들은 다 어떻게 하란 말인가요? 이렇게 아무런 결정도 하지 못하는 저보고 도대체 무슨 일을 하라고 그러십니까?"

사실 중국의 임대 아파트는 대부분 침대와 가구, 가전제품들이 모두 비치되어 있기 때문에, 돈을 주고 살 필요가 없다. 이는 얼마 전 칭다오 바닷가에 아파트를 임대한 민 대표도 잘 아는 사실이었다. 그러나 민 대표는 나의 반발에 오히려 싸늘한 시선을 던지며 절대로 양보하려 하지 않았다. 그때가 처음이었다. 나와 민 대표 간에 아주 작은 틈 하나가 벌어지기 시작한 것이다.

사람 간의 관계에 대해 중국인들과 한국인이 다른 점은 사람이라는 한자어에서 나타난다. 중국인들은 사람을 단순히 '런(人, 인)'이라고만 표현하지, '인간(人間)'이라고 쓰지를 않는다. 반면 한국인들은 인간이라고 표현하는데, 한자를 들여다보면 '사람(人)의 사이(間)'이다. 즉, 사람은 그 자체로 하나로만 존재하는 것이 아니라, 사람과 사람의 사이에는 분명 뭔가가 존재한다는 것이다. 그리고 나는 그 사이에 사람의 마음이 있다고 생각한다. 그런 점에서 한국인들이 사람과의 관계를 생각하는 마음은 더욱 각별한 것 같다. 그리고 특히 조직 내 상하관계 사이에 가장 중요한 마음은 신뢰이다. 상사와 부하 간(間)에 대한 이해는 서로 신뢰하는 마음에서 시작해야 한마음으로 통할 수 있기 때문이다.

오케스트라의 지휘자가 여러 다른 악기의 하모니를 맞춰 완벽한 하나의 교향악을 연주하도록 하듯이, 리더는 서로 다른 사람들의 이야기를 들어주며 모두가 한 소리를 내도록 해주어야 한다. 그러나 생각이 한쪽으로 기울어져 이미 다른 소리를 내기 시작한 민 대표와 내가 과연 한국도 아닌 중국에서 함께 직장 생활을 제대로 해나갈 수 있을지, 나는 나 자신도 믿지 못할 출발점에 서게 되었다.

송 부장은 창립 행사를 위해 이벤트 회사와 계속 미팅을 하였고, 나는 리화에서 가지고 있던 브랜드와 한국에서 바로 수입할 브랜드인 '희란', 그리고 향후 중국에 론칭하기 위해 내가 한국 법인에 있을 때 미리 준비했던 여러 브랜드 네임들을 모두 상표등록 하게 하는 한편, 한국 법인으로부터 희란을 수입하기 위한 준비를 했다. 그러나 희란 역시 인수한 브랜드이다보니, 회사 명의로 중국 위생 허가를 다시 바꾸는 데만 해도 육 개월이 걸린다는 소리를 뒤늦게 접하게 되어, 향후 어떻게 브랜드 전략을 꾸려나가야 할지 고민의 나날을 보내고 있었다. 이럴 줄 알았다면, 굳이 희란 때문에 회사 하나를 인수할 이유가 하나도 없었던 것이었다.

그러는 사이 민 대표는 한국으로 먼저 돌아갔고, 나도 한국으로 들어갈 시기가 다가오고 있었다. 아직 관광 비자였던 나는 한국으로 일단 돌아갔다가 취업 비자를 받고 다시 돌아와야만 했다. 나는 마음이 점점 조급해졌다. 당장 시급한 창립 행사부터 문제였다. 행사 자체는 어떻게든 송 부장과 함께 꾸려나갈 수 있겠지만, 과연 이백 명의 대리상들이 참석할 수 있을지가 못미더웠다. 중국 직원들과 좀 더 가까워지기 위해 회의실에서 나와 직원들 틈에서 작은 책상 하나를 마련해 쓰고 있었던 나는, 결국 동사장실을 쓰고 있는 이 상무 방을 노크하였다.

"행사가 코앞에 다가왔는데, 결국 이 행사의 성공 여부는 대리상들이 얼마나 많이 참석하느냐에 달렸습니다. 이 상무님 말을 믿고 큰 규모의 하이얼 전자 연수원도 예약했는데, 진짜 아무런 문제는 없겠지요?"

"네, 걱정 마세요. 그건 확실합니다. 그렇잖아도 내일 다시 안후이 성으로 내려가려고 해요. 대리상들 참석도 독려하고 인원 점검도 하고 돌아올게요."

"그럼 이 상무님만 믿고 나는 다른 만반의 준비를 하겠습니다."

"네. 그건 제가 책임지겠습니다. 그런데 신 상무님!"

내가 막 자리에서 일어나려고 하는데, 이 상무가 말을 이었다.

"제가 차가 필요합니다. 렌트해서 출장 다니려니 돈도 많이 들고 너무 불편해요."

"영업하려면 당연히 차가 필요하죠. 임 이사 통해 알아보라고 하겠습니다."

그리하여 나는 민 대표와 이 상무의 승용차 및 업무용으로 필요한 스타렉스 중고차를 함께 구입하였지만, 내 차는 구입하지 않았다. 영업 업무도 하지 않는 내가 임원이라고 품위 유지를 위해 자동차를 구입하느니, 차라리 택시를 타고 다니는 게 더 낫다고 생각했기 때문이다.

십 년 전 대기업을 그만두고 작은 화장품 회사를 차려 개인 사업을 해봤던 나는, 지금 회사가 그때처럼 시작하기도 전에 뭔가 잘못 돌아가고 있다는 것을 직감할 수 있었다. 그때 당시 나와 함께 동업을 했던 CEO는 대기업 물이 덜 빠진 상태로, 나의 의견을 듣지 않고 사업하기도 전에 큰 사무실을 임대하고 고급 자동차를 사며 삼 년간 방만한 경영을 하다가 수억 원의 빚을 졌고, 엎친 데 덮친 격으로 급성 간암으로 세상을 떠나고 말았다. 결국 나는 그 모든 빚을 떠안은 채 회사를 접어야만 했다. 그 후 나는 홀로 피눈물을 삼키며 빚을 갚아나갔고, 백의종군하다시피 대기업에 입사하여 결국은 다시 마케팅 부장도 되었다. 그런데 지금 중국에서 또 한 번의 사업을 시작하는 이 상황이 십 년 전 그때와 너무도 닮아 보였다. 나는 정신을 바짝 차리고 같은 실수를 반복하지 않겠다는 다짐으로, 나 하나라도 비용을 아끼며 만약의 위험에 대비해야만 한다고 생각한 것이다.

처음에는 자동차를 구입하기보다 한국처럼 장기 렌트도 알아봤었다. 다행히 중국에도 한국의 유명한 K렌터카가 이미 진출해 있어서 어렵지 않게 상담할 수가 있었다. 그런데 전화로 문의해보니 삼 년 임대 조건 계약이 자동차 한 대 값을 삼십육 개월로 할부한 금액을 매달 내는 것이었다. 그렇다면 목돈이 한 번에 들어가지 않아도 되니 잘됐다 싶어 나는 더 자세히 물어봤다.

"그러면 삼 년 후에 차는 누구 소유인가요?"

"차는 저희 렌터카 회사 소유죠."

"네? 삼 년간 할부금을 우리가 냈는데 삼 년 후에 차를 가져간다고요? 그럼 혹시 삼 년간 각종 차량 유지 보수 및 관리는 그쪽에서 해주는 것인가요? 한국은 그렇던데……."

"아뇨. 그건 차를 운행하는 쪽에서 그때그때 알아서 하는 것입니다."

"아니, 그러면 우리가 차를 사고 삼 년 후에 중고로 팔아도 최소한 반값은 받을 텐데, 왜 그런 계약을 합니까?"

"하하~ 여기 중국은 전부 그렇습니다. 그렇지 않으면 목돈으로 그냥 차를 사셔야죠."

나는 K사 외에 다른 중국 렌터카 회사를 알아보게 하였지만, 내용은 매번 같았다. 그래서 이런 참으로 황당한 임대계약을 하느니 차라리 목돈 들여 사는 게 낫겠다는 생각에 업무용 차를 세 대나 구입하게 된 것이다. 한편 한국의 K렌터카가 중국 회사와 전혀 차별화 되지 않는 마케팅을 하고 있다는 게 나는 참으로 놀라웠다. 저렇게 중국 회사와 별반 다르지 않은 서비스를 제공해서 한국 회사의 장점이 있을지, 나는 그 회사의 미래가 의심스러웠다. 그 후 몇 년이 지난 지금 K렌터카는 중국에서도 한국과 똑같이 보험을 해주고 차량 관리 서비스를 제공해주고 있으나, 때는 이미 너무 늦은 상황이다. K렌터카의 회사 이름이 이미 L사로 바뀌었으니 말이다. 이렇듯 떡잎만 봐도 안다고, 그때 나의 우려는 현실이 되었다.

3. 패스트 세컨드(Fast Second) 전략

이 상무가 출장을 떠난 후, 나는 송 부장과 창립 대회의 철저한 준비를 위해 논의를 하고, 상당 부분의 일을 송 부장에게 부탁하고 한국으로 돌아왔다. 사실 갑자기 중국으로 떠나는 바람에 한국에서도 시급하게 처리해야 할 일이 너무 많았기 때문에, 도저히 중국에서 한 달을 꽉 채우며 있을 수가 없었다. 내가 중국으로 떠나기 전에 진행했던 희란 CF가 이미 촬영을 마치고 완성되어 나의 컨펌을 기다리고 있었으며, 기업 홍보 영상물도 최종 검토해야 했다. 특히 희란이 없는 상황에서 창립 대회를 할 수 없기 때문에 어떡하든 희란을 소량이라도 중국으로 가져가야만 했다.

사업이 시작되지도 않았는데 회사를 창립하자마자 텔레비전 CF를 찍는다는 것도 내 마케팅 논리상으로는 참으로 우스운 일이었다. 하지만 회사 초창기에 나는 마치 이상한 나라의 앨리스가 된 것처럼 현실적으로 말이 되지 않는 일을 계속해야만 했다.

한국과 중국의 작은 회사 두 개를 무작정 인수한 일도 그렇고, 중국에서 사업을 하기 위해서는 텔레비전 CF가 있어야 쉽게 대리상을 모집할 수 있다는 이 상무의 말에 부랴부랴 또 일억 원이라는 거금을 들여 CF를 촬영한 것도, 내게는 이상한 나라의 붉은 여왕이 이상한 말을 하는 것처럼 이해하기 힘든 일이었다.

이 상무는 지금 당장 텔레비전에서 광고가 나오지 않더라도 대리상들에게 CF를 보여주면서 앞으로 텔레비전에서도 방영될 것이라고 하면 대리상들이 신뢰하게 되고, 그러면 회사와 가맹 계약을 늘릴 수 있을 것이라 주장했다. 그러나 계약은 모든 상품이 제대로 준비되어 있고, 유통의 실체가 명확해지고 나서 투자를 할지 말지에 따라 결정되는 일이다. 얼마나 될지도 모르는 대리상들에게 일단 한번 보여주기 위해, 텔레비전 방영 계획도 없이 일억 원이나 들여 무조건 CF를 만들어보자는 것은 이십여 년간 영업과 마케팅 분야에 몸담아왔던 내 지식과 경험으로는 도저히 납득할 수가 없었다. 하지만 지금의 이상한 나라에서는 그 누구도 앨리스의 말을 들으려 하지 않았다.

희란을 인수할 때만 해도 그랬다. 내가 입사하기 전부터 이미 인수 검토가 되었던 희란은 국내 굴지의 A사 연구소 출신들이 세운 작은 회사에서 만든, 콘셉트도 좋고 품질도 좋은 브랜드이다. 희란은 천연 원료와 고기능성 원료가 적절히 처방된 자연주의 기능성 화장품을 표방하였는데, 사용감이나 느낌, 효과 그 어느 하나도 명품 브랜드에 뒤떨어지지가 않았다.

그런데 문제는 제품의 품질만 좋았지 경영과 영업은 구멍가게 수준이었다. 대부분 지인들에게 연결 판매만 하는 수준의 영업을 해가면서 이미지 유지를 위해 유명 호텔 면세점의 한 코너에 입점도 하였지만, 계속된 적자에 빚으로 허덕이던 시기에 신규 프로젝트 팀의 한 임원의 레이더망에 들어온 것이다. 게다가 일곱 가지 품목이 이미 중국 위생 허가를 가지고 있어서 바로 중국 수출이 가능하다고 하니, 금상첨화가 아닐 수 없어 보였다.

그래서 내가 입사했을 때는 희란의 우수한 품질과 위생 허가, 그리고 당시 그 회사의 대표이사였던 허 상무의 제품 개발 능력 등으로 이 회사를 인수하는 게 거의 확실시되고 있을 때였다. 나는 뒤늦게 회사를 실사하고 호텔 면세점도 방문하고 나서 늦은 저녁 시간에 민 대표에게 전화를 했다.

"사장님, 제 생각에 희란은 아닌 것 같습니다."

민 대표는 깜짝 놀라며 말했다.

"아니, 다들 제품이 훌륭하다고 하는데, 신 상무는 왜 그렇지?"

"제품은 좋습니다. 콘셉트나 품질은 확실히 뛰어난 제품입니다. 하지만 품질 하나 때문에 수억 원을 들여 살 만한 브랜드가 아니라는 것입니다. 이런 제품은 제가 육 개월에 약 오천만 원 정도만 투자해도 만들 수 있습니다. 그리고 이런 고가의 화장품보다 당장 중국에서 시급한 것은 저가나 중가의 브랜드가 아닐까 싶습니다."

"그래도 당장 우리는 중국에서 판매할 마땅한 브랜드가 없지 않은가?"

"지금이라도 늦지 않았습니다. 조금만 더 검토해서 한국에서 제품을 개발하여, 똑같이 중국에서 생산하면 위생 허가도 받을 필요가 없습니다."

"하지만 희란에 대해서는 이미 내가 벌인 일이 너무 많네. 지금 와서 돌이킬 수가 없어. 제품도 좋고, 경험도 있는 A사 허 상무도 괜찮은 것 같으니 그냥 진행해보게."

"사장님, 게다가 허 상무는 진정한 연구소 출신이 아니더군요. 그래서 희란도 허 상무가 혼자서 개발한 것이 아니라, A사에서 함께 근무하던 연구소 출신들이 만든 OEM 회사에서 개발한 것입니다. 물론 사용감 테스트와 품질 개선 측면에서 허 상무의 역할도 컸지만, 희란의 처방과 모든 허가권은 그 회사에 귀속되어 있습니다. 허 상무가 우리 회사로 온다면 당연히 이 회사의 연구진들의 기술과 노하우를 보다 원활하게 활용할 수도 있겠지만, 화장품 기술이란 게 지금은 다 뻔하지 않습니까? 차라리 ODM 전문인 K사 같은 회사를 통해 제품 개발을 하거나, 전 직장 연구소에서 같이 근무했던 김 부장을 채용해서 우리가 직접 개발하는 것이 좋을 듯합니다."

그러나 민 대표는 나의 의견을 거절하였다.

"신 상무, 그건 그것대로 검토하고, 일단 희란 인수 건은 그냥 하던 대로 진행하게. 이젠 돌이킬 수도 없을 뿐더러, 나는 제품이 개발될 때까지 육 개월을 기다릴 수도 없네."

나는 민 대표에게 더 이상 얘기해봤자 소용이 없음을 알고 그의 말을 따르기로 했다. 이렇게 해서 희란은 일사천리로 인수를 진행하게 되어, 마침내 유형의 재고와 무형의 상표권이란 자산을 수억 원을 주고 인수하였으며, 허 상무를 비롯한 몇 안 되는 직원들도 모두 채용하게 된 것이다. 그런데 중국에서 바로 수입해서 판매할 수 있다는 희란의 가장 큰 장점이었던 위생 허가가, 회사가 바뀌면 무용지물이 된다는 것을 그때만 해도 아무도 생각하지 못한 것이 문제였다. 그 후에도 허 상무는 회사 이름만 바꾸는 위생 허가 변경은 몇 달 안 걸린다고 했지만, 예상과는 달리 육 개월이 넘게 걸리게 된다는 초유의 사태가 벌어지고 말았으니, 매사가 제대로 된 계획 없이 살아온 사람의 말만 믿고 덜컥 큰 결정을 내린 것이 더 큰 문제가 아니겠는가?

문제는 문제가 문제인 줄 인식해야 진정한 문제가 되는 것이다. 그래서 문제의식이 없는 사람에겐 이 세상에 아무런 문제도 없을지도 모르는 일이다.

나는 한국에 오자마자 먼저 허 상무와 회의를 했다.

"희란을 수입하는 것만 바라보고 회사를 차렸는데, 지금 희란을 수입하지 못한다면, 앞으로 중국에서 어떻게 사업을 한단 말입니까?"

"물론 지금이라도 회사명을 전 회사 이름으로 하면 당장이라도 수출할 수 있습니다. 급하면 그렇게라도 할까요?"

허 상무의 대답이었다. 허 상무는 나보다 나이가 네 살이나 위인 오십대 초입의 후덕해 보이는 여성이었지만, 제품 개발 업무 스타일은 외모와는 달리 무척 까다롭고 고집이 센 것으로 정평이 나 있었다. 그런 반면, 회사의 경영에 관한 생각은 임원이란 타이틀에 어울리지 않게 어수룩한 면이 없지 않아 있었다.

"그건 말이 안 되죠. 우리 회사가 이제 막 출범하면서 회사 이름을 걸고 한국 법인에서 우수한 제품을 수입한다고 해야 하는데, 제품에 다른 회사 이름이 찍히는 건 절대 안 되죠. 이미 일억 원을 들여 CF까지 찍었는데 말입니다."

"그럼 난들 어떻게 하란 말이에요? 이왕 이런 일이 벌어졌는데."

"제 말은 애초부터 이런 일을 예측해서 대비했어야 했다는 말이죠. 허 상무님은 이미 위생 허가를 받은 경험이 있었으니 잘 알고 있지 않았습니까?"

"나도 전 회사를 법적으로 정리하느라 경황이 없었어요. 지금이라도 허가가 빨리 나도록 노력해볼게요."

나는 당장 대안이 없다는 허 상무의 말에 한숨을 쉬며 말했다.

"그럼 지금 당장은 어찌해야 할까요?"

한국 인터넷에서 쉽게 접할 수 있는 따이공 전문 회사 광고.

"현재는 얼마 안 되는 물량이니까, 일단 따이공으로 보내면 어떨까요?"

"네? 따이공이오? 그게 뭐죠?"

"정식 수출이 아니라 인편으로 보내는 형식인 것이죠. 핸드 캐리(Hand Carry)라고도 하는데, 인천항에는 이것만 전문으로 취급하는 곳도 많이 있어요."

따이공은 한자로 代工(대공)으로, 중국어로 '물건을 대신 전달해주는 사람'을 의미하지만, 지금은 한국과 중국을 오가며 제품을 소규모로 밀거래하는 보따리상들을 통칭하는 말이다. 그러나 현재는 따이공 무역이 증가하면서 중국 해관과 꽌시가 좋은 따이공 전문 물류 회사를 통하여 컨테이너 단위의 대규모 밀거래도 많이 이루어지고 있다. 그래서 중국 정부는 최근 단속을 강화하고 있지만, 여전히 많은 한국 화장품 회사가 어렵게 돈과 시간을 들여 위생 허가를 정식으로 받는 것보다, 손쉽게 따이공으로 수출하는 밀거래를 주로 하고 있는 게 현실이다. 중국 인터넷 쇼핑몰에서 히트하며 대박을 친 한국 화장품들의 대부분도 허가 없이 수입된 일종의 밀수품이라고 할 수 있는데도, 돈에 눈이 먼 한국 회사들은 그것이 죄를 짓는 것인지도 모르고 후안무치(厚顔無恥)하게 사업을 하고 있는 것 같다. 그러나 2015년 하반기부터 중국 정부의 단속 강화로 따이공이 막히면서 몇 년간 호황을 누렸던 따이공 전문 화장품 회사들은 급작스런 매출 감소로 어려움을 겪고 있다. 그래서 기본과 정도를 무시하고 한순간의 이익을 추구하는 기업들은 오래갈 수가 없는 것이다.

"그럼 그건 결국 밀수가 아닌가요?"

"그렇다고 할 수 있죠. 하지만 우리나라 화장품 회사들 대부분이 따이공으로 수출을 하고 있어요. 그리고 아직까진 큰 문제도 없었고요. 저도 과거에 여러 번 했었어요."

나는 잠시 깊은 생각을 하고 나서야 대답을 할 수가 있었다.

"일단 다른 방법이 없으니 처음 딱 한 번만 그렇게 해보죠. 그럼 행사용 진열 제품은 시간이 없으니 허 상무님께서 각 두 개씩만 행사 참가하러 오실 때 가지고 들어오시고, 육 개월 후에 위생 허가가 날 때까지는 리화 브랜드를 위주로 영업을 하면서 희란은 맛보기 정도로 따이공으로 조금만 수입해 보는 것으로 하죠."

한편, 나의 보고를 접한 민 대표는 불법적인 따이공에 대해 강하게 거부했지만, 지금으로서는 어쩔 수 없는 선택임을 납득하고는 마지못해 허락했다. 나는 이 모든 것에 대해 책임을 지겠다는 약속을 하고 민 대표의 허락을 받아냈다. 어차피 어떤 일이 벌어질지 예측조차 안 되는 곳에서, 일단 뭐든 하나라도 하지 않고는 아무것도 이루어질 수가 없다는 것이 나의 강한 생각이었다. 뭐가 되었든, 맨땅에 헤딩하여 코도 깨지고 이마에 상처도 나봐야, 내가 지금 어떤 경계선에 서 있고 앞으로 어디로 가야 할지 길을 찾을 수 있을 것만 같았다.

우리 회사가 선택한 중국 사업 전략의 근간은 'Fast Second, 재빠른 2등 전략'이다. 지금까지 마케팅의 화두는 블루오션이나 선도자의 법칙이었다. 즉, 새로운 시장에 맨 먼저 진입하는 기업이 확실한 경쟁 우위를 누릴 수 있다는 것이다. 1970년대 이후 이런 논리는 지금까지 가장 보편된 마케팅 전략으로 인식되고 있으며, 실제로 제대로 작용해왔다. 최초라는 닉네임은 소비자의 마인드에 강하게 뿌리 내려, 후발 주자의 추격을 뿌리치게 했다. 지금도 코카콜라, 크리넥스, 스카치테이프, 박카스, 애플 등 최초의 브랜드들은 시장을 달리는 가장 앞선 경주마로 존재하고 있으니 말이다.

그러나 21세기, 예측 불가능할 정도로 급변하는 시장이 도래하면서, 이것이

발 빠른 2등 전략도 중요한 사업 전략이다.

꼭 정답만은 아니라는 생각이 나타나기 시작했다. 이제는 빨리 움직이는 싸움이 아니라 진정으로 고객의 니즈를 찾아 최적의 시기에 움직이는 것이 더 유리할 수가 있다는 것이다. 한마디로 속도의 싸움이 아닌 진정한 서비스와 가치를 제공하는 밀도의 싸움이 시작된 것이다.

게다가 선도자는 무척 힘들다. 시장을 새로 창출하며 겪는 시행착오를 극복하고 견뎌내야만 한다. 그러다가 이제 좀 잘되는가 싶으면 경쟁자들이 나타나기 시작한다. 또한 다른 차별화로 무장하여 시장 구석구석을 갉아먹는 경쟁자들로부터 시장을 모두 방어할 수도 없다. 할 수 없이 한쪽 구석이라도 조금 내주어야 하지만, 자칫 방심했다간 시장의 반 이상을 빼앗길 수도 있다. 그래서 선도자의 전략은 막대한 자금력을 보유한 큰 회사가 아니면 하기 힘든 전략이기도 하다.

따라서 Fast Second여야 한다. 영원한 2등이 아니라 빠르게 시장을 지배하는 2등 전략인 것이다. 이미 1등이 해놓은 것을 집중 분석하여 그들이 시행착오로 낭비한 시간과 비용을 절감하고, 마치 답안지를 보며 시험 치르는 학생처럼 문제를 풀어나갈 수가 있는 것이다. 그러나 남의 답을 그대로 베껴서는 1등을 뛰어넘을 수가 없다. 자기다움이 있는 차별화로 무장한 2등이 되어, 1등이 가지고 있던 문제점들을 빠르게 해결하고 소비자를 만족시켜, 시장을 확산해나가는 것이 바로 재빠른 2등 전략인 것이다.

한국의 화장품 시장에서도 초저가 화장품 시장을 개척한 '미샤'를 따라, 재빠른 2등 전략을 구사한 '더 페이스샵'은 미샤와는 차별화된 자연주의를 표방하며 업계에서 국내 최고의 브랜드에 등극하여 LG생활건강에 고가로 팔렸고, 지금도 국내 브랜드 매장들 중에서 상위를 달리고 있다. 나는 이것이 바로 Fast Second 전략의 가장 큰 성공 사례라 생각한다.

한편, 이미 이십 년 전부터 중국 진출을 시도해온 국내 굴지의 화장품 회사들은 A사를 제외하곤 여전히 제대로 자리를 잡지 못하고 있었다. L사도 많은 노력과 투자를 했지만, 고가의 한방 화장품을 제외하곤 중국의 주요 백화점에서 고전을 면치 못하고 있는 형편이다. 물론 A사 또한 이십 년이 넘는 노력에 비하면 만족할 만한 성과는 아니었다. 또한 대기업이 아닌 중견 화장품 회사들도 이미 십여 년 전부터 중국 진출을 시도했다가 참패를 겪고 수십억 원의 수업료만 털리고 말았다. 그들의 경쟁자들은 다름 아닌 세계적으로 유명한 다국적 회사들의 유명 브랜드들이기 때문이었다.

이미 중국 대도시 주요 백화점과 쇼핑몰을 장악하고 있는 외국 브랜드들은 최근 한류 열풍이 불기 전까지는 한국산 브랜드들이 경쟁하기엔 버거운 상대였다. 중국은 도시 경제 규모에 따라 1선, 2선, 3선, 4선 도시 등으로 구분하고 있는데, 일반적으로 잘 알려진 1선 도시인 베이징, 상하이, 광저우, 선전, 톈진 등의 주요 상권에서 한국 화장품의 경쟁 상대는 중국 회사가 아닌 세계적인 유명 브랜드들이다.

그런 점에서 우리는 이십여 년 전에 중국에 들어와 성공적으로 자리를 잡은 S화장품 회사에 주목했다. S사는 국내에는 전혀 알려지지 않은 중국에 토착화된 한국 화장품 회사이다. 원래는 국내 한 화장품 회사의 중국 총판으로 사업을 시작했다가, 그 회사가 사업을 접고 철수하자 스스로 브랜드를 개발하여 사업을 시작하게 된 것이다. S사는 강력한 브랜드 파워를 가지고 있는 경쟁자들을 피해, 그때만 해도 아직 화장품을 바르는 것조차 잘 몰랐던 중국의 3~4선급 시골 마을로 진입했다.

S사는 농촌과 어촌의 작은 마을 사람들에게 왜 화장품을 사용해야 하는 지를 깨우쳐 주는 일부터 시작했다. 우리나라 새마을 운동처럼 화장품에 대한 계몽 운동을 전개한 것이다. 그리고 그들은 당시 농촌의 여인들이 한 달 동안 뼈 빠지게 일해서 벌 수 있는 돈이 고작 일천 위안도 되지 않았던 시절, 화장품 방문판매를 하면 일천 위안을 넘게 벌 수도 있고, 더욱 성공하면 집도 사고 자동차도 살 수 있다는 새로운 성공 비전을 제시했다. 그렇게해서 이십여 년이 지난 지금 그들은 중국에서 상당히 성공을 거둔 알짜 화장품 회사로 자리 잡게 되었다.

우리가 그 다음으로 주목한 회사는 W사였다. 지금이야 한국에도 W사 제품이 출시되고 있지만, W사는 오래전 계열사였던 C화장품 회사를 매각하면서 한국에서 십 년간 화장품 사업을 하지 않기로 계약을 했었기 때문에, 한국이 아닌 중국으로 즉시 눈을 돌렸다. 그러나 다른 화장품 회사처럼 거의 오 년을 적자만 보며 큰 실패를 보다가, 뒤늦게 S사의 사업 방식을 벤치마킹하여 크게 성장하게 되었다. 그래도 W사의 경우는 한국 본사의 막강한 자금 지원이 있었기 때문에, 그나마 어려운 시절을 버티고 일어날 수가 있었을 것이다.

중국에서 사업을 시작한 유명한 한국 화장품 회사들이 중도 탈락했음에도 불구하고, 한국에는 알려지지도 않은 이 두 회사가 중국에서 알짜 화장품 회사로 성공한 요인은 과연 무엇일까? 우리는 바로 이 점에 주목했다. 그것은 바로 강한 경쟁을 피해 무주공산 같은 작은 시장으로 들어갔다는 것이다. 이 모든 것이 가능했던 이유는 중국 스물세 개의 성 전역이 화장품 시장에 있어서는 아직도 무한한 가능성의 미개척지였기 때문이다.

유명 백화점도, 멋진 쇼핑몰도, 심지어는 잘 꾸며진 화장품 매장도 아니었다. 때론 미장원 한구석이거나 여성 의류점, 사우나 진열장, 구멍가게 선반 한쪽을 차지하기도 하였고, 심지어는 집 한구석에 진열장 하나 놓고 판매하기도 했다. 동네 구석구석 작은 매장에 화장품을 올려놓을 수만 있다면 다 집어넣은 것이다. 이는 또한 중국 농촌, 어촌의 저렴한 인력이 있었기에 가능했던 일이기도 했다.

그리고 이제 우리 회사가 세 번째로 같은 방법으로 같은 시장을 노크하려 하는 것이니, 엄밀히 말하면 우리는 Fast Third일 수도 있겠다. 단, 우리는 S사가 이십 년에 걸려 쌓아온 문제점을 인식하고, 또 이를 보완한 W사의 장점을 흡수하여, 단점을 보완하는 영업 전략과 제품 차별화 전략이 필요했다. 그 시작을 위한 구상이 바로 제품으로는 희란이고, 중국 영업으로는 리화 화장품이 된 것이다.

이렇게 나는 어떤 운명에 떠밀려 인생에 계획도 없었던 중국으로 왔다. 그러나 막상 중국에서의 한 달은 내 생각과는 전혀 딴판이었으며, 한국에서 희란을 수입하는 것도 난관에 봉착했다. 이제는 사업 계획이고 뭐고 다 필요가 없게 되었다. 현실은 언제나 그렇게 호락호락하지 않게 나를 비웃었고, 운명은 나를 더 가혹하게 채찍질만 하는 것 같았다. 이제 내가 할 수 있는 것은 일단 실행해보는 것이었다. 무조건 해보고 깨치고, 해보고 바꿔나가고, 해보면서 이루어낼 수밖에 없었던 것이다.

4. 색조 화장품(Make-up) 개발

　나는 한국에 있는 동안 중국 취업 비자를 발급받기 위한 각종 서류를 준비하는 한편, 중국 런민대학 졸업 예정자로 한국 직원들에게 중국어를 가르치고 있는 인턴사원인 김현웅을 중국으로 발령 내고, 미진했던 업무들을 마무리 짓고 일주일도 채 안 되어 다시 중국으로 돌아왔다.

　김현웅은 베이징 런민대학에서 마케팅을 전공한 학생으로, 육 년간의 중국 생활을 접고 졸업 후 한국에서 취직하고 싶어 하였으나, 중국 학교에서 중국어로 배운 것이 아닌, 진짜 글로벌로 통용될 수 있는 마케팅을 배우고 싶다는 갈망에 나와 인연을 맺게 되었다. 그는 요즘 젊은이들처럼 자유분방한 학생이었지만, 오랜 시간 부모와 떨어져 외국에서 홀로 살아서 그런지, 자립심도 있고 책임감도 강해 보이는 점이 나는 마음에 들었다. 그는 6월에 베이징으로 돌아가 한 달간 학교에 복귀한 후 7월에 졸업하면 정식 직원으로 채용될 예정이었는데, 나는 급한 마음에 일단 칭다오로 데려가기로 마음먹었다. 그리하여 김현웅은 중국으로 가기 전 주변 정리 등의 준비를 하고, 나보다 일주일 늦게 칭다오에 합류하기로 했다.

칭다오로 돌아오자, 다행스럽게도 회계를 맡을 양 과장이 면접을 기다리고 있었다. 양 과장은 헤이룽장 성 출신의 조선족으로서 한국 회사에서 수년간 일한 경력이 있는 기혼 여성이었는데, 작은 키에 얼굴과 눈이 동그란 게 똘망똘망해서 명랑 만화의 아줌마 캐릭터처럼 보였다.

내가 처음 중국에 왔을 때 주변 한국 사람들로부터 들은 얘기가 있었다. 조선족 중에서도 초기 한국 회사들에 많이 채용되었던 지린 성 옌볜 출신들은 월급만 많이 주면 언제든 회사를 옮기는 등 기회주의적인 태도로 말썽을 부리는 경우가 많으므로, 아직 때가 덜 묻은 헤이룽장 성 출신들이 믿음이 많이 가니, 가능하면 돈을 다루는 회계 쪽은 헤이룽장 성 출신을 뽑으라는 충고였다. 그런 점에서 나는 양 과장이 마음에 들었고, 면접 결과 막힘없이 대답하는 그녀가 분명 경험 있는 전문가라 생각되었으며, 결혼을 해서 어린아이도 있다는 점이 쉽게 회사를 옮기지 않을 것 같아 좋았다. 그리고 얘기를 나눌수록 마음에 들었던 건 무엇보다도 그녀가 정직할 것이라는 믿음이 보였다. 그래서 나는 그녀의 경력을 고려하여 즉시 과장이라는 직책으로 채용했다.

그리고 일주일 후, 양 과장을 통해 출납 업무를 담당할 한족 여성이 채용됨에 따라, 드디어 내게도 세무회계 업무를 함께할 직원이 둘이 생기게 되었으며, 통역 겸 나의 손발이 되어줄 김현웅이 당도하자, 나는 이제 사소한 일들을 조금씩 내려놓고, 본격적으로 가장 중요한 마케팅 전략에 몰두할 수 있게 되었다.

그러나 일이 항상 순조로울 수만은 없었다. 안후이 성에 출장 갔던 이 상무가 일부 대리상들의 의견을 듣고, 색조 화장품을 당장 개발해서 6월까지는 출시를 해야 한다는 주장을 한 것이다. 나는 몇 가지 문제점을 제시하며 그의 요구를 거절하였다. 첫째, 개발 인력도 없는 지금 당장 색조 제품을 개발할 여력도 없고 둘째, 색조는 기초 화장품처럼 그리 쉬운 것이 아니라 지금 시작한다 해도 삼 개월 만에 나올 수도 없으며 셋째, 현재 중국 시장에서 색조는 아직 시기상조라서 자칫 부진 재고가 쌓이면 앞으로 남고 뒤로 까지는 위험이 있기 때문이다.

실제로 이미 전 직장에서 색조 전문 브랜드를 출시한 경험이 있는 나는 색조 제품처럼 개발도 어렵고 관리도 어려운 것은 없다고 생각하였다. 예를 들어 립스틱 한 제품에도 여러 색상의 품목이 있어야 하는 색조 제품의 경우, 잘 나가지 않는 색상은 나중에 폐기 처리해야만 하는 애물단지가 되는 경우가 많았다. 더욱이 지금처럼 영업 규모도 제대로 갖춰지지 않은 신생 회사에서 섣불리 색조 제품에 손댔다가 최소 발주량도 소화하지 못해 부진 재고가 쌓이면 큰 낭패를 당하기가 십상이었다.

그러자 이 상무는 또 한국에 있는 민 대표에게 바로 연락을 해서 쉽게 허락을 받아내고 말았다. 그러나 개발과 마케팅 업무는 나의 고유 업무 영역이어서 나는 민 대표에게 항의했지만, 민 대표는 이번에도 중국에서 경험이 많은 이 상무가 직접 해본다고 하니, 그냥 맡겨보라며 나의 의견을 들어주지 않았다. 결국 베이징에 있는 OEM/ODM 전문 K사에 연락도 취하고 약속까지 잡은 이 상무는 바로 색조 제품 개발을 착수하였다.

그러던 어느 날, 이 상무가 나를 호출했다.

"베이징에서 오신 K사의 박 전무님이세요. 인사하세요."

"아, 네! 안녕하십니까? 신 상무입니다."

내가 얼떨결에 인사하자, 이 상무는 박 전무에게 나를 소개했다.

"신 상무는 개발과 마케팅을 담당하고 있으니, 색조 제품 개발에 대해서 두 분이 말씀을 잘 나눠보세요. 저는 잠시 약속이 있어서 빠지겠습니다."

그는 자신이 벌려놓은 일을 내게 슬쩍 넘기고, 내가 뭐라고 말할 사이도 없이 방을 빠져나가고 말았다. 나는 하는 수 없이 박 전무와 색조 제품에 대해 이야기를 나눌 수밖에 없었다.

"이 상무와는 어디까지 얘기를 나누셨나요?"

"품목은 결정이 되었고, 이제 색상을 결정해야 합니다. 근데 용기가 시급한데, 용기는 준비가 되어 있나요?"

"아니요. 아직 아무것도 준비되지 않았습니다. 현재 브랜드 이름만 결정이 되어 있습니다."

"아시다시피 타정 몰드를 만들려면 용기가 있어야 합니다. 부동사장님은 가능한 빨리 출시해야 한다고 하는데, 용기가 아직 안 됐으면 쉽지가 않겠는데요?"

"그럼 용기를 다음 주까지 결정한다면, 타정 몰드 만드는 동안 색상 결정해서 생산하면 언제쯤 완료할 수 있을까요?"

"글쎄요, 그건 해봐야 알겠는데요. 뭐라 장담을 못하겠습니다."

"그런데 진짜 6월까지 할 수 있겠습니까?"

"어이쿠! 6월이라뇨? 저희 회사가 색조 제품에 대해 위생 허가를 신청했는데 허가가 7월에 나옵니다. 그러니 생산을 해도 7월 이후니까 빨라야 8월에나 가능하죠."

"근데 이 상무는 어떻게 6월까지 된다고 했죠?"

"그래요? 전 아직 그런 얘기는 듣지 못했는데요. 어쨌든 그건 불가능한 날짜입니다."

"알았습니다. 그럼 각 제품별 견적 좀 부탁합니다. 일단 견적을 보고 진행했으면 합니다."

"견적이라뇨? 우린 제품이 확정되기 전에는 견적을 주지 않습니다."

"전무님, 예상 견적이라도 주실 수 있지 않습니까? 이런 일 많이 해보셨잖습니까?"

"용기도 미확정, 색상도 미확정, 원료도 미확정인데 어찌 견적이 나오나요?"

"그럼 제가 예상으로 품목별 규격을 확정해서 드리겠습니다. 그럼 견적을 주실 수 있나요?"

"아니요. 그리는 못합니다. 우리는 견본이 나와서 최종 확정되어야만 견적을 줄 수 있습니다."

"전무님, 그렇게 되면 우리는 너무 늦어서 나중에 K사 견적이 마음에 안 들어도 빼도 박도 못하게 되지 않습니까? K사뿐만 아니라 다른 회사에도 복수 견적을 받고 비교한 후에나 최종적으로 업체를 결정해야 하는 게 우리 회사 원칙입니다."

"부동사장님은 그리 얘기 안 하던데요? 그냥 저희와만 단독으로 하겠다고 했습니다. 상무님이 그렇게 말씀하시면 저희는 같이 일 못합니다. 다른 약속이 있어서 그만 가보겠습니다."

나는 가방을 챙기고 일어서는 박 전무를 멍하니 바라보다 뒤늦게 대답했다.

"이 일의 책임자는 접니다. 견적을 안 주시면 저도 일을 진행할 수가 없습니다. 안녕히 가십시오."

참으로 어처구니가 없는 일이 아닐 수 없었다. 견적도 없이 한 회사에게 무조건 오더를 준다는 일은 상상도 할 수 없는 일이었다. 게다가 이 상무는 자신이 직접 K사와 얘기하면 6월에 출시할 수 있다고 민 대표를 설득하지 않았는가? 나는 이런 일에 동조할 수가 없어 박 전무를 그냥 보내고 다른 일에 몰두했다.

뒤늦게 오후에 들어온 이 상무가 나를 찾았다. 그는 나 때문에 K사와 협상이 결렬된 것을 탓했다.

"신 상무님, 제가 박 전무님과는 이미 다 끝낸 얘기였습니다. 그런데 그분이 우리와 거래 안 하겠다며 엄청 화내는 걸 제가 간신히 무마시키고 들어오는 길입니다."

"이 상무님, 말도 안 되는 소리 하지 마십시오. 최소한 두 개 업체 견적 비교 없이 저는 일을 진행하지 않습니다. 견적도 모른 채 한 회사에만 오더를 줄 수 없어요."

"신 상무님이 아직 중국을 모르셔서 그러는데, 다 그렇게 하면서 나중에 꽌시로 가격 협상하는 것입니다. 지금 어떻게 다른 데를 또 알아봐요? 여기가 한국인 줄 아세요?"

"원칙은 원칙입니다. 왕척직심(枉尺直尋)이란 말을 아시나요? 어떻게 한 척짜리를 구부려서 여덟 척으로 만들려고 하나요? 아무리 우리가 변화하는 상황에 맞게 유연하게 대처해야 한다 해도, 구부려서는 안 될 원칙과 정도가 있는 것입니다. 저는 상황에 휩쓸려 회사에 손해를 끼칠 게 뻔한 행동을 절대로 할 수가 없습니다. 그러니 원래 사장님께 보고했던 대로 이 상무가 직접 하세요. 제가 하는 한은 그런 비원칙적인 일을 할 수 없습니다."

"좋습니다. 한 척이든 여덟 척이든 난 그딴 거 모르겠고, 그럼 K사는 앞으로 제가 책임질 테니 중국 시장도 모르고 고리타분하게 원칙만 얘기하는 신 상무는 빠지세요. 대신 일이 급하니 용기나 알아봐주시기 바랍니다."

"디자이너도 영업부로 데려갔는데, 제가 지금 무슨 수로 용기를 알아봅니까?"

"카이와 서 이사랑 같이 광저우로 가서서 용기를 알아봐주세요. 그러면 되겠습니까?"

"좋습니다. 그럼 광저우는 제가 같이 가죠. 그러나 내용물은 이 상무가 알아서 하십시오. 아 참! 베이징 K사가 색조 제품에 대해 위생 허가도 아직 못받은 건 아시나요? 그런데 어찌 6월에 제품을 출시할 수 있겠어요?"

나는 뼈 있는 말을 그에게 남기고 그대로 방을 빠져나왔다.

남원북철(南轅北轍)이라는 사자성어가 있다. 수레의 손잡이는 남쪽으로 향하면서 바퀴자국은 북쪽으로 난다는 뜻이다. 다시 말해서 마음으로는 남쪽으로 가려는 사람이 북쪽으로 수레를 몬다는 뜻의 이 말은, 행동과 목적이 서로 맞지 않거나 일의 결과가 의도와는 반대로 진행되는 상황을 의미하는 황당한 이야기이다. 하지만 이 글은 중국 전국시대에 계량이라는 사람이 일에 대한 방향성의 중요성을 아뢰기 위해, 위나라 국왕에게 간언한 매우 의미 깊은 내용을 담고 있다.

한 노인이 남쪽의 초나라로 간다 하면서 반대인 북쪽으로 수레를 모는 것을 보고, 계량이 그 길은 반대의 길이라 알려주었으나, 노인은 걱정 말라며 자기에겐 훌륭한 명마가 있다고 말했다. 계량이 그래도 그 길은 잘못되었다고 재차, 삼차 말해도, 노인은 여비도 풍족하고 수레를 잘 모는 마부도 있으니 염려할 게 없다며 고집을 부리며 계속 북쪽으로 향했다 한다.

계량은 이 이야기를 하며 위나라 왕에게 말했다.

"초나라로 간다는 이 사람은 비록 잘 달리는 말, 충분한 여비, 출중한 마부가 있다 한들 방향이 틀렸으니 영원히 초나라에 도착할 수 없을 것입니다. 오히려 말이 좋을수록, 여비가 많을수록, 마부가 수레를 잘 몰수록 초나라와는 더욱 멀어지게 될 것입니다."

목표를 정하고 달리면 달린 만큼 그 목표에 가까워져야 하나, 제대로 된 방향과 목적이 없으면 잘못된 계획을 세우게 되고, 오히려 더 멀어질 수가 있다. 따라서 매사를 생각이 아니라 계획에 따라 행동해야 한다. 생각은 목표를 향했는데 계획이 정반대이면, 초나라를 향해 북쪽으로 수레를 모는 노인처럼 엉뚱한 길에 도달할 것이다. 아무리 열심히 일하고 부지런하더라도, 아무리 많은 돈을 투자할 여력이 있고 훌륭한 부하 직원이 있어도, 리더가 잘못된 방향을 제시하면 엉뚱한 길로 갈 수밖에 없는 것이다.

이렇게 나는 이 상무와 여전히 티격태격하며 어쩔 수 없이 남원북철과 같은 색조 제품 용기를 준비하게 되었으며, 새로 사람을 뽑아 조직을 재구성하고 창립 대회를 준비하느라 여념이 없는 시간을 보냈다. 주말도 없이 밤낮으로 일요일까지 계속 일하는데도 불구하고 중국의 시계는 한국보다 세 배는 빨리 지나가는 것만 같았다. 그 사이 청양 사무실의 인테리어 공사도 거의 마무리 단계여서, 우리는 일단 늘어난 사람들 때문에 청양 사무실로 자리를 옮기고, 나머지 미진한 마무리 공사는 이사 후에 계속 진행하도록 했다. 창립 행사까지 이제 이 주일 남았다. 그러나 나는 되지도 않는 색조 제품 준비 때문에 광저우로 출장을 가야만 하는 상황에 처했으니, 진정 중요한 일보다 상황에 휩쓸려 끌려다니는 내 자신이 답답하기만 했다.

4월 중순인데도 이미 삼십 도가 넘는 찌는 듯한 광저우의 날씨에 나는 더 이상 매장을 헤매고 싶지가 않았다. 벌써 삼 일째 돌아보고 있지만, 답이 없었다. 매장들은 에어컨도 대부분 없었고, 가는 곳마다 다 그게 그것 같아 어느 것 하나 눈에 차는 용기들을 발견하기가 쉽지 않았다. 게다가 엄청 습한 광저우의 무더위 속에서 길거리 인부들은 반바지에 러닝셔츠만 입었거나, 속옷조차도 더운지 웃옷을 위로 둘둘 말아 올려 배를 누렇게 드러내놓기도 하고, 아예 웃통을 홀딱 벗은 채 돌아다니기도 했다. 함께 온 젊은 이십대 중국인 아가씨 두 명과는 달리 나는 땀을 뻘뻘 흘리며 걷다 지쳐버려, 더 이상 이곳에 있고 싶지도 않았다. 나는 참다 못해 함께 출장 온 서 이사와 카이에게 마땅한 용기를 계속 찾아보라고 맡겨두고 혼자 호텔로 들어오고 말았다.

바로 며칠 전에 회사를 이전해서 짐 정리가 끝나자마자 칭다오에서 비행기로 세 시간 반이나 떨어져 있는 광저우로 부랴부랴 날아온 지도 벌써 이틀이 지났다. 문득 깨끗하고 시원한 칭다오 사무실이 그리워지는 순간이었다. 사층이나 되는 사무실은 이제 겨우 열 명이 좀 넘는 직원들이 일하기엔 너무나 큰 건물이었지만, 나는 곧 많은 인원들로 이곳이 가득 채워질 것이라는 꿈을 한껏 품으며, 갓 단장된 깔끔하고 넓은 사무실로 입주했다. 지금까지 비좁은 직원들 틈에서 벗어나 비로소 어엿한 내 방도 생겼고, 직원들마다 넓게 일할 공간도 생겼다. 이제 본격적으로 열흘 앞으로 다가온 창립 대회의 막바지 준비를 위해 직원들과 다같이 회의실에 모일 수도 있게 되었다.

한편, 라오산취에 있는 바퀴벌레 우글대던 리화 사무실은 오 년간 찌든 때에 대청소도 해야 하고, 칠도 다시 해야 하며, 침대와 침구류를 구입해야 하기 때문에 바로 이사할 수가 없었다. 게다가 지금 살고 있는 집이 아직 한 달이나 기간이 남아 있었기 때문에 굳이 좋지도 않은 사무실에 미리 들어갈 이유도 없었다. 고작 몇 달 살기 위해 왜 이리 돈과 시간을 낭비해야 하는지 이해가 가지 않았지만, 한번 결정된 사안에 미련을 두고 있을 정도로 이 중국이란 땅이 그리 여유로운 곳이 아니었다.

광저우에서도 마찬가지였다. 한시라도 나를 가만두지 못하고 한국 본사와 칭다오에서 연일 울려대는 전화에, 나는 더 이상 아무런 소득도 없이 이렇게 길거리에서 마냥 시간을 보낼 수가 없었다. 광저우에 와서 지금까지 이틀간의 시간이 참으로 아깝다는 생각이 아니 들 수가 없었다.

광둥 성의 성도인 광저우는 베이징, 상하이와 함께 중국을 대표하는 인구 천사백만 명의 대도시로서, 원래 광둥어(홍콩어)를 사용했다. 과거 내가 광저우에 처음 출장 왔을 때인 2000년만 해도 광저우에서 표준어(보통화)를 쓰는 사람이 그리 많지 않았다. 그것도 모르고 당시 아는 사람을 통해 조선족 통역을 조달하였지만, 같은 중국인인 그도 제대로 소통이 되지 않아 큰 곤욕을 치를 정도였다. 그러나 십 년이 지난 지금은 대부분의 사람들이 표준어를 쓰는 것이 신통방통하기도 하였고, 말이 안 통하면 어쩌나 했던 우려가 사라지자 내심 다행스럽기도 했다.

역사적으로 광저우는 이미 한나라 때부터 해외무역을 시작하여 당나라 때 페르시아와 교역을 하였고, 청나라 때는 유럽 여러 나라로 교역을 확대하면서 중국 최대의 무역항으로 성장했다. 이로 인해 광저우는 도매시장과 전 중국 내 유통의 물류 중심 도시로 형성되어, 도시 외곽 지역에는 많은 생산 공장들이 들어서서 화장품뿐만 아니라 의류와 건축자재 등 수많은 제품들의 부자재와 원료들이 생산되고 유통되는 도매 물류의 허브 단지로 발전해왔다.

이곳의 대표적인 도매시장으로는 쭝따 원단 도매시장(中大布料市場), 셔링 피혁 도매시장(花都獅嶺皮革皮具城), 싱파 화장품 도매시장(興發广场), 난안 건축자재 도매시장(南岸裝飾材料市場), 용푸루 자동차 부품 도매시장(廣州永福汽配商街), 리우화후 의류 도매시장(流花湖服裝市場) 등이 있는데, 내가 이번 출장 중에 집중적으로 방문한 곳이 바로 싱파광장(興發广场)이라고 불리는 화장품 도매시장이었다.

첫날, 이른 아침 비행기를 타고 광저우에 도착한 우리는 미리 예약한 호텔에 짐을 풀고, 점심식사를 하자마자 바로 숙소 인근 지창루(机场路)에 있는 싱파광장을 돌아봤다. 싱파광장은 수많은 미용 재료와 화장품 용기 및 각종 포장재들을 판매하는 생산 업체들이나 중간 도매상들이 입주한, 마치 우리나라 용산 전자 상가 같은 대단위 화장품 종합 단지이다. 이곳에는 각종 화장품 용기, 케이스, 포장지뿐만 아니라 미용 기기, 거울, 소품 가방, 판촉물 등 여성들의 뷰티와 관련된 모든 물품들이 다 있었으며, 심지어는 한국산 화장품을 그대로 모방한 짝퉁 제품도 버젓이 진열되어 판매되고 있었다.

그러나 아직 중국 시장에서 색조 제품은 시기상조인지 우리는 싱파광장에서 마음에 드는 색조 용기를 찾을 수가 없었다. 그래서 둘째 날인 어제 싱파광장에서 십여 분 거리에 있는 광위안시루(广园西路)에 위치한 메이뷔청(美博城)으로 자리를 옮겨, 그곳에 입주한 여러 업체의 견본을 보고 상담도 해봤지만, 대부분 싱파광장에서 본 용기들의 범주를 벗어나지 못하는 수준이라 큰 성과를 거두지 못하고 말았다.

특이한 것은, 들르는 업체마다 상담 테이블에 다기 세트가 갖추어져 있어서 상담 중에 보이차를 마시기가 무섭게 계속 따라 주었는데, 차를 너무 마셔서 나중에는 더 이상 마시기도 힘들 정도였다. 또한 실내에서 아무렇지도 않게 담배를 피우는 그들은 우리의 의견과는 상관없이 독한 중국 담배를 피우면서 내게도 담배를 권했다. 내가 담배를 끊었다고 정중히 거절해도, 그들은 막무가내로 무조건 피우라고 담배 몇 개비를 내던지듯이 내게 주기도 했다. 나는 결국 주변 사람들의 눈치를 보다가 예의상 거절하지도 못하고 어쩔 수 없이 중국 담배 한두 대를 피워야만 했는데, 참으로 곤혹스런 순간이 아닐 수 없었다. 그리고 이런 일들이 반복됨에 따라, 지금도 나는 수년간 끊었던 담배를 중국에 와서 다시 피우게 되고 말았다.

그렇게 했음에도 불구하고 우리는 마땅한 결과를 얻어내지 못한 채 오늘 칭다오로 돌아가기 전에 마지막 남은 오전 동안 한 번 더 싱파광장을 둘러보기로 한 것이었다.

호텔로 들어온 나는 출장 중에 접한 용기 견본의 사진과 단가를 엑셀표로 정리하고, 칭다오에서 쏟아져 들어오는 행사 관련 이메일에 답을 주고, 한국 본사 VIP들의 인사말을 검토하는 등 잠시도 쉴 틈 없이 밀린 일을 처리해야만 했다. 한 회사를 창립해서 계획된 바대로 일을 꾸려나가기도 힘든 판에, 이렇듯 우왕좌왕 예기치 못한 일에 시간을 허비하는 것이 나를 더욱 힘들게 하는 일이었다.

한편 나는 회사의 가장 중요한 메인 제품의 브랜드 네임을 뷰티끄(Beautique)로 결정했다. 중국에 오기 전 전문 브랜드 컨설팅 회사를 통해 몇 개의 후보군을 만들어 왔었는데, 그중 뷰티끄가 상표 검색 결과 중국에서 브랜드 등록 가능성이 제일 높은 것이었으며, 그 의미와 느낌도 보편적인 중가 브랜드이지만 고급스런 한국 제품 및 매장이라는 콘셉트에 적합할 것이라 생각했기 때문이다.

뷰티끄는 화장품의 뷰티(Beauty)와 고급 의류 매장을 의미하는 부티끄(Boutique)를 합성해서 탄생된 이름이다. 중국어 브랜드명은 메이디커(美締可, 미체가)인데, 이는 내가 다른 외국 브랜드들의 사례를 보고 중국 직원들의 의견을 수렴하여 뷰티끄의 중국식 발음과 유사하게 하는 한편, 뷰티의 의미를 담고 있는 한자 '아름다울 미(美)'를 활용하여 발음과 의미를 모두 전달하려고 한 것이다. 메이디커의 의미를 직역하면 아름다움을 체결해 준다, 즉 아름답게 만들어준다는 뜻이다.

나는 처음부터 모회사의 의료기 이미지를 화장품에서 배제하기 위해, 지금은 A사의 사례처럼 메이디커를 단순히 하나의 화장품 브랜드를 뛰어넘는 회사를 대표하는 모(母) 브랜드로 키우기 위해, 매장에 설치될 간판명도 회사명이 아닌 메이디커 화장품으로 정했다. 따라서 앞으로 중국 전역의 모든 점포에는 회사명이 아니라 메이디커 화장품이 간판으로 걸려 널리 퍼지게 될 것이다.

또한 메이디커의 브랜드 컬러를 우아하고 고귀한 왕족의 색이며 중국인들도 좋아하는 짙은 보라색으로 결정하고, 간판부터 시작해서 모든 관련 상품과 홍보에 CI(Corporate Identity)와 BI(Brand Identity)를 보라색으로 통

메이디커 매장의 디자인 콘셉트.

일하게 했다. 그 때문에 이곳 광저우에서도 보라색 컬러와 이미지에 맞는 중가대의 색조 용기를 찾아 헤매었는데, 마땅한 용기를 찾지 못하고 있는 것이다. 문제는 용기와 업체를 선정하는 나의 기준과 관점이 함께 온 두 명의 중국인 직원들과 너무도 달랐기 때문이다. 나의 관점은 색조 아이템마다 용기 디자인의 아이덴티티(Identity)를 중요시하였으며, 업체는 생산 공장을 가지고 있는 건실한 회사여야만 했다. 메이크업베이스, 콤팩트, 아이섀도, 립글로스, 마스카라, 아이라이너, 페이스 컬러의 총 일곱 가지 품목을 개발해야 하는데, 각각의 품목별로 업체가 다르고 디자인의 통일점이 없으면 하나의 브랜드로 BI를 형성하기 어려울 뿐만 아니라, 다양한 부자재 업체를 관리하기도 힘들기 때문이다.

반면, 서 이사와 카이는 무조건 예쁘면 됐다. 내가 아무리 내 관점을 얘기해도 그녀들의 대답은 "안 예뻐요"라면 그만이었다. 그런데 그녀들이 예쁘다고 보여주는 것들은 어떤 품목은 사각이고 어떤 건 원형으로 내가 수용할 수 없는 중구난방의 모양들이었다. 이렇게 가뜩이나 다양하지 않은 중국의 색조 용기 시장에서 우리 모두를 만족시키는 용기를 선정한다는 것은 너무도 힘든 일이었다.

어느새 호텔 방에서 혼자 일하고 있은 지 두 시간이 지나자, 싱파광장에 남기고 왔던 두 사람이 기쁜 얼굴로 들어왔다.

"상무님, 좋은 용기를 찾았어요."

내 방으로 들어오자마자 서 이사는 가방 한가득 든 용기 견본을 침대 위에 펼쳐 보였다.

"단가도 싸고, 용기도 예쁘고, 그리고 그 뭐랄까, 그거 있잖아요, 아~ 통일성, 통일성도 있으며, 업체도 한군데에서 모두 관리하는 것들이에요."

"오, 그래? 어디 보자."

내가 보기에도 용기도 슬림하니 예쁘고, 단가도 지금까지 견적 받은 곳보다 더 싸고 좋아 보였다.

"흠, 겉모습은 그럴듯하지만 마무리가 너무 조악하네. 여기 거울 붙인 곳을 보면, 거울 옆면을 제대로 연마하지 않아서 너무 날카롭잖아. 그리고 이건 조금만 쓰면 버튼이 금방 고장 날 것 같은데, 이런 건 보완이 가능할까?"

"이제 이거 아니면 더 이상 안 돼요. 이것도 상무님만 오케이 하시면 지금 빨리 다시 가서 최종 결정을 해야만 됩니다. 비행기 시간이 얼마 안 남았으니 빨리 결정해주세요."

나는 서 이사의 재촉에 하는 수 없이 대답을 했다.

"후유, 중국 것은 이상하게 이 퍼센트가 부족하단 말이야. 이런 뒷마무리만 잘해도 제품이 훨씬 더 좋아 보일 텐데. 그럼 이렇게 하자. 단가가 조금 올라도 좋으니, 내가 말한 부분들을 다 보완하는 조건으로 해서 얼른 세부 견적을 받아 와."

"워쯔다오러.(我知道了, 알았어요)"

서 이사와 카이는 용기들을 순식간에 주워 담고는 뛰다시피 방을 나갔다. 나는 과연 이 일이 잘하는 일인지 아닌지, 걱정 반 안심 반 하고 떠날 채비를 하며 생각했다.

'어차피 베이징 K사가 위생 허가를 받을 때까지는 저 용기들을 바로 사용하지는 않을 것이니, 일단 저걸 가지고 돌아가서 그래픽 디자인을 다시 해보고, 또 비슷한 용기가 있는지 인터넷으로 좀 더 알아보고 심사숙고해서 결정하면 되겠지.'

그 후 두 사람이 다시 돌아와서 호텔을 나설 때, 마침 엄청난 폭우가 쏟아져서 택시 잡기도 힘들게 되었다. 우리는 촉박한 마음에 비싼 헤이처(黑車)를 간신히 잡아타고 공항에 도착했으나, 이미 너무 늦어 짐들을 화물로 보낼 수가 없는 사태가 벌어졌다. 그러니 짐들을 모두 비행기로 가져가야 하는데, 문제는 검색대였다. 서 이사와 카이의 짐에 잔뜩 실린 화장품들 때문에 검색대에서는 한바탕 큰 소란이 벌어지고 말았다. 화장품을 모두 가져가려는 서 이사와 공항 직원 간에 큰 실랑이가 벌어지고 만 것이다. 승객들의 줄은 길어지고 비행기 출발 시간은 다가왔지만, 서 이사는 절대로 양보하지 않으며 오히려 큰 소리를 질러대고 있었으니, 결국 승자는 목소리 크고 막무가내인 서 이사가 될 수밖에 없었다.

먼저 검색대를 통과한 나는 처음엔 무슨 일인지 몰라 당당히 승리를 취하고 뒤늦게 들어오는 서 이사에게 물었다.

"무슨 일이야? 시간 없는데 빨리 탑승해야지."

"화장품 때문에요. 비행기에 가지고 탈 수 없다고 하잖아요."

"맞아. 백 밀리리터 이상은 가지고 탈 수 없는 게 규정이잖아. 근데 그게 다 통과됐어?"

"네. 마구 큰 소리 쳐서 이겼죠. 아무튼 중국은 일단 큰 소리부터 치면 다 된다니까요."

나는 그때 저 스물여덟 살의 젊은 아가씨가 이사까지 된 것이 그냥 거저로 된 것은 아니구나 하고 생각하는 한편, 법도 질서도 없이 막무가내로 큰 소리만 치면 되는 중국이란 나라에 내가 지금 서 있다는 것이 여전히 현실로 다가오지 않았다.

그런데 더욱 황당한 일이 벌어졌다. 시간에 쫓겨 짐을 끌면서 뛰다시피 기껏 탑승구로 갔더니, 탑승구가 바뀌었다는 것이다. 십 분 후면 출발 시간인데 안내도 제대로 안 해준 건지, 아니면 검색대에서 싸우느라 듣지를 못한 것인지. 우리는 다시 짐을 끌며 뛰기 시작해서 간신히 출발 시간보다 오 분 정도 늦게 비행기에 탑승했다. 이미 탑승한 수많은 사람들이 뒤늦게 들어온 우리를 쏘아보듯이 바라보자, 미안하고 멋쩍은 듯 마냥 고개를 굽신거리는 나와는 달리 두 사람은 아랑곳하지 않고 자리를 찾아 앉았다. 온몸이 땀으로 흠뻑 젖을 정도로 뛰었던 터라, 나는 자리에 앉아서야 비로소 안도의 숨을 가라앉힐 수 있었다. 창밖으로 빗줄기가 점점 더 굵어지고 있었다.

피로감에 깜빡 잠이 들었던 나는 기내식이 나오는 바람에 그만 잠에서 깼다. 그런데 이미 공중에 떠서 한창 날아가고 있어야 할 비행기가 아직도 제자리를 지키고 있는 것이 아닌가. 이륙이 지연된 지 이미 한 시간이 넘자, 기내에서 먼저 식사를 준 것이다. 그러고는 또 한 시간이 지나고 두 시간이 지나도 비행기는 계속 그대로였다. 말은 비 때문이라고 하지만, 한바탕 쏟아졌던 비가 그친 지도 이미 한 시간이 지났건만 비행기는 뜰 기미가 보이지 않았다.

그런데 놀라운 건, 같은 비행기에 탄 중국인 승객들 중 어느 누구도 뭐라고 항의를 하는 사람이 없다는 것이다. 그리고 수년이 지난 지금도 중국 항공사는 여전히 제시간에 출발하는 경우가 거의 없다. 나는 이제 매번 지연되는 중국 항공사들의 서비스를 보며, 이건 항공사만의 탓이 아니라고 생각한다. 돈을 지불하고 부당한 서비스를 받는 고객들조차도 제대로 된 자신의 소리를 내지 않고 있으니, 어느 회사가 고객 무서운 줄 알겠는가? 항공사들의 만성 지연이 부당하다는 걸 부당하다고 말하지 못하는 이상한 고객들의 원인도 큰 것이다. 이상한 나라에 온 앨리스가 된 나는 이 모든 것이 일상이 된 이상한 나라 사람들이 이상해 보일 뿐이었다. 그렇게 자리에서 꼼짝도 못하고 세 시간을 넘게 갇힌 후에야 비행기는 칭다오로 출발했다. 참으로 우여곡절 많은 2박 3일의 광저우 출장이었다.

　그러나 물이 흐르다 웅덩이를 만나면 그 웅덩이를 가득 채우고 다시 흐르는 것처럼, 급하다고 그 웅덩이를 채우지 않고 흐를 수는 없는 것이다. 맹자는 그런 의미에서 물을 영과후진(盈科後進)이라고 하였다. 비록 내가 색조 제품 개발을 반대하는 입장이었으나, 이를 피해 돌아갈 수는 없는 일이었다. 이런 피할 수 없는 어려운 상황이 닥친다면, 항상 여유로운 중국인들처럼 일단 한숨 쉬어 가는 것도 바람직한 일일 것이다. 흐르는 물을 막을 수도 없고 웅덩이를 피할 수도 없다면 물이 찰 때까지 기다렸다 지나가는 것도 좋다고, 이번 출장이 나의 생각을 새롭게 정리해주었다.

5. 창립 대회

광저우에서 돌아오자마자 나는 송 부장과 함께 일주일뿐이 남지 않은 창립 대회에 매진했다. 큐시트를 꼼꼼히 살펴보고 각 스테이지에 맞는 조명, 음향 및 각종 이벤트와 상품, 경품 들을 준비하는데, 매일 야근도 모자라 때론 밤을 꼬박 새우고도 다음 날 쉬지도 못한 채 계속 일을 해야만 했다. 물론 나만 그런 것이 아니었다. 이번 행사는 회사를 알리는 첫 번째로 중요한 일인 만큼 이 상무를 제외한 전 직원이 한 명도 빠지지 않고 함께 일에 매진했다.

나도 물론 이 상무처럼 임원이라는 높은 지위를 핑계로 밤을 새울 정도로 일할 필요는 없었다. 하지만 중요한 것은 직원들 간의 화합이었고, 나는 이 점에서 직원들에게 솔선수범을 해야 한다는 생각에, 상품을 포장하는 일 같은 궂은일도 마다하지 않고 똑같이 함께 일했다. 이때부터 우리는 모두 하나라는 일체감으로 그동안 서먹했던 감정이 조금씩 풀리며, 목표를 향해 함께 달려가는 단합된 모습이 나타나기 시작했다. 밤새도록 직원들과 함께 사무실의 불을 밝히며, 나는 그동안의 불안감보다는 점점 더 할 수 있다는 자신감이 쌓이기 시작했다.

행사 전날이 되자, 몇 안 되는 전 직원이 행사장인 하이얼 전자 연수원으로 갔다. 제품을 진열하고 이벤트 대행사의 무대장치를 점검하는 등 동분서주 만전을 기했지만, 늦은 밤 마지막 최종 리허설에서 결국 문제가 터지고 말았다.

우리는 이번 행사의 사회자로 중국어가 능통한 김현웅 인턴사원과 칭다오 방송국의 여성 아나운서를 더블 MC로 해서 한 번은 중국어로, 한 번은 한국어로 사회를 보게 할 생각이었다. 그런데 리허설을 위해 와야 할 여성 MC가 시간이 지나도 오지 않았다. 여성 MC 없이 리허설을 진행할 수가 없었기 때문에, 행사 관련 직원들과 이벤트 대행사의 조명과 음향 담당자들은 식사도 하지 못한 채 마냥 그녀를 기다려야만 했다. 밤 아홉 시가 다 될 무렵, 여성 MC가 도착했다. 그녀는 차가 막혀서 늦었다는 핑계로 따가운 시선을 무마하려 했지만, 교통이 복잡한 편이 아닌 칭다오에서는 어느 누구도 믿을 수 없는 궁색한 변명일 뿐이었다.

이렇게 처음부터 삐딱하게 시작한 리허설이 순조롭게 진행될 리가 없었다. 두 명의 사회자가 하는 멘트와 조명, 제때에 나와야 할 음향이 계속 핀트가 맞지 않았으며, VIP들을 동선에 따라 무대로 안내하는 것도 뭔가 어색하고 제대로 맞아떨어지지가 않았다. 급기야는 송 부장이 VIP가 되어 입구에서 무대까지 걸어오며 사회자 멘트, 조명, 음향을 맞춰봤지만 매번 제대로 맞지가 않았다.

나는 큰일 났구나 하는 생각에, 일단 두 명의 사회자를 불러 무대 뒤에서 대본을 연습하여 둘이 서로 완벽히 호흡을 맞추도록 하는 한편, 각 스테이지 별 조명과 음향이 시기적절하게 연출되도록 따로 연습을 시킨 후에 다시 사회자들과 이벤트 팀을 합치게 하였는데, 그때는 이미 밤 열한 시가 넘은 시각이었다. 컨더치(KFC) 치킨버거로 시장기를 달랜 우리는 어느덧 힘을 되찾은 듯도 하였으나, 또 다시 리허설은 삐꺼덕거리기 시작했다.

말도 안 통하는 송 부장이 손짓 발짓으로 설명하고 통역 가능한 직원이 목소리가 쉬도록 크게 소리쳤지만, 남의 탓만 하기 바쁜 이벤트 팀은 도저히 더 이상 하지 못하겠다며 그냥 철수하고 말았다. 아직 리허설도 완벽히 끝내지 않았는데 이벤트 팀이 가버렸으니, 참으로 어처구니없는 일이 아닐 수 없었다. 나는 그저 할 말을 잃고 어안이 벙벙해질 수밖에 없었다.

나중에 통역을 통해 자초지종을 들어보니, 우리가 너무 까다롭게 한다는 것이었다. 나는 밤을 새워서라도 완벽한 준비를 하려고 했지만, 그들은 이만하면 충분하니 이제 더 늦은 시간까지 일하지 못하겠다는 주장을 하며 막무가내로 돌아가버린 것이다. 나는 중국에 와서부터 이런 식으로 일하는 사람들 때문에 참으로 답답했다. 이것은 뿌리 깊은 중국의 '만만디(漫漫地, 천천히)' 문화와도 연관되어 있는데, 완벽한 준비를 하려는 한국인과는 달리, 지금 당장은 어찌 됐든 나중에 대충 잘되기만 하면 되는 것 아니냐는 식의 생각과 행동들이 낳은 결과였다.

이와 관련해서 중국인들이 가장 많이 쓰는 말 중에 '차부뚜오(差不多, 차부다)'와 '마샹(马上, 마상)'이란 말이 있는데, 나는 중국인들의 이런 말과 생각들 때문에 중국 제품의 품질 수준이 뭔가 항상 부족한 게 아닌가 싶었다.

차부뚜오(差不多)는 한자 그대로 해석하면 차이가 많지 않다는 뜻으로, 그 정도 해도 별 차이 없으면 됐다는 식이다. 한마디로 그게 그거니 대충 넘어가자는 말이다. 많은 업무나 일상에서 심지어는 중요한 거래에서도 이 차부뚜오란 말은 심심치 않게 쓰이고 있다. 그래서 차부뚜오란 말은 범위를 가늠하기가 쉽지가 않다. 물건의 품질이 기준 이하여도 그들은 차부뚜오라고 말한다. 지난번 광저우에 색조 용기를 찾으러 갔을 때에도 품질에 대한 나의 세밀한 기준도 적당주의를 대표하는 차부뚜오란 단어 하나에 대충 넘어가고 말았다.

오죽이나 답답하였으면 중국 현대 문학의 창시자라 불리는 후스(胡適, 호적)도 '차부뚜오선생전(差不多先生傳)'이란 글을 써서, 같은 중국인으로서 차부뚜오 문화를 신랄하게 풍자하기도 했다. 그 글을 간단하게 요약해서 소개해본다.

당신은 중국에서 가장 유명한 사람이 누군지 아는가?

그 사람은 모든 사람들에게 잘 알려져 있고, 어느 곳에나 이름이 나 있는 사람으로서, 성은 差(차)이고, 이름은 不多(부뚜오)이다. 그는 각 성, 각 현, 각 촌에 모두 존재하고 있으므로, 당신은 반드시 그를 만난 경험이 있을 것이며, 반드시 그의 이름을 들어보았을 것이다. 왜냐하면 그는 매일 우리의 대화에 나오는 중국의 대표적인 인물이기 때문이다.

그가 어렸을 적에 엄마가 그에게 흑설탕을 사오라고 했었다. 근데 그가 사

온 건 백설탕이었기 때문에, 어머니는 그를 나무랐다. 그러나 그는 고개를 저으며 말했다.

"백설탕이든 흑설탕이든 설탕이면 대충 비슷한 거(차부뚜오) 아닌가요?"

어느 날 그는 중요한 일로 열차를 타고 상하이까지 가야만 했다. 만만디(漫漫地)한 그는 여유만만하게 역에 당도하여, 그만 아슬아슬하게 이 분 정도 늦는 바람에 열차를 놓치고 말았다. 그는 멀리 사라지고 있는 열차가 내뿜는 연기를 바라보며, 머리를 저으며 말했다.

"어쩔 수 없이 내일 가야 되겠군. 오늘 가든 내일 가든 뭐 차부뚜오니까."

그러나 그는 마음속으로 이해할 수가 없었다. 어째서 열차가 고작 이 분을 기다리지 않은 건지.

그러던 어느 날, 갑자기 그가 심각한 병을 얻게 되자, 가족들은 서둘러 동쪽에 사는 의사인 왕 선생의 집으로 향했다. 그러나 아무리 찾아봐도 쉽게 왕 선생을 찾을 수가 없게 되자, 가족들은 동쪽의 의사인 왕 선생이 아니라, 서쪽의 수의사인 왕 선생을 데려왔다. 차부뚜오 선생은 침대에 누워서, 가족이 의사를 잘못 모셔온 것을 알았지만, 마음속으로 이렇게 생각했다.

'동쪽 의사인 왕 선생이나 서쪽 수의사인 왕 선생이나 차부뚜오니, 그냥 치료해달라고 해야겠다.'

그래서 수의사인 왕 선생이 소를 치료하는 방법으로 그를 치료했다. 하지만 치료한 지 한 시간도 지나지 않아, 차부뚜오 선생은 그만 숨을 거두게 되었는데, 그때 그는 유언으로 명언을 남기고 죽었다.

"산 사람이나 죽은 사람이나 차, 차, 차부뚜오이고, 모든 일이 대충해도 잘

될 텐데, 구태여 그렇게, 꼭 정확할 필요가 있겠는가?"

사람들은 죽은 뒤 더 유명하게 된 그의 한결같은 마음을 칭찬했다. 사람들은 모두 그 의사를 탓하지 않았고, 정확한 계산이나 계획 등을 따르지 않으려고 한 그가 덕행을 실현한 사람이라고 칭송했다. 후에도 그의 명성은 널리 퍼져, 헤아릴 수도 없는 무수히 많은 사람들이 그를 모범으로 삼아 따랐다. 그래서 지금까지도 중국 사람들 모두가 차부뚜오 선생처럼 살고 있다.

그러니 매사에 철저하고 정확하게 일하려는 한국인들이 이런 중국인들과 일하게 되면 얼마나 갑갑하겠는가? 때로는 요금을 물어도 애매하게 '십 위안 차부뚜오', 길을 가다가 거리가 얼마나 남았는가를 물어도 '일 공리(km) 차부뚜오'이다. 그러나 주의할 점은, 결정적인 부분에서 그들은 자기에게 유리하게 해석하여 그때 정확히 말하지 않았느냐며 억지를 부릴 수도 있으니, 매사에 정확하게 따지고 넘어가야 함을 각별히 유념해야 한다.

이왕 말이 나온 김에 '마샹(马上)'이란 말에 대해서도 얘기해보겠다. 마샹은 옛날에 가장 빠른 교통수단인 말을 타고 달려가는 중이란 뜻이었으니, 그때는 얼마나 빨리 가겠다는 뜻이었겠는가? 그런데 현대에 와서도 마샹이란 단어는 한국어로 '곧, 바로, 금방'이란 뜻으로 계속 쓰이고 있다. 하지만 이 말은 과거 한국의 중국 음식점 배달을 연상하게 한다.

"네, 곧 갑니다."

중국 음식점에 주문을 하고 이십 분, 삼십 분, 때로는 한 시간이 지나도 음식이 오지 않아 다시 전화하면 매번 듣는 말이었다. 하지만 문제는 이런 일이 중국에서는 일상처럼 비일비재하다는 것이다. 내가 뭔가 일을 지시하고 나서 그 결과를 보고받기까지가 하세월이기 때문이다. 참다못해 내가 도대체 언제 되냐고 물으면, 중국 직원들은 이렇게 말한다.

"마샹마샹."

그것도 한 번만 말하지 않고 꼭 두 번 반복해서 말한다. 마치 바로 금방 다 된다는 것처럼 반복하여 강조한다. 중국에 처음 왔을 때 나는 이 말을 곧이곧대로 믿었었다. 이것이 시간관념 없는 만만디(漫漫地) 중국인들이 대충 말하는 변명인 줄은 꿈에도 몰랐었다. 하긴 말을 그대로 해석해서, 말을 타듯이 빨리 하겠다는 마샹은 현대 사회에는 너무 느린 일이 되어버렸다. 요즘처럼 자동차와 비행기로 더욱 빨리 달리고 날아갈 수 있으며, 이메일과 메신저로 쉽게 대답할 수 있는 시대에 말을 타겠다는 말은 말이 안 되니 말이다.

그 후로 우리 회사에서 마샹이라고 말하는 직원은 내게 싫은 소리를 듣는다. 차라리 늦더라도 언제까지 할 수 있다고 정확한 시간을 말해야 내가 조급히 기다리지 않기 때문이다. 회사 내에서 마샹과 차부뚜오란 단어가 상당히 줄어들었지만, 완전히 사라지기는 어려울 것 같다. 누구도 한순간에 자신들의 문화와 습관을 바꿀 수는 없기 때문이다.

이벤트 팀이 사라져 버렸으니 우리도 어쩔 수 없이 리허설을 계속할 수가 없었다. 이미 밤 열두 시가 되어 외딴 연수원에는 오가는 택시도 없었다. 나는 회사에서 채용한 운전기사가 집으로 돌아가는 직원들을 택시 탈 수 있는 곳까지 데려다주도록 하고, 남아 있어야 할 사람들은 연수원에서 마련한 진행 팀 숙소에서 자게 한 후, 예약한 내 방으로 돌아왔다.

광저우에서 돌아오자마자 휘몰아친 폭풍 같은 업무에 온몸이 쑤시고 피곤하였지만 잠은 오지 않았다. 아니, 오히려 정신은 더욱 또렷해지고 맑아지고 있었다. 순간, 남아 있는 진행 팀은 무슨 일을 하고 있을까 하는 생각에, 나는 다시 주섬주섬 옷을 입고 행사장으로 향했다. 행사장에는 서 이사와 송부장, 그리고 카이를 비롯한 두 명의 직원들이 강단의 양쪽에 제품으로 탑을 쌓고 있었다.

"지금 제품을 갖고 뭐 하는 거야?"

"내일 교육할 것 준비 중입니다."

송 부장이 나를 돌아보며 대답했다.

"근데 왜 이런 탑을 쌓지? 그러다 행사 중에 다 무너지면 어쩌려고?"

"그러게요. 여태껏 매번 이랬답니다."

그때 서 이사가 나를 보며 짧은 한국어 실력으로 설명을 해주었다.

"제품을 멋지게 잘 보이게 하려고 그러는 거예요. 이렇게 진열했다가 하나를 들어서 제품 설명도 하고요."

"그래? 거 참, 아무튼 그럼 나도 도와줄까?"

"아니에요. 거의 다 됐어요. 그러다가 망치면 안 돼요."

혹시라도 공든 탑이 무너질까봐 서 이사는 얼른 나를 제지했다. 나는 마지못해 몇 발자국 떨어져서 그들이 하는 것을 재미있게 지켜만 보았다. 근데 사실 내 눈에는 첨성대처럼 쌓아 올린 그 탑이 그리 좋아 보이지 않았는데, 이들은 멋진 디스플레이로 여기는 듯했다. 그러고 보니 이벤트 대행사가 행사장을 꾸민 장식들을 보면 하나같이 울긋불긋 촌스럽지 않은 게 없었다. 그래도 어떡하겠나? 여기가 바로 중국인 것을. 나는 제품 나르는 것을 좀 도와주다가 탑들이 대충 마무리되자, "신쿠어러(辛苦了, 수고했어요)"라는 말을 남기고 다시 방으로 돌아왔다. 이미 새벽 두 시가 넘어가고 있었다. 곧 몇 시간 후면 기념비적인 엄청난 하루가 나를 기다리고 있을 것이다.

무대 위에 3종 선물 세트로 첨성대처럼 쌓아 올린 제품의 탑.

드디어 4월 28일, 고생고생 준비한 중국 칭다오 법인 창립 대회 날이 왔다. 중국인들은 8이라는 숫자를 무척 좋아한다. 그래서 우리도 일부러 날짜를 28일로 잡은 것이다. 근데 중국인들이 8을 좋아하는 이유가 참으로 재미있다. 8(八)의 발음인 '빠(bā)'가 '돈을 벌다, 재산을 모으다'라는 뜻을 가진 '파차이(发财)'의 '发(fa)'와 발음이 비슷하기 때문이다. 발음기호를 보면 b와 f는 엄연히 다르지만, 중국어 발음상 뒤에 따라오는 모음의 성조가 1성으로 같으면, 일종의 경음화 현상이 일어나서 둘 다 우리말로 '빠'와 비슷하게 된소리가 나기 때문이다. 어찌 보면 우리로선 어이가 없는 일이지만, 중국에서는 이로 인하여 벌어지는 해프닝이 참으로 많다.

결혼식 날짜나 시간도 그냥 정하지 않는다. 8이 들어간 시간이어야 한다. 그래서 보통 개인이든 기업이든 큰 행사를 시작하는 시각은 우리나라처럼 정각에 하기보다, 2분 전인 58분에 주로 한다. 사람의 백년지대사인 결혼식은 대부분이 11시 58분에 시작하고 있으며, 국가의 중대사인 베이징 올림픽도 2008년 8월 8일 8시 8분 8초에 개막식이 거행되었으니 말이다. 이에 따라 우리도 중국식으로 사무실 개업식을 4월 28일 10시 58분에 거행하게 된 것이다.

사무실 앞에는 레드 카펫을 깔고 양쪽으로 열여덟 개의 황금 축포를 준비하여, 정확히 10시 58분에 일제히 축포를 터뜨렸다. 엄청난 굉음과 함께 사방팔방에 색종이 가루들이 날렸지만, 중국에서는 이런 일로 남에게 피해를 주든 말든 상관이 없었다. 왜냐하면 남들도 다 하는 일상이기 때문이다. 한국에서 온 VIP들뿐만 아니라 나도 처음 보는 이런 광경은 참으로 대단한 장관이었다. 이 거대한 축포만큼이나 회사가 번창하기를 기대하는 마음은 나도

창립 대회 행사를 위해 중국식으로 터뜨린 황금 축포.

여느 중국인들과 매한가지였다.

개업식을 마치고 VIP들과 점심식사를 마치자마자 나는 부리나케 행사장으로 갔다. 어제 준비를 한다고 했었지만, 오늘 또 사전에 점검해야 할 일이 한둘이 아니었다. 한때 마케팅 팀장 시절, 이보다 더 큰 행사를 지휘해본 적이 한두 번이 아니었지만, 이곳은 한국이 아닌 중국이었고, 나와 함께하는 이벤트 회

사나 직원들도 모두 중국인들이었다. 계획대로 된다는 보장이 없는 이 중국에선 무엇 하나라도 일일이 직접 지시하고 확인하지 않으면 일이 틀어질 수도 있기 때문이다.

다행히 일부 경품이나 도시락이 아직 오지 않았다든지 하는 등의 사소한 문제를 제외하곤 큰 문제가 없었다. 무엇보다도 안후이 성에서 버스가 하나둘씩 도착하더니, 이내 이백오십 석의 자리가 꽉 채워진 것은 너무나 기쁜 일이었다. 좌석들을 가득 채우지 못한다면 이 행사는 아무리 준비를 잘했어도 말짱 꽝이 될 수밖에 없었는데, 이 점에 대해서 나는 이 상무를 칭찬하지 않을 수가 없었다. 지금껏 그가 한 일 중에 최고로 잘한 일이었다. 그런 점에서 오늘의 주인공은 확실히 민 대표와 이 상무였다. 나는 그들의 그림자가 되어 뒤에서 묵묵히 일을 도와주는 역할을 자청하며, 별 탈 없이 행사가 마무리되기만을 바랐다.

사업자들로 꽉 들어찬 하이얼 연수원 대강당 안은 열기로 후끈 달아올랐다. 사회자의 멘트를 시작으로 VIP들이 동선에 따라 아무 문제없이 입장하자, 이벤트 대행사에서 준비한 퍼포먼스들이 현란한 조명과 함께 이어졌다. 어젯밤 리허설 때는 그렇게 맞지 않았던 것들이 마치 마법에라도 걸린 것처럼 한 치의 오차도 없이 딱딱 맞아떨어지는 것이 신기할 정도였다. 아직 어린 학생이자 한 번도 이런 사회를 해본 적이 없던 김현웅도 옆의 베테랑 사회자의 리드에 맞춰 처음의 긴장감을 벗어 던지고 점차 안정감 있게 진행을 하고 있었다.

VIP들의 인사말이 끝나자 이 상무와 서 이사의 교육이 이어졌고, 서 이사는 어제 자신의 키만큼 쌓아 올린 탑 옆에서 수백 명을 상대로 당차게 제품

설명을 했다. 그리고 한국에서 만들어온 회사 소개 동영상 이후로 희란 CF
가 방영되었을 때는 모든 대리상들이 우레와 같은 환호성과 함께 박수갈채
를 보내주어 희란에 대한 깊은 기대감을 표하기도 했다.

　행사는 대성공이었다. 행사가 끝나고 저녁 만찬 중에 이백 명의 대리상들
이 우리와 거래 계약서를 체결하기 위해 식사도 하지 않고 엄청난 줄을 섰
다. 천천히 해도 된다는 진행 팀의 말을 뿌리치고 서로 먼저 계약하겠다고
나서는 그들을 보면서, 나는 벌써부터 성공이라도 한 것처럼 마음속 깊이 뿌
듯함을 느꼈다.

　식사가 끝나자, 우리는 모두 밖으로 나와 마지막으로 준비한 폭죽이 밤하
늘에 터지면서 아름다운 불꽃의 수를 놓는 것을 보았다. 나는 화려한 불꽃을
바라보며 지금까지의 노력이 헛되지 않았구나 하는 벅찬 감동을 느꼈다.

계약을 위해 줄을 서서 대기 중인 중국인 대리상들.

제2부

우당탕탕 마케팅 이야기

1. 안후이 성 출장

행사가 끝나고 두 달이 지났건만, 매출 실적은 거의 일어나지 않고 있었다. 창립 대회 때 서로 가맹하겠다고 줄을 섰던 그 대리상들은 도대체 어디로 다 사라졌는지 이해가 가지 않았다. 이 상무는 그동안에도 안후이 성으로 몇 번 출장을 가서 꽤 오래 머물고 왔지만, 그의 영업 활동은 장기 출장으로 인한 수백만 원의 비용만 안겨주었을 뿐, 제대로 된 매출로 연결되지 않았다.

사실 뒤늦게 안 사실이지만, 이 상무가 데려왔던 이백여 명의 대리상들은 모두 남들에게 보여주기 위한 것이었다. 지금도 회사에서 먹여주고 재워주고 상품도 주며, 남들 오고 싶어 하는 칭다오 관광도 시켜준다고 하면, 이백 명이 아니라 그 두 배의 인원도 모을 수 있는 게 현실이기 때문이다. 이 상무는 그동안 아직 좀 더 기다려야 한다며 이 핑계 저 핑계로 구렁이 담 넘어가듯 빠져나갔지만, 나는 그의 모든 행동이 사실이 아니라 허세뿐인 가짜라는 것을 믿어 의심치 않았다.

그러자 이 상무는 영업 활성화를 위해 안후이 성 지역 텔레비전에 CF를 방송해야 한다고 주장하여, 나는 송 부장과 함께 안후이 성에 있는 지역 방송 광고 대행사를 만나러 출장을 다녀오기도 했다. 그러나 이 개월간 방영한 CF도 매출에 큰 영향을 주지 못했다. 이것만 방영되면 매출이 늘어날 것이라고 주장한 이 상무는 이젠 CF만으론 되지 않는다며, 신규 대리상을 확보하기 위해 신규 가입 장려금이 필요하다며 더 많은 예산을 요구했다. 나는 그렇게 하면 회사의 손해가 너무 크다며 반대를 하기도 했다. 참으로 영업에 대한 어떤 전략과 전술, 아니 중장기적인 계획도 없이 주먹구구식으로 그때 그때 임기응변으로 넘어가는 그의 방식을 보며, 나는 왜 리화 화장품이 망할 수밖에 없었는지 알 수가 있었다.

상사가 그러니 부하 직원도 마찬가지였다. 내가 텔레비전 CF 때문에 안후이 성을 가게 되었을 때였다. CF 관련 광고 대행사는 안후이 성의 성도인 허페이 시에 있었지만, 나는 안후이 성에 가는 김에 먼저 우리 영업의 전초기지인 쑤저우(숙주)를 방문하기로 했다. 도대체 영업 조직의 실상이 어떤지를 내 눈으로 똑똑히 확인하고 싶었기 때문이다. 때마침 이 상무와 서 이사가 쑤저우로 간다고 하길래, 우리는 산둥 성 남쪽과 인접해 있는 안후이 성 북동쪽 도시, 쑤저우로 약 다섯 시간 동안을 회사 승합차를 함께 타고 달려갔다.

나는 이곳에서 대리상들과 미팅도 하고 매장도 방문해보면서 그 열악한 환경에 깜짝 놀랐다. 비록 사진으로 미리 보기는 했었지만, 막상 실상을 접하고 보니 생각보다 훨씬 더 심각했다. 간판도 없는 다 쓰러져가는 구멍가게 선반 한구석에 우리 화장품이 진열된 것을 보니, 내가 지금 타임머신을 타고

1960년대로 돌아온 것이 아닌가 의심스러울 정도였다. 이런 매장이 수백 개, 수천 개가 모여 큰 매출이 이루어질 것이라는 이 상무의 말을 그때 나는 억지로라도 수긍하려 했다. 그렇게 제품이 진열된 매장 몇 군데를 둘러보고 나서야, 나는 마지못해 안심을 하며 이 상무 일행을 쑤저우에 남겨두고 송 부장, 서 부장과 함께 허페이로 떠났다.

이 상무가 쑤저우에서 영업을 위해 여러 곳을 돌아다녀야 한다고 해서 차를 남겨둘 수밖에 없었던 우리는, 일단 택시를 타고 시외버스 터미널로 향했다. 약 이십 분 만에 터미널에 도착하자, 나는 서 부장에게 시간표가 어찌 되는지를 물었다.

"고속버스는 몇 시에 떠나지?"

"글쎄요. 지금 가서 확인해봐야 해요."

서 부장은 후다닥 매표소로 달려갔다. 나는 송 부장을 바라보며 어이없다는 표정을 지으며 말했다.

"아니, 몇 시 표가 있는지 확인도 안 하고 무작정 이곳으로 온 거야?"

"그건 저도 잘…… 서 부장이 알아서 한다고 해서……."

송 부장의 더듬거리는 대답에 나는 더욱 기가 차고 말았다. 하긴 어찌 송 부장을 탓하랴. 그도 나처럼 중국어도 제대로 못하는 초짜 이방인이니 말이다. 한참을 기다린 끝에 서 부장이 표를 사왔다.

"앞으로 두 시간 후에 출발해요. 여기서 기다려야 합니다."

이번엔 어쩔 수 없다는 생각에 나는 대합실에 앉아 버스를 기다리며 서 부장을 불러 말했다.

"서 부장, 지금 이렇게 된 건 어쩔 수 없지만, 그럼 허페이에 가서는 어떤 일정이지?"

"여기서 허페이까지는 서너 시간 정도 걸립니다. 오늘은 그곳에서 하룻밤 자고, 내일 아침 열 시에 광고 대행사를 만나기로 했습니다."

"그럼 회의가 끝나고 나서는?"

"칭다오로 돌아가야죠."

"그러게, 내 말은 어떻게 돌아가느냐고?"

"허페이에서 뚱처를 타고 가면 됩니다."

뚱처란 우리나라의 KTX 같은 고속 열차 중의 하나이다. 중국어로 '动车(동차)'라고 쓰는데, 발음이 뚱처라고 해서 마치 한국의 옛날 느려터진 낡은 기관차를 빗대어 부르던 형편없는 통차로 오인하면 안 된다. 땅덩어리가 넓은 중국의 교통은 기차가 가장 중요한 수단이다. 중국에서는 이런 일반 기차를 훠처(火车, 화차)라고 부르는데, 이는 과거 증기기관 시절 불을 때어 다니던 때부터 불렀던 이름이 계속 이어진 것으로 보인다. 그러나 완행열차로 중국 대륙을 며칠 밤낮으로 다니던 시대는 지난 지 오래됐다. 이미 오래전에 중국은 시속 이백 킬로미터 이상의 속도를 낼 수 있는 1세대급 고속 기차로 뚱처를 설치하였으며, 이후에 시속 삼백 킬로미터 이상의 속도를 낼 수 있는 차세대 고속철도를 내었는데, 고속철도를 줄인 말로 까오티에(高铁, 고철)라고 부른다. 그래서 현재 중국엔 훠처, 뚱처, 까오티에가 함께 공존하는 거미줄 같은 기차망을 자랑하고 있다.

"그럼 뚱처를 타면 칭다오까지는 얼마나 걸리나?"

"아마도 대여섯 시간 걸릴 것 같아요."

"좋아. 그럼 지금처럼 기다리지 않도록 미리 전화해서 시간을 알아보고 예매를 해. 알았지?"

나는 마치 초등학생과 대화하는 것처럼 하나하나 질문하며 그녀가 스스로 깨달아주기를 바랐다.

"당란(當然, 당연하죠). 하우더(好的, 좋습니다)."

서 부장은 아무 걱정 하지 말라는 듯 호쾌하게 대답했지만, 그 약속은 끝내 지켜지지 않았다. 다음 날, 우리는 일을 마치고 허페이 기차역에서 또 헤매다 결국 뚱처표를 구입하지 못하고 말았다.

"내가 뭐랬나? 미리 알아보라고 하지 않았어? 그럼 이제 뭘 타고 가야 하지?"

나는 다분히 격앙된 목소리로 물었다. 그러나 서 부장은 이런 게 일상인 양 아무렇지도 않다는 듯 대답했다.

"훠차가 있어요. 근데 칭다오까지 열다섯 시간 정도 걸리는데, 여기서는 침대칸이 없다네요."

"어휴! 열다섯 시간을 앉아서 밤새워 가야 한다고? 그건 너무 힘들겠는데. 다른 방법은 없어?"

"그럼 여기서 약 네다섯 시간 떨어진 장쑤 성(강소성) 쉬저우(徐州, 서주)까지 버스를 타고 가면, 거기서 칭다오 가는 뚱처가 있으니, 그리로 갈까요?"

서 부장의 말에 우리는 옳다구나 하고, 다시 고속버스 터미널로 가서 버스에 몸을 맡겼다. 그렇게 달려 우리는 저녁 일곱 시가 다 되어 쉬저우 기차역에 도착했다. 하지만 결국 우리는 뚱처를 타지 못했다. 이미 늦었다는 것이다. 나는 또 다시 어이가 없어 공연히 송 부장에게 짜증을 냈다.

"서 부장 도대체 뭐 하는 사람이지? 내가 미리 전화해서 확인하고 움직이라고 해도 왜 말을 듣지 않아? 그리고 애초에 출장 내려오기 전부터 차편 스케줄 같은 건 준비를 해야 하는 거 아냐? 송 부장이 가서 다시 얘기 좀 해봐!"

"네, 저도 답답해서 이미 몇 번 얘기했는데, 말끝마다 '메이원티(沒問題, 문제없어요)' 하더니만, 매번 이렇게 되네요. 저도 어찌해야 할지 모르겠습니다."

결국 우리는 쉬저우에서 하루를 묵고 내일 아침에 떠날 수밖에 없었다. 그러나 이게 끝이 아니었다. 내일 아침에 갔을 때도 뚱처표는 없었다. 알고 봤더니, 뚱처표는 미리 예약하지 않으면 쉽게 자리를 구할 수 있는 것이 아니었기 때문이다. 결국 우리는 그나마 침대칸을 구입해서 쉬저우에서 아홉 시간 동안이나 훠처를 타고 그날 저녁 늦게 칭다오에 도착할 수 있었다.

여전히 중국의 훠처는 서민들에게 없어선 안 될 가장 중요한 교통수단이다. 지금도 중국에서는 많은 사람이 이삼 일에 걸쳐 기차 안에서 숙식을 하며 대륙을 오가고 있다. 그러므로 훠처의 침대칸은 중국인들에게는 단순한 교통수단을 넘는 매우 중요한 시설이기도 하다.

그런데 중국 훠처의 침대칸은 다 똑같은 것이 아니다. 침대칸에는 두 가지 종류가 있다. 그중 하나는 부드럽고 편하다는 뜻의 루안워(軟臥, 연와)이며, 다른 하나는 값이 싼 대신 딱딱하다는 의미의 잉워(硬臥, 경와)이다. 이날 내

중국 훠처의 잉워 침대칸.

가 아홉 시간을 타고 온 침대칸은 잉워였다. 루안워는 우리가 흔히 상상하는 대로 문이 있는 방 안에 비교적 편안한 이층침대가 있는 것이며, 잉워는 문 없이 복도와 트인 곳에 접이식 벽걸이 침대가 있는 것으로, 좁고 딱딱해서 잠자기도 쉽지가 않다. 우리가 낮에 왔으니 망정이지, 밤새 잉워 훠처를 타고 왔었다면 나는 거의 잠도 못 잤을 것이다.

준비성 없는 직원 하나 때문에 나와 송 부장은 길거리에서 이틀을 더 허비하고 말았다. 그리고 칭다오에 도착해서 뒤늦게 알게 된 일이었는데, 허페이에는 공항이 있어서 비행기를 타고 올 수도 있었다는 것이다. 우리가 이틀간 길거리에 뿌린 교통비와 식비, 숙박비를 다 합치면, 비행기값이나 별반 다를 바 없는 금액이었으니, 돈도 돈이지만 길거리에 소중한 시간을 낭비한 것이 무척 아까운 상황이었다.

스스로 성장하는 사람들의 공통점을 보면, 그들은 항상 준비되어 있다는 것이다. 어떤 일이 주어져도 해낼 수 있는 자신감은 준비된 자만이 가질 수 있는 특권이다. 반면 성장하지 않고 그 수준에 항상 머물러 있는 사람들은 아무런 준비도 없이, 항상 닥치는 일에 허덕이며 눈앞의 일만 모면하는 데 급급하기 일쑤다. 보기엔 무척 바쁘고 열심히 일하는 것 같은데 성과가 나타나지 않는 사람들이 대부분은 이런 부류다. 세상은 초보자를 위해 시행착오를 한두 번 정도는 용서해주지만, 같은 실수가 여러 번 반복되면 가만히 두고 보지만은 않는다.

하지만 나는 긍정적으로 생각하기로 했다. 중국 길을 잘 모른다고 무조건 서 부장에게만 출장을 맡긴 나도 잘못인 것이다. 미리 챙기고 확인하고 준비시켰어야 할 일이었다. 그래도 나는 이번에 처음 겪은 무계획이 계획인 듯 길거리에 뿌리는 시간 속에서, 진짜 중국이란 나라의 일면을 체험할 수 있어 좋았다. 이는 이후로 직원들에게 보다 짜임새 있는 계획된 행동이 필요하다는 것을 느끼게 한 값진 경험이었기 때문이다.

2. 메이디커 기초 화장품 개발

안후이 성 출장을 다녀온 이후, 송 부장은 더욱 민첩하게 영업에 치중했다. 영업부 직원들과도 잘 어울리고, 이 상무와도 자주 술을 마셨으며, 업무적으로든 개인적으로든 이 상무와 더욱 가까워졌다. 개인적으론 둘이 호형호제하기로 했다는 말을 들었을 때, 나는 송 부장이 이 상무와 너무 가깝게 지내는 게 아닌가 하여, 한편으론 잘됐다 생각하면서도 한편으론 불안하기도 했다. 이 상무의 능수능란하고 호소력 짙은 언변은 많은 사람들의 마음을 쉽게 움직이는 능력이 있었기 때문이다.

당시 나와 송 부장, 김현웅은 과거 리화 사무실로 이사 와서 살고 있었다. 집이 근처인 이 상무는 송 부장과 술을 마시고 숙소로 불쑥 찾아와 나와 같이 술 한잔을 더하기도 했었고, 때론 나를 전화로 불러내기도 했었는데, 그럴 때면 항상 이미 취기가 오른 송 부장이 옆에 있었다. 그러다 결국 송 부장은 점점 변해갔다. 이 상무의 어려운 가정사를 듣고 동정하기 시작하였고,

이 상무가 말하는 회사와 시장 상황을 모두 믿게 되었으며, 이 상무가 말하는 나에 대한 부정적인 생각까지 점점 더 받아들이게 되었다.

젊은 총각인 김현웅은 창립총회의 성공적인 데뷔를 계기로 여직원들의 인기를 독차지했다. 그는 유일한 한국인 총각이면서, 유일하게 중국인과 자유자재로 대화가 가능한 사람이었다. 런민대 재학 중에 한국에서 군대를 다녀왔기 때문에, 칭다오대를 갓 졸업한 사원들보다 나이가 많은 그는 남자들에겐 따거(大哥, 큰형)이자 여자들에겐 거거(哥哥, 오빠) 같은 존재이기도 했다. 그러나 그는 졸업 준비를 위해 다시 베이징에 있는 대학으로 돌아가야만 했다.

김현웅이 떠나고, 송 부장도 이 상무 편으로 돌아선 듯한 느낌이 강해지자, 나는 더욱 깊은 외로움에 빠졌다. 송 부장은 나와 같이 살면서 나에게 언제나 깍듯하고 일도 잘하는 것이 처음과 변함이 없었지만, 나의 상실감은 그가 이 상무의 말을 믿고 따른다는 데 있었다. 이렇듯 세상 사람들은 언제나 멀리 있는 진실보다 가까이 있는 달콤한 속삭임에 쉽게 넘어가는 게 현실이었다.

이 상무는 그동안 제사보다는 제삿밥에 더 관심이 많았다. 즉 영업을 제대로 잘하여 큰 성과를 내서 회사에 공헌하고 민 대표에게 인정받아 정석적으로 올라가기보다, 하루라도 빨리 과거 동사장과 같은 수준의 높은 자리를 차지하는 것이 목적이었다. 그는 여기저기 다니며 말을 다르게 옮기면서 최대의 방해꾼인 나를 고립시켜 회사에서 쫓아내려고 했다. 그는 직원들에게 내 험담을 수시로 하였는데, 내가 허울만 좋은 총경리로서 맨날 방에서 아무 일도 하지 않으면서 고액의 월급만 축내는 사람이라고 했다. 게다가 이 상무가 영업 실적이 제대로 나오지 않는 것은 모두 내가 방해해서 그런 것이라고 했다는 말을 나는 사람들의 입을 통해 뒤늦게 들을 수 있었다.

민 대표에게도 마찬가지였다. 눈물을 흘리며 그동안 고생한 이야기로 동정심을 유발하기도 했고, 영업 조직을 개편하여 제대로 하겠다고 호언장담도 하였으며, 무엇보다도 그러기 위해선 나를 그의 밑으로 넣어야 한다는 주장도 했다. 그러나 민 대표는 중국으로 옮겨 와서 살기 시작하면서 점점 더 진실에 가까워지고 있었다. 영업은 어찌 되었든 일단 숫자로 얘기해야 하는데, 매번 말로 때우려는 이 상무의 허세를 점점 의심하기 시작한 것이다. 민 대표는 확실히 삼십 년간 마케팅 분야에서 잔뼈가 굵은 사람으로서, 이제는 더 이상 맹목적으로 이 상무의 말만 듣던 그가 아니었다.

민 대표는 이 상무를 견제하기 위한 카드로 지인의 소개를 받아 중국에서 잔뼈가 굵은 문 이사를 새로 영업이사로 채용했다. 민 대표가 문 이사를 채용한 이유는 중국어를 잘하는 그가 이 상무를 보조해주면 지금의 매출 소강상태를 조금이나마 극복할 수 있지 않을까 하는 일말의 기대심과 더불어, 이 상무 한 명에게만 의존하는 지금의 영업 방식에 대한 만약의 리스크에도 대비하려는 것이었다.

문 이사는 십육 년간 영업에서 잔뼈가 굵은 사람으로, 중국에서도 팔 년간 근무를 한 경험이 있는 과묵하고 우직할 정도로 성실한 사람이었다. 나보다는 고작 두 살 아래이고 이 상무보다는 네 살이 위였으나, 그는 조직의 상하관계에 대해서 군대식처럼 철저한 사람이었기 때문에, 나이 어린 이 상무에게도 상사로서의 예를 깍듯이 지키는 한편, 민 대표의 밀명도 잘 지켰다. 그런 점에서 그는 가끔 이 상무의 정황과 실태를 내게 수시로 보고하여, 내가 이 상무의 획책에 대비할 수 있도록 해주기도 했다. 내가 처음 송 부장에게 부탁했던 일을 뒤늦게 들어온 문 이사가 해결해준 꼴이 된 것이다.

이런 문 이사 덕에 나는 이 상무가 한 말들을 모두 전달받을 수 있었다. 이 상무는 문 이사에게도 똑같이 나를 비방하는 말을 하며 자기편으로 만들려고 하였지만, 문 이사는 쉽게 넘어가지 않았다. 오히려 문 이사는 그런 이 상무를 경계하고 그를 믿지 못할 사람이라 여겨, 회사를 위해 나를 더욱 도와주려 했다. 하지만 경력이 주로 식품류였던 문 이사의 영업력은 복잡한 화장품을 빠른 시간에 이해해서 적응하기 쉽지 않았으며, 너무 위계질서를 따져 이 상무의 지시에 따르려는 업무 스타일도 그의 발전을 방해하는 큰 요인이었다.

나는 이 상무가 얘기하는 것처럼 방만 차지하고 노는 사람이 절대 아니었다. 아니, 그럴 겨를조차 없었다. 먼저 희란의 위생 허가 변경 기한이 차일피일 미루어지자, 도저히 희란만 바라보며 기다릴 수가 없게 되었다. 나는 일단 과거 리화 화장품이 가지고 있던 브랜드들을 먼저 판매하려고 모두 검토해봤으나, 제품들의 디자인이나 품질 수준, 그리고 기 생산했던 OEM 생산 공장의 열악한 환경 등으로 볼 때, 도저히 다시 생산해서 판매해서는 안 되겠다고 판단하였다. 나는 더 늦기 전에 중국 자체 생산으로 새로운 기초 화장품 브랜드를 하나 만들어서 빠른 시일 내에 출시해야겠다고 생각했다.

그리하여 중국의 화장품 시장을 분석하여 가장 많이 팔리고 있는 시장의 경쟁력 있는 적정 가격대를 결정하고, 경쟁사의 전제품의 구성을 분석하였다. S사와 W사는 각각 200~300여 개의 품목수를 가지고 있었으나, 그중 팔십 퍼센트 정도가 기초 화장품이었다. 경쟁사의 브랜드들을 가격대별로 콘셉트를 일목요연하게 정리해서 포지셔닝 맵(Positioning Map)을 만들어 보니, 드디어 확연하게 차별화하여 들어갈 빈 공간이 한눈에 들어오기 시작했다. 나는 경쟁사에서 가지고 있지 않는 새로운 콘셉트의 신제품 개발 계획을 마케팅 전략의 틀에 맞게 만들었다. 외부 환경 및 내부 상황 분석으로 시작하여 우리가 왜 신 브랜드의 제품을 개발해야 하는지의 타당성을 체계적으로 보여주는 보고서는, 민 대표가 최선의 의사 결정을 할 수 있도록 되어 있어, 쉽게 허락을 얻어낼 수 있었다.

브랜드는 이미 준비된 메이디커(Beautique)였지만, 지금 당장은 연구원도 없는 상황에서 제품을 개발할 방법이 없었다. 베이징이나 상하이에 있는 한국 OEM/ODM 회사에 의뢰하면 이미 준비되어 있는 그들의 처방에 의해서 쉽게 만들 수도 있는 일이었지만, 그렇게 되면 제품 차별화도 별로 되지 않으며, 무엇보다도 중요한 첫 번째 브랜드가 어느 ODM 회사 하나에만 종속될 수 있을지도 모른다는 위험에, 나는 급하지만 좀 더 어려운 길을 택하기로 마음먹고 한국으로 급히 전화를 했다. 과거 같은 회사에서 화장품 연구소에 근무했던 후배였으나, 지금은 독립해서 작은 원료 회사를 운영하고 있는 김 사장이었다.

"김 사장, 오랜만이야."

"형! 중국 갔다더니, 거긴 어때요? 잘 지내죠?"

"진짜 죽겠다. 여긴 진짜 전혀 다른 세상이야."

오랜만에 세상 사는 이야기를 잠시 주고받으며 서로의 인사치레가 끝나자, 나는 기회를 잡아 얼른 본론으로 들어갔다.

"김 사장, 그래서 내가 기초 화장품 라인을 개발하려고 하는데, 네가 처방 좀 만들어 줘. 너도 요즘 어렵다고 하던데, 내가 많이 챙겨 주지는 못하겠지만, 소일거리로 아르바이트한다고 생각하면 되지 않을까?"

"그래요? 그러면 저도 좋죠. 근데 어떤 제품을 하려는데요?"

"일단 한국 가격으로 치면 이만 원 수준의 중가대 제품이야. 브랜드는 메이디커인데, 이게 앞으로 우리 회사의 간판 브랜드가 될 거야. 콘셉트는 천연 성분을 발효시킨 화장품이면 좋겠어. 우리나라에선 지금 이런 제품이 한방 화장품으로 뜨고 있지만, 중국에선 아직 시작도 되지 않은 것 같고, 한국 제품은 가격이 고가지만 나는 중가로 포지셔닝해서 중국인들이 부담 없이 고급의 발효 화장품을 쉽게 구입할 수 있도록 하고 싶어. 상품 구성은 기본적인 클렌징부터 아이크림까지 열한 가지 정도는 있어야겠어. 만약 한 번에 다 개발하지 못한다면 1차, 2차로 나눠서 1차는 베이직 일곱 품목, 2차는 기능성 네 품목 정도로 진행해도 되고. 한 제품당 연구 개발 비용을 쳐줄 테니까, 네가 적절하다고 생각하는 연구 용역비도 제안해봐. 하지만 너도 알다시피 지금 아무것도 없는 상황에서 내가 후하게 줄 수는 없다. 내가 자세한 콘셉트와 개발 방향을 이메일로 다시 보내줄게."

"네, 형, 알았어요. 언제까지 필요해요?"

"무조건 빨리 해줘. 당장 다음 주라도."

"에이, 아시는 분이……, 어떻게 다음 주까지 해요?"

"말이 그렇다는 거지. 네가 이미 기본적으로 가지고 있는 처방들이 있잖

아. 거기에 최근 트렌드 감안해서 콘셉트 원료를 추가하면 금방 되는 거 아닌가? 빨리 제안해줘. 제안서 검토 후 얼른 품의받고 진행할 테니.”

“네, 알았어요. 밤을 새워서라도 빨리 만들어볼게요.”

나는 일단 내용물 개발을 한국에 있는 김 사장에게 맡기고, 샘플이 나오면 한국 법인의 허 상무 쪽에서 품평을 하게 한 후, 나중에 파일럿(Pilot) 생산할 때 김 사장을 중국으로 불러서 내용물을 제조할 수 있도록 할 참이었다. 그리고 그럴 경우 김 사장에게 중국 출장비도 다 지불해주겠다고 약속했다.

이제 문제는 디자인과 용기였다. 지금 상황에서 새로 디자인해서 금형 개발을 한다면 너무 시기적으로 늦을 수밖에 없었다. 지금 중요한 건 바로 스피드였다. 그렇다면 적절한 프리 몰드(Free Mold) 용기를 찾아야만 했다. 이럴 줄 알았다면 지난번 광저우 출장 갔을 때 기초 용기도 봐둘걸 하며 후회가 몰려 왔지만, 이미 엎질러진 물이었다. 나는 중국 직원을 통해 인터넷으로 용기들을 찾아보도록 했지만, 실물을 보기 전에는 판단하기가 쉽지 않기 때문에, 마땅한 걸 발견하기는 어려운 일이었다.

그런 와중에 베이징으로 떠난 김현웅에게서 모처럼 전화가 왔다. 이 전화한 통이 나중에 회사를 크게 발전시키는 중요한 계기가 될 줄은 그때만 해도 나는 생각조차 하지도 못했다.

“총경리님, 예전에 중국에서 하는 화장품 박람회에 가면 좋겠다고 말씀하셨지요?”

“어, 그랬었지.”

“베이징에서 화장품 박람회가 있다던데요?”

"무슨 소리야. 그건 봄과 가을에 하는데, 봄은 이미 끝나지 않았나?"

"네? 그런가요? 거 참, 제가 잘못 알았나보네요."

"아, 맞다, 현웅아! 아마 5월에 상하이에서 국제 화장품 박람회가 있을 거야. 그게 베이징보다 더 크고 볼 만하다고 하던데."

"그럼 언제 하는지 제가 인터넷으로 알아볼까요?"

"근데 넌 지금 베이징에 있잖아. 졸업 때문에 마무리 수업 들어야 한다고 하지 않았나?"

"그 정도는 괜찮습니다. 저도 꼭 한 번 가보고 싶어서요. 괜찮으시다면 저랑 같이 가면 어떨까요?"

"그래? 마침 나도 기초 제품 용기 때문에 가야 할 것 같아. 네가 같이 가서 통역도 해주고, 너도 견문도 넓힐 수 있는 기회가 된다면 일석이조겠네. 그럼 네가 한번 인터넷으로 알아봐라. 넌 베이징에서 비행기 타고 상하이 공항에서 만나는 걸로 하자!"

이렇게 나와 김현웅은 상하이 국제 미용 화장품 박람회를 가게 되었다. 상하이에는 홍차오공항과 푸둥공항이 있는데, 행사장은 푸둥공항 쪽이 가깝다고 해서 우리는 이른 아침 비행

상하이 국제 미용 화장품 박람회.

기를 타고 상하이 푸둥공항에서 근 한 달 만에 다시 만났다.

　매년 중국 상하이 신국제전시센터(Shanghai New International Expo Center)에서 열리는 '상하이 국제 미용 화장품 박람회'는 중국을 비롯한 한국, 일본, 미국, 프랑스, 이탈리아, 홍콩, 대만 등 이십여 개국의 천여 개가 넘는 화장품 업체들이 참가하는 세계 4대 화장품 박람회 중의 하나이다. 최근 들어 매년 이탈리아 볼로냐와 홍콩에서 열리는 세계적인 화장품 박람회인 코스모프로프(Cosmoprof)의 규모가 점점 축소되는 대신 상하이 박람회가 더욱 커지는 걸 보면, 중국에서의 화장품 시장 규모의 성장과 위상을 잘 알 수가 있을 정도이다.

　우리는 미리 박람회장에서 걸어서 십 분 정도 거리에 있는 빙관(兵官, 모텔)에 방을 잡아놨는데, 하루 사백 위안(약 7만 2000원)의 방치고는 너무나도 형편없는, 한국의 여관 수준도 안 되는 방이었다. 행사 기간 중 이곳의 물가는 원래 상하이의 엄청난 물가에 박람회의 바가지요금까지 더해져서 하늘 높은 줄 모르고 치솟는다. 마침 한국 법인의 여자 디자이너 두 명도 상하이 박람회에 참관하게 되었는데, 그들은 해외출장이기 때문에 상대적으로 많은 출장비를 받아 와서 특급 호텔에 묵은 반면, 중국이라 국내 출장비 기준으로 온 우리로서는 참으로 씁쓸함을 느끼지 않을 수가 없었다.

　우리는 2박 3일간 상하이 박람회장을 거의 섭렵하며 다녔다. 전시장에는 스킨케어, 메이크업 등 화장품과 향수, 헤어, 스파(SPA) 용품, 네일케어, 포장, 생산 설비, 원료 등 최신의 화장품 기술과 제품들이 한자리에 소개되어 있기 때문에, 해마다 수십만 명의 현지 판매상과 관람객들이 모여드는 엄청난 규모의 전시장이었다. 우리도 그들 중의 일부가 되어 첫날에 전반적으로 화장품 회사들을 돌아보며 중국 내 제품의 트렌드를 파악했다면, 둘째 날은 본격적으로 앞으로 개발할 제품들의 용기를 찾아 여러 부스를 돌아다니며 상담을 했다.

상하이 박람회에서 느낀 점은 세계 시장을 겨냥한 국내 화장품업체들의 움직임이 어느 때보다 빨라지고 있다는 점이다. 특히 몇 년째 국내 소비 경기가 위축되면서 국내 업체들은 자연스럽게 해외시장으로 눈을 돌리고 있었는데, 최근 중국에서의 한류 열풍에 힘입어 많은 화장품 회사들이 중국 시장에 관심을 가지고 있는 상황이라, 한국 회사들이 상하이 화장품 박람회에 거는 기대와 참여도는 여느 때보다 높았다. 과거만 해도 한국 화장품 회사들은 여러 국제박람회에 참관단을 파견하여 단순히 신제품 홍보와 최신 기술 개발 동향 등을 파악하는 수동적인 형태였다면, 지금은 구매자와 판매자 간의 교역 기회를 제공하는 적극적인 수출 상담 자리로서, 또한 최고의 마케팅을 한자리에서 펼쳐 보이는 현지화 전략의 전초기지로서 박람회에 임하는 모습이 완전히 달라졌다. 특히 중국의 한류 바람을 타고 한국산 화장품 브랜드의 중국 내수 기회가 갈수록 확대되고 있다는 것도 유리한 여건으로 작용하고 있었다.

나는 한국 화장품 회사의 전시관을 바라보며, 그래도 저들이 본격적으로 중국으로 들어오기 전에 우리 회사가 먼저 시작해서 다행이라는 안도감과 함께, 언젠가는 이곳 중국에서 한국 회사끼리 피 튀기는 경쟁을 해야 할지도 모른다는 막연한 걱정도 앞서는 복잡한 심정이었다.

단순히 박람회에 참관하여 견문을 넓히고 트렌드를 파악하는 수준의 시장조사가 아니라, 뚜렷한 목적을 가지고 짧은 기간 내에 그 목적을 달성해야만 하는 일은 참으로 힘든 일이 아닐 수 없다. 많이 걷고 보고 메모해야 하는 육체적인 피곤을 떠나, 여기까지 와서 소기의 목적을 달성하지 못하면 안 된다는 엄청난 중압감이 정신적으로도 강한 스트레스를 주기 때문이다.

한때 나는 세계 최고를 자랑하는 이탈리아와 홍콩 코스모프로프뿐만 아니라, 일본 도쿄 화장품 시장조사 등 다리품을 많이 파는 출장도 힘든지 모르고 잘 걸어 다녔었지만, 어느덧 오십대로 접어드는 시점에서 이 일을 다시 하려니 몸이 예전 같지가 않았다. 더욱이 박람회장 안은 냉방 시설이 잘되어 있어서 더운 줄도 몰랐지만, 밖은 섭씨 사십 도에 육박하는 초여름의 찌는 무더위가 벌써부터 기승을 부리고 있어, 하루의 일과를 끝내고 숙소로 걸어 가는 일도 힘들어서 나중에는 그 가까운 거리도 택시를 타고 갈 정도였다.

하지만 의외로 기초 화장품 용기는 광저우에서 색조 용기를 찾았을 때보다 다양하고 좋은 게 많았다. 우리는 부스를 돌아다니며 상담한 결과, 이십여 개 업체의 기초 용기에 대한 카탈로그와 명함, 그리고 간단한 견적을 받고 마음에 드는 용기도 점찍어 둘 수가 있어서, 가뿐한 마음으로 둘째 날을 보낼 수가 있었다. 그런 여유로움으로 다른 전시관으로 가서 생산 업체들의 부스도 돌아보게 되었는데, 그중 색조 제품 중에 립글로스가 다양한 대만의 한 생산 업체를 우연히 들어가게 되었다.

나는 대만 회사의 부스로 들어가면서 김현웅에게 말했다.

"현웅아, 여긴 컬러들이 많네. 용기도 예쁘고. 한번 상담해 보자."

그러자 김현웅이 그쪽 매니저와 잠시 얘기를 하더니 부스의 진열품들을 둘러보고 있던 내게로 금방 돌아와 말했다.

"총경리님, 이 회사에도 한국 직원이 있다네요. 근데 지금 자리를 비워서, 방금 연락했으니 곧 온답니다. 조금만 기다려보시죠."

"그래? 언제 온데? 그럼 다른 데 갔다가 다시 올까?"

"네. 그럼 제가 그리 말해볼게요."

김현웅은 대만 매니저와 잠시 얘기를 하더니 삼십 분 정도 후에 다시 오자고 내게 말을 전했다. 나는 별 생각 없이 그 부스를 빠져나와 다른 곳을 한참 더 돌아다니다 대만 회사를 금세 잊고 말았다. 그렇게 한 시간이 넘도록 다른 부스를 돌아다니다 우연히 다시 그 대만 회사의 부스로 돌아오게 되었다.

"아 참, 현웅아, 여기는 한국 직원이 있다던 그곳 아니니?"

"그러네요. 다시 들어가볼까요?"

"그래. 한국 직원이 아직 있으려나?"

우리는 한 시간이 넘은 후에야 다시 방문했지만, 한국 직원은 여전히 우리를 기다리고 있었다.

"안녕하세요? 얘기 듣고 기다리고 있었습니다. 나 총감이라고 합니다."

사십대 초반의 그는 170센티미터가 채 안 되어 보이는 작은 키와 비교적 둥그런 얼굴에 눈이 선해 보이는 남성으로서, 우리가 들어오자 매우 씩씩한 목소리로 인사를 했는데, 언뜻 보아도 열정이 넘쳐 보였다.

"네, 반갑습니다. 나 총감님이시군요."

우리는 서로 명함을 건넸다. 나는 한국인으로서 중국에 와서 꽤 높은 직위를 가지고 있는 나 총감이 무척 대견스럽다는 생각과 함께, 한국인에 대한 반가운 마음으로 그를 바라보며 말했다.

"이곳 립글로스가 색상들도 다양하고 용기도 예뻐서 한번 들러봤습니다. 혹시 OEM으로 제품을 제공해주시나요?"

"그러세요? 근데 아쉽게도 저희는 OEM 생산은 안 합니다. 저희 브랜드가 찍힌 그대로 납품은 가능합니다만……."

나 총감은 아쉽다는 듯 말을 건네며, 푸젠 성 샤먼에 있는 회사에 대해 간단하게 설명하고, 자기소개도 했다.

"저는 한불화장품 연구소에서 십여 년간 있다가 중국의 큰 기회를 보고 이 년 전에 이곳에 오게 되었습니다. 지금도 이곳에서 주로 기초 화장품의 연구를 맡고 있습니다. 그런데 신 총경리님 회사는 어떤 곳인가요?"

"저희 회사는 생긴 지 얼마 안 됩니다. 두 달 전에 설립되었죠. 원래 중국에서는 의료기기로 이미 유명한 회사인데, 저희도 중국 화장품 시장의 기회를 보고 화장품 계열사로 독립해서 이제 제품 개발도 하고 영업을 시작하려고 합니다."

"아, 그러시군요. 그럼 신 총경리님은 의료기기 분야에서 쭉 근무하셨나요?"

"하하, 아닙니다. 저도 화장품 밥을 꽤 많이 먹었습니다. 한동안은 화장품 바닥에서 떠나 있었지만, 결국 또 다시 부메랑처럼 이리로 돌아오게 되더군요."

"아, 죄송합니다, 초면에. 이렇게 한국 분을 만나니 너무 반가워서요. 샤먼에는 한국인들이 많지가 않습니다."

"괜찮습니다. 저도 반가웠습니다. 어쨌든 아쉽게도 저희와는 사업적으로 연결되기는 힘들겠네요."

"네. 그래도 혹 필요하시다면 제가 샘플 좀 챙겨 드리겠습니다. 한번 참조해보세요."

"그러면 저야 진짜 고맙지요. 감사합니다."

나는 나 총감이 챙겨 주는 카탈로그와 견본품을 받고 그저 스쳐 지나가는 인연처럼 그곳을 나왔으나, 이날 그와의 만남이 내 인생의 큰 전환점이 될 줄은 전혀 몰랐다.

상하이 박람회 마지막 날은 점심시간이 되자 더욱 시끌벅적해졌다. 지난 이틀간 화려했던 조명으로 한껏 뽐내며 치장했던 부스들은 마치 시골장을 마치고 장돌뱅이들이 훌쩍 떠난 빈터처럼, 한철 영광의 흔적들인 쓰레기들만 나뒹굴고 있었다. 앙상한 가지들처럼 뼈대만 남은 대형 부스들, 이미 주인은 사라지고 텅 빈 소형 공간들, 그리고 못내 아쉬웠는지 끝까지 부스를 지키고 있는 일부 사람들. 그 속에서 철수 작업에 여념 없는 인부들이 만드는 소음들이 넓은 전시장을 가득 채우고 있었다.

"어? 오늘 종료 시간이 오후 네 시 아니었나? 사람들이 벌써 떠나네?"

나는 철수하는 부스들을 바라보며 김현웅에게 말했다.

"그러게 말이에요. 총경리님, 아무래도 오늘은 별로 도움이 안 되겠는데요?"

김현웅도 뜻밖의 상황에 다소 당혹스런 눈치였다.

나는 천천히 걸음을 떼면서 김현웅더러 들으라고 일부러 천천히 말했다.

"우린 기초 제품 용기를 찾는다는 소기의 목적을 달성했으니까, 오늘은 상하이 거리에 있는 화장품 매장을 찾아다니며 시장조사라도 해볼까?"

"네? 시장조사요? 아⋯⋯. 그러시죠."

김현웅의 실망 섞인 목소리에 나는 기다렸다는 듯이 그의 어깨를 툭 치며 유쾌한 웃음을 날렸다.

"하하, 시장조사를 빙자한 구경이나 한번 하자고. 얼른 호텔로 가서 편한 옷으로 갈아입고, 나도 난생 처음 와본 상하이 구경이나 한번 해보자."

그러자 김현웅의 목소리가 즉시 밝아졌다.

"네! 그럼 제가 몇 군데 유명한 곳을 안내해드릴게요. 특히 이곳에서 제일 높은 세계금융센터는 제가 몇 년 전 상하이에 왔을 때는 한창 짓고 있어서 못 가봤는데, 야경 보러 가면 좋을 것 같습니다."

"그래, 그러자! 일단 호텔로 돌아가서 가방도 놔두고, 그동안 모은 카탈로그랑 견본품들을 정리한 후 나가는 게 좋겠다."

나는 김현웅이 지금 대학생이니 아직 어린 게 맞구나 싶어, 슬쩍 입가에 웃음을 머금으며 발걸음도 가볍게 호텔로 향했다.

김현웅은 다시 베이징에 있는 대학으로 돌아가야 하기 때문에, 전시장에서 다리품을 팔아 얻은 각종 자료와 견본품들은 모두 나의 차지가 되었다. 그리고 의외로 견본품들이 많아서 이를 구분해서 정리하는 데도 상당한 시간이 걸리고 말았다. 나는 이러다 모처럼 상하이 구경도 못하고 날밤을 새울 것 같아서, 김현웅을 재촉하다 못해 할 수 없이 업체별 견본과 연락처 등의 엑셀 파일 정리의 마무리는 김현웅이 베이징에 돌아가서 한 후 빠른 시일 내에 이메일을 내게 보내기로 하고, 상하이의 명동과 같다는 난징루를 향해 지하철에 올랐다.

상하이는 지하철이 잘되어 있어서, 웬만한 곳은 다 지하철로 다닐 수가 있다. 다만 지하철 안이 서울 것보다 더 좁고 사람이 많다보니, 무더운 상하이 날씨에 땀에 찌든 중국인들의 살냄새가 나에겐 참기 힘든 악취로 다가왔다.

과거 일본인들이 한국인들을 조센징이라고 비하하며 마늘 냄새와 김치 냄새가 고약하다고 했던 것처럼, 혹시 중국인들도 내게서 저들과 다른 이상한 냄새를 맡고 있는 건 아닐까 하는 생각이 들었다. 순간, 나는 손잡이를 잡고 있던 나의 오른쪽 겨드랑이에 코를 갖다 대고 킁킁거려봤으나 아무 냄새도 나지 않았다. 출장 와서 계속 중국 음식만 먹었으니, 어쩌면 나의 땀에도 저들과 같은 냄새가 섞여 나오는 건 아닐까. 나는 아무 생각 없이 멍하게 있던 김현웅에게 뜬금없이 실소를 던졌으나, 그는 봤는지 못 봤는지 아무런 반응도 없었다. 요 며칠 나를 따라다니느라 무척 피곤하긴 했나보다.

난징루에 도착했을 때는 이미 날이 어두워지고 있었다. 그래도 명색이 한 회사의 임원인데, 한국에서 출장 온 두 명의 직원들과 따로 움직이기는 했어도 마지막 만찬이라도 사줘야겠다는 생각에, 나는 김현웅을 시켜 그들과 난징루에서 저녁을 먹기로 약속을 잡았다. 중국어도 못하는 어린아이들 같아 보여도 걱정과는 달리 그녀들은 약속한 지하철 역 앞으로 잘 찾아왔다. 이제야 화기애애한 분위기로 모처럼 맛있는 음식을 먹을 수 있다는 생각에, 우리는 한 무리의 배고픈 늑대들이 되어 시장기를 해결해줄 먹잇감을 찾아 눈에 불을 켜고 헤매 다녔다.

"배 안 고픈가? 도대체 무얼 먹으려고 해?"

"죄송합니다. 제가 좀 비위가 약해서요."

"중국에 왔으면 중국 음식을 먹어야지. 그럼 여태껏 무엇을 사 먹었어?"

이미 여러 음식점을 들어갔다 나오기를 반복하며, 중국 냄새가 난다, 너무 지저분하다, 뭔가 음습하다는 등 각종 핑계를 대며 중국 음식을 마다했던 여직원 한 명 때문에, 나는 결국 짜증 섞인 말을 토해내고 말았다.

"죄송해요. 그동안 맨날 KFC랑 맥도날드만 다녔어요."

유난히 중국 향신료에 민감하게 반응하며 중국 냄새가 싫다고 했던 한 명이 대답했다.

"근데 아까 들어갔던 한국 음식점도 냄새가 이상하다고 나왔잖아? 그럼 또 햄버거나 먹으려고?"

사실 전시장에 들어가면 마땅히 먹을 것이 없어, 그동안 나와 현웅이도 점심은 매일 햄버거로 때웠던 참이라 저녁까지 햄버거를 먹고 싶지는 않았다.

"아뇨, 저희도 햄버거는 더 이상 먹고 싶지가 않아요."

"그러니 걱정하지 말고 한번 중국 음식도 먹어보라고. 나쁘지 않아. 이러다 시간 다 가면 이 멋진 상하이의 야경도 다 놓치겠다. 응?"

그때였다. 김현웅이 뭔가를 발견하고는 우리에게 환하게 웃으며 말했다.

"총경리님, 저기 일본 라멘 집이 있는데, 저기로 가 볼까요?"

그곳은 중국 전역에 체인점이 있어서 나도 칭다오에서 몇 번 갔던 곳으로, 다분히 중국인들 입맛에 현지화되어 있지만, 음식점도 깨끗하고 우리 입맛에도 맞았기 때문에, 그나마 지금으로선 가장 좋은 대안이 아닐 수 없었다.

"그래, 그거 잘됐네. 그럼 거기로 가자. 거긴 얘들이 말하는 중국 냄새도 안 나고 깨끗한 편이니."

내가 한국 직원들에게 더 이상 의견도 묻지 않고 성큼 걸음을 옮겨 라멘집으로 향하자, 두 사람은 마지못해 내 뒤를 졸졸 따라올 수밖에 없었다. 그래도 다행히 라멘이 그녀들 입에 맞아서, 우리는 무사히 식사를 마칠 수 있었다. 나는 따뜻한 육수 국물을 한 모금 들이마시고는 '카' 하는 소리와 함께 말하였다.

"상하이 난징루까지 와서 일본 라멘으로 저녁을 때울 줄은 몰랐네. 어찌 되었든 가장 맛있는 음식은 배고플 때 먹는 음식이라고 하니 다들 맛있게 먹었으면 됐지, 그치? 나야 싼값에 주머니 사정도 좋아져서, 이참에 야경 보는 비용이라도 내줄 테니, 우리 얼른 나가서 상하이의 밤을 실컷 즐겨보자고!"

우리는 이미 어두워진 난징루를 밝히는 화려한 조명을 뒤로 하고, 지하철을 타고 와이탄으로 나왔다. 우리나라 한강 고수부지처럼 황포 강변에는 마치 밤이 오기만을 기다렸다는 듯이 상하이의 야경을 즐기는 젊은 남녀와 가족들, 그리고 수많은 관광객들이 빨갛고 푸른 화려한 네온사인으로 치장한 고층 빌딩들의 변신 쇼를 즐기고 있었다.

우리는 천천히 걸으며 눈과 마음으로만은 다 담을 수 없는 멋진 상하이 야경들을 한가득 사진으로 남기려는 욕심에 쉴 새 없이 사진기 셔터를 눌러댔다.

"총경리님, 이젠 밤도 깊어가니까 더 늦기 전에 세계금융센터로 가시죠."

"아까 네가 얘기한 곳?"

와이탄에서 바라본 황포강변의 야경.

"네. 이곳 상하이에서, 아니 얼마 전까지도 세계에서 제일 높았던 101층이나 되는 빌딩입니다. 예전에는 저기 보이는 철탑 모양의 동방명주(東方明珠)가 상하이의 랜드마크로 우리나라 서울 타워처럼 야경을 보는 곳이었는데요, 이제는 다들 더 높은 이곳으로 간답니다."

"그래? 어느 쪽인데? 여기서 걸어가도 되나?"

"저기 보이는 병뚜껑 따개처럼 생긴 건물 있죠? 바로 저곳이에요. 아마 걸어가도 될 것 같은데, 늦으면 입장이 안 될지도 모르니 얼른 가시죠."

김현웅이 말한 세계금융센터는 정확한 명칭이 상해환구금융중심(上海环球金融中心)으로, 영어 표기로는 Shanghai World Financial Center의 이니셜을 따서 SWFC라고 불리는, 총 높이 492미터의 초고층 빌딩이다. 2009년에 완공되었을 때만 해도 세계에서 제일 높은 빌딩이었으나, 이후 829미터의 두바이 '부르즈 할리파'가 건설되었고, 타이베이에 509미터짜리 '타이베이 101'이 생기면서 세계에서 세 번째로 높은 빌딩이 되었다. 그러자 중국 정부는 마치 마천루 높이 경쟁을 하듯, SWFC 바로 옆에 보란 듯이 632미터 높이의 상하이타워를 세워 타이완을 제쳐버렸다. 그러고 보니 우리나라의 롯데월드타워가 555미터 높이로 완공되면, SWFC는 세계에서 다섯 번째로 높은 빌딩으로 밀려나게 될 것이다.

그런데 참고로 이곳에서 한 블록 떨어진 곳에 육십 층에 달하는 국제금융센터(Shanghai International Finance Centre, Shanghai IFC)가 있으니, 상하이에 처음 오는 사람들은 SWFC와 IFC를 혼동하지 않도록 주의해야 할 것이다.

중국에서 가장 높은 상하이 타워와 SWFC빌딩.

SWFC로 가는 길의 가로수들은 초록의 LED로 옷을 입고 있어서 마치 환상적인 동화의 나라에 온 것처럼 아름다웠다. 젊은 아가씨들이 빛에 잔뜩 취해 김현웅의 재촉에도 사진 찍기 놀이에 흠뻑 빠져 시간 가는 줄 몰라 하더니만, 끝내 우리는 우려했던 대로 마지막 입장 시간을 놓치고 말았다. 우리는 빌딩 전망대에 오르지 못한 게 무척 아쉬웠지만, 이곳 입장료가 자그마치 일 인당 백오십 위안(약 2만 7000원)이나 되는 고가여서, 나는 또 다시 주머니를 두툼하게 보관할 수 있었다. 그리고 다음 해, 나는 다시 상하이 화장품 박람회를 찾은 나는 그때의 아쉬움을 못 잊고 결국 하늘에 닿을 것만 같은 전망대에서 상하이의 불야성들을 내려다볼 수 있었다. 그리고 그날은 공교롭게도 마침 SWFC 건립 기념일(5월 19일)이라 반값으로 저렴하게 올라가는 행운도 있었다.

상하이에서 복귀한 나는 본격적인 제품 개발을 위해 무엇보다도 먼저 포장재 구매와 디자인 업무를 할 직원들을 뽑는 일이 시급했다. 가장 절실한 건 한국어와 중국어를 모두 할 수 있는 직원이었다. 다행히 새로 계약한 회계사의 추천을 통해, 나는 믿을 만한 조선족 남성인 김 대리를 채용하여 구매 담당 일을 맡겼으며, 앞으로의 인력 관리를 위해 인사 총무를 담당할 사람으로 윤 과장을 채용하였고, 드디어 목마르게 기다렸던 디자이너인 정 대리와 엄 대리를 채용하게 되었는데, 이들 역시 모두가 조선족이었다.

중국에 있는 신생 한국 회사에서 조선족의 역할은 참으로 중요하다. 우리와 같은 민족이지만 중국에서 태어나 중국인이 된 그들은, 두 나라의 언어를 사용하며 두 나라의 문화를 공유하고 있는 교집합적인 존재로서, 처음 중국에 진출하는 한국 회사들에겐 없어서는 안 될 존재들이다. 그러나 한국인과 달리 끈기가 부족하고 쉽게 싫증을 내며 돈을 너무 밝히는 등의 중국인적인 성향 때문에, 때로는 사고도 치고 쉽게 회사를 떠나기도 해서 어떤 이들은 그들이 필요악 같은 존재라고도 말한다. 하지만 나는 그건 오해라고 생각한다. 어쩌면 많은 한국인들이 같은 한민족인 조선족을 한국인과 똑같다고 생각해서 그런 게 아닌가 싶다. 분명한 건 조선족들이 우리말을 한다고 절대

한국인이 될 수는 없다. 그들은 중국에서 태어나서 중국 문화를 겪으며 자란, 중국 국적을 가진 엄연한 중국인이기 때문이다.

내가 중국에 처음 왔을 때, 주변의 한국인들이 내게 충고한답시고 이구동성으로 두 가지를 말해주었다. 첫째는 중국어를 빨리 배우려면 중국인 애인을 사귀어야 하고, 둘째는 조선족 직원들을 가장 경계해야 한다는 것이었다.

"절대 조선족들을 믿으면 안 된다. 그들은 처음엔 잘하는 척하다가 나중에 뒤통수친다."

그런데 나는 생각이 다르다. 내가 육 년이 지난 지금도 중국어를 잘 못하는 걸 보면 중국인 애인을 사귀지 못해서 그렇다고 동의할 수도 있겠지만, 조선족에 대한 그들의 악의적인 생각에는 별로 동의하고 싶지 않다. 직원들은 그들이 한국인이든 조선족이든 한족이든 결국 회사의 경영자가 어떻게 경영하느냐에 따라 달라지기 때문이다.

지금까지 우리 회사도 수많은 조선족과 한족들이 입사했다가 떠나기를 반복했다. 아니, 그 횟수가 많이 줄어들었을 뿐이지, 지금도 직원들의 채용과 퇴사는 반복되고 있다. 공들여 뽑아 먹여주고 가르쳐서 이제 사람 구실 좀 할 수 있겠다 싶으면, 육 개월도 안 되어 월급을 더 많이 주는 회사로 쉽게 떠나버리니, 처음엔 이건 배신이라며 마음 아파한 적도 많았다. 그리고 중국에서 처음 맞이한 춘절(설날) 때는 고향에 갔던 직원들의 절반 정도가 회사로 돌아오지 않아 낭패를 겪은 적도 있었다. 한때 마음이 상했던 나는 두 번 다시 직원들에게 티끌만 한 정도 주지 않겠다고 다짐하기도 했었다.

그러나 『손자병법』의 '병세(兵勢)' 편에 나오는 '구지어세 불책어인(求之於

勢 不責於人'이란 말처럼, 승패의 원인을 기세에서 찾아야지 병사들을 탓하면 안 될 일이다. 또 '군쟁(軍爭)' 편에 따르면, 병사들은 원래 '조기예 주기타 모기귀(朝氣銳 晝氣惰 暮氣歸)'라 해서, 아침의 기세는 날카롭지만, 낮의 기세는 게을러지고, 저녁의 기세는 집으로 돌아갈 생각만 하기 때문에, 일이 잘못되어 가는 것은 병사들을 다루는 장군(리더)의 탓이지 병사들의 탓이 아닌 것이다.

직원들이란 그게 누구든 어차피 남을 사람은 남고 떠날 사람은 떠나는 게 아닌가 싶다. 결국 입장 바꿔 생각하면, 그 모든 이유는 직원들에게 장기적인 비전과 복지, 그리고 생활의 기본 터전이 될 급여를 만족스럽게 제공하지 못한 회사의 잘못이 아니고 또 무엇이겠는가? 결국은 직원 탓이 아니라 초창기에 안정적이지 못했던 회사 탓임을 나는 깨달았다. 그리하여 나는 마음을 바꿔 직원들에게 보다 나은 회사가 되기 위해 노력한 결과, 어려운 시기였던 당시 내가 직접 뽑았던 지린 성 조선족 출신인 김 대리, 윤 과장, 정 대리는 육 년이 지난 지금 모두 과장, 차장으로 승진하여 여전히 우리 회사를 굳건하게 지키고 있다.

나는 상하이에서 접촉한 용기 업체 리스트와 카탈로그를 김 대리에게 보여주고, 전화로 그들과 접촉해서 회사의 주력 브랜드로 키울 메이디커(美締可, BEAUTIQUE)의 기초 용기 견본을 받도록 하는 한편, 디자이너인 정 대리에겐 앞으로 메이디커 브랜드로 거래할 매장 간판과 쇼핑백 등의 CI 디자인을 하게 하였고, 엄 대리에겐 광저우에서 구해 온 용기를 바탕으로 메이디커 제품의 용기 디자인을 하게 했다.

디자이너에게 일을 시킬 때 매우 중요한 점이 하나 있다. 그것은 구체적인 디자인 브리프(Design Brief)를 하는 것이다. 대충 설명하고 알아서 디자인하라고 일을 시켰을 때, 결과물이 의도한 바와 다르게 나온다면 그동안의 시간과 노력을 낭비하는 꼴이 되기 때문이다. 한마디로 'Garbage-in, Garbage-out' 이란 말처럼 쓰레기를 넣으면 쓰레기가 나오는 것이다. 이는 요리사에게도 제대로 된 원재료를 주어야 훌륭한 먹거리가 나오는 것과 마찬가지일 것이다.

그렇기 때문에, 나는 엄 대리에게 구체적인 메이디커 브랜드의 콘셉트와 이미지, 기본 컬러 등을 설명해주었고, 브랜드 포지셔닝을 통해 브랜드의 가격대에 대해서도 자세히 이야기를 해주었다. 무엇보다도 여러 품목의 용기가 각양각색이니 그래픽으로 디자인 아이덴티티를 유지하는 것이 매우 중요함을 재차 강조했다.

또한 나는 메이디커 브랜드 하나에 의존하는 것도 부족할 듯싶어, 만일을 대비하여 한국 법인의 허 상무로 하여금 메이디커와 함께 판매할 신규 브랜드를 추가로 개발하도록 요청하였다. 허 상무는 앞서 얘기했다시피 우수한 품질의 희란을 개발하였으나 결국 인수 합병되어 한국 법인의 상품 개발 임원의 업무를 하고 있었다. 그러나 그녀는 매우 뚝심과 고집을 겸비한 사람으로서, 남의 말을 잘 듣지 않고 자기만의 고집으로 일을 추진하는 경향이 무척 강했는데, 특히 내 말 안 듣기로는 일등이 아니라면 서러워할 정도였다.

문제는 민 대표가 중국에 머물 때면 항상 허 상무에게 지시할 말을 직접 하지 않고 나를 통해 전달하는 것이다. 그래서인지 같은 상무이며 나이가 더 많은 그녀로서는 내 말을 듣는 것이 자존심이 상하고 싫었는지도 모르겠다.

이유야 어떻든 나는 대표이사의 말을 전달하는 사람이자 중국 법인의 사업 계획을 수립하고 실행하는 사람으로서 허 상무와의 공조가 매우 중요한 상황이었는데도 불구하고 허 상무와 마음을 맞춰나가기가 쉽지 않았다.

그래서 나는 허 상무를 완전히 배제하고 직접 한국의 김 사장과 메이디커 개발을 진행할 수밖에 없었다. 허 상무가 한국에서 제품 개발을 적극 지원해줬으면 더욱 좋았을 일이었지만 크게 도움이 되지 않는다는 판단으로, 김 사장이 제안하는 견본들을 직접 중국에서 받아서 계속 한중국을 오가며 품평하며 보완해나가는 일을 해야만 했다.

대신에 허 상무에게 메이디커와 다른 별도의 브랜드를 추가로 개발 요청한 것인데, 이런 점에서 허 상무는 기대에 부응하여 미백 기능성 제품라인을 훌륭하게 개발해주었다. 나는 이에 에델린이라는 브랜드 네임을 붙였다. 에델(Edel)은 독일어로 고귀하고 기품이 있다는 의미이며, 린은 발음 나는 대로 '사람 인(人)'을 의미하는 것으로, 한마디로 에델린은 우아하고 고귀한 사람을 의미한다. 이로써 메이디커보다 고가의 미백 기능성 화장품으로 포지셔닝된 에델린은 주력 브랜드인 메이디커를 보좌해주는 역할을 할 것이다.

그러나 허 상무의 기여도는 거기까지였다. 당시 모기업에서는 새로 생긴 화장품 회사에 관심이 높았다. 그래서 의료기 고객에게 화장품을 접목시켜보려고도 하였고, 한국 법인에 화장품 개발에 대해 이것저것 요구하는 것이 적지 않았다. 그럴 때면 나는 지금 그 일이 중요한 것이 아니라 중국에서 하는 우리 사업이 더 중요한 우선순위이니, 중국 법인 업무에 힘을 더 보태 달라고 요청을 하였지만 허 상무는 듣지 않았다. 허 상무는 모기업에서 요구하는 화장품이나 판촉 제품 개발에 더 관심을 쏟고 말았다. 그 결과, 팔지도 못하고 남는 재고가 원가로 수천만 원씩 쌓인 채로 창고에 방치되는 경우도 있어, 결국 나중에 일부는 내가 중국 법인 판촉용으로 매입하여 처리하기도 했다.

그런 식으로 행동한 허 상무는 결국 이 년 후에 한국 법인 임원에서 해임되고 말았다. 그때 내가 허 상무에게 안타깝게 위로하며 물어봤다.

"그러게 제가 몇 번 경고드렸잖아요. 민 대표님 지시를 따르라고. 그런데 왜 그리 안 했습니까?"

그러자 허 상무의 말이 가관이었다.

"그러게 제가 줄을 잘못 섰나 보네요. 나는 회장님이 원하는 걸 따랐다고 한 건데. 억울하네요."

그런데 그것이 과연 줄을 잘못 선 결과였을까? 중국의 고전 『대학』에는 '지소선후(知所先後) 즉근도의(則近道矣)'라 하여, 일의 선후를 아는 것이 바로 도(道)와 가까워지는 길이라 하였다. 세상의 모든 일에는 처음과 끝이 있고, 중요한 것과 그렇지 않은 것이 있다. 그 우선순위를 정하고, 먼저 해야 할 일과 나중에 해야 할 일을 결정하여, 직원들이 바르게 업무를 수행하도록 리더십을 발휘하는 것이 한 회사의 임원이 하는 중요한 역할이다. 그래서 임원을 중역(重役)이라고도 부르지 않는가? 그럼에도 불구하고 업무의 역할과 책임이 뭔지 모르고, 무엇이 중요한지를 모른다면, 그것은 오직 무책임이란 단어뿐이 남는 것이 없을 것이다.

3. 단체 사표 사건

메이디커 기초 제품 개발은 차곡차곡 진행이 되었다. 그러나 이 상무가 벌인 색조 개발은 난항에 빠졌다. 내가 예측한 대로 용기도 색상도 정해지지 않은 제품을 6월까지 론칭한다는 건 말도 안 되는 일이었다. 그리고 베이징 K사도 막상 일이 진행되니 처음과는 달리 K사 특유의 원리원칙을 앞세우며 일을 더디게 진행했다. 그리고 서 이사와 카이가 선정한 용기들도 계속 문제가 발생하였는데, 이는 광저우에서 직접 용기 생산 업체를 접촉한 것이 아니라, 도매상을 통해 여러 생산 업체의 용기들을 구입하였기 때문이다. 처음에는 도매상을 통해 여러 제품을 공급받으면 구매와 생산이 쉽게 풀릴 것 같아 보였지만, 계약이 체결되고 나중에 도매상이 용기 품질 관리에 대해서 나 몰라라 하게 되자, 큰 문제가 발생할 수밖에 없었다. 그리하여 색조 제품 개발은 용기고 내용물이고 진행되는 것이 하나도 없게 되었다.

그러자 이 상무는 영업하느라 출장 다녀야 해서 바쁘다는 핑계로 일의 책임을 슬쩍 나에게 떠넘겼다. 그런 그의 행태가 참으로 어처구니없는 일이었지만, 어느 정도 예견된 일이었기에 마지못해 일을 받아서 처음부터 재점검을 할 수밖에 없었다. 어쨌든 가장 중요한 건 이 상무가 맡고 있는 영업이 제대로 매출 실적을 일으키는 것이기 때문이다.

그러나 영업 실적은 제대로 나오지 않았다. 4월 창립 대회 때 가맹한 사람들로부터 더 이상의 재구매가 나오지 않았으며, 반짝 삼십만 위안(약 5400만 원) 정도 나왔던 실적은 바로 곤두박질쳐서 십만 위안 수준이거나, 아예 그보다도 못한 상태였다. 그래도 영업한다고 한 달의 반은 안후이 성과 장쑤 성에서 살다 오면서 수백만 원씩 출장비를 쓰는 이 상무와 문 이사를 보면 나는 점점 더 속이 타들어가기만 했다.

이렇게 노심초사하며 마케팅 계획과 제품 개발 및 회사 조직 세팅에 여념이 없었던 나는 6월 찌는 듯한 초여름의 날씨에 덜컥 감기몸살이 걸리고 말았다. 그동안 너무 과로했다고 몸이 신호를 보내고 만 것이다. 나는 오전에 간신히 출근하였으나 더 이상 견디지를 못하고 윤 과장의 안내로 근처 동네 의원으로 갔다. 말이 의원이지, 의료원이라고 쓰여 있는 그곳은 내가 상상했던 한국의 의원이 아니었다. 소독약 냄새 대신에 퀴퀴한 냄새가 났고, 때가 구질구질한 하얀 가운을 입은 의사는

감기몸살로 병원에 갔을 때의 필자.

의사가 아니라 공부 좀 하다 만 의대생 같았으며, 침대는 지저분하고 냄새가 나서 누워 있기도 싫었다. 그러나 어쩌랴. 나는 이러다 오히려 나쁜 병에 감염되는 건 아닌가 걱정하며, 눈을 질끈 감고 억지로 침대에 누워 각종 항생제와 소염제가 칵테일 된 독한 링거를 맞으며 잠이 들었다.

약 한 시간이 지나자, 링거 하나를 더 넣으러 사람이 들어왔다. 나는 하염없이 무저갱(無底坑)으로 떨어져가는 듯한 몽롱한 가운데서도 내심 불안한 마음을 감추지 못하며 잠이 들었다 깼다를 반복했다. 그렇게 또 잠이 들었다가 깨어났을 때는 두 시간이 훌쩍 지났을 때였다. 때마침 약도 다 들어가고, 윤 과장이 보낸 운전기사가 나를 기다리고 있었다. 약효 때문인지 잠을 깊이 잔 덕분인지 아침에 출근했을 때보다는 몸이 한결 가벼워진 것 같았다. 나는 회사로 복귀하려고 차에 오르는 중에 문득 이 상무와 송 부장이 의원 옆에 있는 치킨집으로 들어가는 것을 보았다.

'구내식당에서 식사를 안 하고 무슨 점심을 통닭집으로 가나? 이게 무슨 일이지? 대낮부터 술 마실 일이라도 있나?'

나는 따라 들어가고 싶은 마음이 굴뚝같았으나, 몸 상태가 썩 좋지 않아 마음속에 비릿한 의심을 남긴 채 회사로 돌아왔다. 그러자 내가 돌아오기만을 기다렸다는 듯 민 대표가 나를 불렀다.

"신총, 이게 뭔지 아나?"

민 대표는 한 무더기의 하얀 봉투를 내게 보여줬다.

"글쎄요? 이게 웬 봉투들이죠?"

"허 참, 기가 막혀서. 이 사람이 하다하다 이젠 별의별 농간을 다하네."

민 대표는 어의가 없다는 듯이 말을 하였지만, 입가에는 회심의 미소가 어려 있었다.

"이게 모두 사직서야. 이 상무가 자기 밑의 과거 리화 직원들의 단체 사표를 가지고 들어왔어."

"네? 단체 사표요?"

나는 깜짝 놀라 수북이 쌓여 있는 봉투들과 민 대표의 표정을 번갈아 살펴보며 되물었다.

"그렇잖아도 병원 다녀오면서 이 상무와 송 부장이 치킨집으로 들어가는 걸 보고 이상하다 했습니다."

"아, 그들을 봤어?"

"네. 근데 송 부장 것도 있나요?"

"응? 아니. 다들 사표를 내고 나가기에 내가 송 부장을 일부러 딸려 보냈지."

"그렇군요. 근데 이 상무는 또 뭔 일이랍니까?"

이 상무는 이미 두 번이나 사표를 내며 감언이설로 민 대표를 속인 바가 있었다.

"이번에도 또 사표를 가져오길래 반려하지 않고 일단 다 받았어. 예전에 돌려주거나 찢어버린 게 실수였거든. 이 안에 그들 사표가 다 있어. 이 상무가 한 움큼 사표를 손에 들고 오며 직원들이 모두 그만두겠다고 한다길래, 내가 보자고 달라고 했더니, 이 상무가 오히려 손에 꽉 쥐고 안 주려고 하는 거야. 그래서 내가 이 봉투들을 억지로 붙잡고 잡아 뺐지. 그랬더니 이 상무가 오히려 당황하더라고. 내가 진짜로 이 사표들을 다 받을지 몰랐나보더군."

"어휴, 그러다 다들 그만두면 어떡하죠? 한두 명이 아닌데 말이죠?"

나는 다소 걱정스런 말투로 민 대표에게 말했다.

"내가 낌새를 보니, 이 상무가 엄포만 내려고 가져온 건데 내가 받아버리니까 놀라는 표정이었어. 그런 걱정은 말게. 절대로 그만둘 것 같지는 않으니."

"하지만, 사장님. 이 상무 말입니다. 도대체 무얼 하는지 매번 출장비만 날리고 실적은 나오지 않습니다. 게다가 사무실에 와도 자리에 있지도 않고, 맨날 바쁘다며 이 사람 저 사람 만나면서 접대비도 매월 한도를 꽉 채워 씁니다. 오천 위안이면 중국 직원 두 명의 월급입니다. 계속 저렇게 놔두실 겁니까?"

"나도 알아. 그래서 이번엔 사직서를 돌려주지 않고 내가 받아놓은 거야. 기회를 봐서 이거 다 처리해버릴까 생각 중이거든. 신총, 그런데 진짜로 그리 되면 우리 일에 큰 지장은 없을까?"

"사장님, 이미 영업부에서는 실적이 거의 나오지 않고 있습니다. 이젠 판을 다시 짜야 합니다. 이 상무가 영업부로 데려간 저 리화 출신들은 몇 명 빼고는 없어도 상관없습니다. 이미 영업을 제외한 관리 부문은 다 세팅되었으니, 제가 영업에 시간을 할애할 수도 있습니다."

"그래? 그런데 진짜 신총이 영업할 수 있겠어? 넌 영업 경험이 없잖아."

"경험이 없긴요? 한국에서 영업도 꽤 했었습니다. 지금도 할 수 있고요. 단지 지금 한창 진행 중인 메이디커 개발과 재무회계 쪽의 일을 제가 병행하면서 영업에 집중하긴 힘들 테니, 한국에서 재무팀장 한 명만 지원을 받으면 될 것입니다."

"아냐. 지금은 그 일이 더 중요해. 어차피 이미 망가진 영업은 천천히 구축해 나가자고. 일단 제대로 팔 만한 제품도 없으니, 제품이 먼저 있어야 영업을 하더라도 할 수가 있지 않겠나? 영업에 대해서는 내가 또 다른 생각도 있고."

"어떤 복안이 있으신가요?"

"내가 아는 친구 동생이 중국에서 오래전부터 영업을 하고 있다고 하거든. 그 동생을 우리 회사로 데려오면 어떨까 싶어."

"그렇습니까? 근데 어떤 사람이지요?"

나는 또 이 상무 같은 사람이 올까봐 덜컥 걱정이 앞섰다.

"그건 나도 모르지. 그러나 그 형을 보면 동생도 알지 않을까?"

"그래도 형만 한 동생 없다는 말도 있는데요."

"그건 그렇지만, 형이 아주 훌륭한 사람이란 말이야. 그럼 나중에 이 상무 없을 때 면접 한번 보자. 내가 이곳 칭다오로 부를 테니, 신총은 상관하지 말고 가만히 있어봐. 내가 다 알아서 할 테니."

"네. 잘 알겠습니다. 이게 위협이 아니라 새로운 기회가 되었으면 좋겠습니다."

나는 민 대표에게 마음속 바람을 남기고 방을 나왔다.

그날 낮술을 한 이 상무와 부하 직원들은 퇴근 시간이 다 되어 슬금슬금 들어왔다. 내가 송 부장을 불러 무슨 일이 있었는지 자초지종을 듣는 동안, 이 상무는 벌게진 얼굴로 민 대표의 방으로 들어갔다.

"송 부장, 그래 화창한 날에 낮술하며 어땠어?"

나는 송 부장에게 살짝 가시 돋친 말투로 비꼬듯이 물었다. 그동안 송 부장이 그들과 동화되어 어울린 것이 못내 못마땅하였기 때문이다.

"한마디로 울음바다였습니다."

송 부장도 내 낌새를 눈치챈 것인지, 아니면 사태가 이 지경이 되도록 자신이 무엇 하나 제대로 한 게 없다고 생각했는지, 침울하게 낮은 목소리로 대답했다.

"울긴 왜 울어? 당당히 사표 쓰고 나간 사람들이?"

"근데 그게 직원들 전체의 의견은 아니었나봐요. 대부분은 서 이사와 서 부장 눈치 보다 등 떠밀려 사표를 낸 것 같습니다."

"그래서 어찌하겠대?"

"다들 진짜로 사표를 받을 줄 몰랐다가 무척 난감해하고 있습니다. 총경리님이 잘 좀 달래주셨으면 좋겠어요. 그들 중 몇몇은 진짜로 필요한 사람들입니다."

"이 상무와 서 이사는 뭐라 하던가?"

나는 선처를 바란다는 송 부장의 말을 무시하며 이 상무 쪽으로 초점을 돌렸다.

"이미 사장님실에 들어갔잖습니까? 아마도 잘못했다고 빌 것 같습니다."

"뭘 잘했다고. 일을 이 지경으로 만들어놓고 말이야."

"총경리님도 아시잖아요. 이 상무가 욱하는 성격이 있는 거."

"부하 직원들이 사표 쓴다고 해도 뜯어말려야 하는 사람이 바로 임원이라는 사람이야. 임원은 더 이상 직원이 아니라 경영층에 속한 사람이라고. 그런 사람이 직원들을 선동해서 단체 사표나 내게 하다니."

"아니, 이 상무가 선동한 것 같진 않습니다."

송 부장은 그래도 이 상무를 두둔하며 내게 변명을 했다. 나는 그런 송 부장에게 화가 치밀어 올라 언성을 높이며 말했다.

"선동을 했든 안 했든, 설사 안 했더라도 부하 직원들이 단체 사표를 낸 걸 모아서 쪼르륵 달려가 사장님에게 제출하는 것이 임원이란 말인가? 뭘 보여주겠다는 거지? 자기 아니면 애들 다 그만둘 수 있다고 파워 게임 하는 건가? 앞에서 선동한 놈보다 뒤에서 부추긴 놈이 더 잘못했어!"

내가 소리를 버럭 지르자, 송 부장은 더 이상 이 상무를 두둔하는 얘기를 해 봤자 소용이 없다는 것을 알았는지 입을 다물어버렸다. 그리고 한동안의 침묵을 깨고, 다소 화를 식힌 내가 말을 이었다.

"송 부장, 제발 좀 이 상무에게 속아 넘어가지 마. 볼록한 어항에 담긴 금붕어를 보이는 대로만 보면, 무척 큰 것처럼 왜곡되어 보게 된단 말이야. 그러니 어항 위에서 그 물속을 내려다보든가, 아니면 직접 금붕어를 꺼내 보려는 노력을 하라고. 듣고 보이는 게 전부 사실이 아닐지 모르는 거야. 진정한 실재를 파악하려면 그 사람의 내면을 진실되게 바라봐. 그가 어떤 행태를 하고 다니는지도. 문 이사 만나서 이 상무에 대해 얘기도 좀 들어보라고. 나도 더 이상 너랑 이 상무 얘기는 하고 싶지도 않다. 그만 나가 봐."

"네, 알겠습니다. 그런데 총경리님, 애들 꼭 선처 바랍니다. 그 애들 없으면 그나마 우리 업무는 제대로 돌아가지도 못하지만, 진짜 의도해서 사표 낸 애들은 그리 많지도 않습니다. 꼭 부탁드립니다."

송 부장은 마지막으로 직원들만은 사표 수리를 하지 않기를 간곡히 당부하며 방을 나갔다. 그새 민 대표와 이야기를 끝낸 이 상무는 나 보기가 민망했는지 곧장 자기 방으로 들어갔다. 그러자 민 대표가 다시 나를 불렀다. 민 대표의 탁자에는 두둑이 쌓인 문제의 편지봉투들이 널려 있었다.

"사장님, 어떻게 되었습니까?"

"이 상무는 이번에 사표를 안 썼더구먼. 여기에 없어."

"네? 그럼 이건 다 직원들 건가요?"

"그래. 자기는 사표를 같이 낸 게 아니라 직원들 것을 전달만 한 거고, 직원들을 설득하기 위해 같이 따라 나간 것이라고 하네."

"그럼 이 상무는 그만두겠다는 것이 아니군요."

나는 억장이 무너지는 듯한 실망에 절로 한숨을 내쉬었다.

"후유, 그래도 이런 일은 직원들 관리를 제대로 못한 이 상무 책임 아닙니까?"

"당연하지. 임원이 이런 거 하나 막지 못하고 내게 그대로 전달한 것부터 큰 잘못이지. 어쨌든 이번에도 또 눈물지으며 빌길래 용서는 해주었지만, 사표들은 돌려주지 않았어. 내가 계속 가지고 있을 거라고 했지."

"사장님, 그럼 제 생각인데 말이죠."

나는 잠시 생각을 정리한 다음에 말을 이었다.

"순망치한(脣亡齒寒)이란 말이 있습니다. 입술이 없으면 이가 시리다는 뜻이죠."

"갑자기 순망치한이 뭔 말인가?"

"중국 춘추시대 말엽, 진(晉)나라 헌공은 괵나라를 공격할 야심을 품고 있

있는데, 그러려면 우나라를 통과해야 해서, 우나라 왕에게 그곳을 지나갈 수 있도록 허락해달라고 요청했답니다. 그러자 우나라의 궁지기(宮之奇)라는 신하가 그 속셈을 알고 우왕에게 간언하기를, 괵나라와 우나라는 한 몸이나 다름없는 사이라 괵나라가 망하면 다음엔 우나라가 망할 것이라며, 입술이 없어지면 이가 시리다, 즉 순망치한(脣亡齒寒)이라고 했답니다. 이는 바로 괵나라와 우나라의 관계를 말한 것으로써, 결코 길을 내주어서는 안 된다는 것이었죠. 그러나 뇌물에 눈이 먼 우왕은 말을 듣지 않고 길을 내주어서 진나라는 괵나라를 정벌하고 돌아오는 길에 우나라도 정복하고 말았지요."

"그래서 그게 어떻단 말이지?"

성격이 급한 민 대표는 내 말의 의도가 무엇이냐며 서둘러 물었다.

"그러니까 이 상무의 위아래 입술들을 떼어내어 이가 시려 꼼짝도 못하게 하자는 것이죠. 우두머리를 바로 잡기 힘들면 그의 수족부터 자르는 것입니다. 제가 보니 실제로 이 상무의 모든 업무는 두 명의 서씨 자매들이 다 해주고 있습니다. 서 이사, 서 부장을 자르면 이 상무는 이곳에서 아무 일도 하지 못합니다. 게다가 송 부장 얘기를 들으니, 이번 단체 사표 사건도 대부분의 직원들은 서 부장 눈치 보느라 하기 싫은데도 어쩔 수 없이 동참한 것 같더군요. 어쩔 수 없었던 직원들에겐 선처가 필요하나, 이를 선동한 주동자인 서 부장과 서 이사는 용서할 수가 없습니다. 이 상무는 사장님이 알아서 하시더라도 직원들은 제게 맡겨주시기 바랍니다."

"그거 일리 있는 말이군. 그럼 그렇게 해보게. 나는 나대로 준비해볼 테니."

"네, 알겠습니다. 그럼 이만 나가보겠습니다."

이제 칼자루는 내가 쥐게 되었다. 나는 어떤 구실로 서 이사와 서 부장을 내보낼지 곰곰이 생각해봤지만, 지금 당장보다는 일단 이 사태를 조용히 무마시키는 것이 좋겠다고 생각했다. 무엇보다 먼저 격앙된 직원들을 달래는 것이 우선이었다.

한편, 이 상무는 뭐가 그리 바쁜지 오늘따라 방에 틀어박혀 나올 생각도 하지 않았다. 나는 퇴근하며 그의 방을 슬쩍 들여다봤는데, 그는 웬일인지 자리에 앉아 컴퓨터로 무슨 서류 작업을 하는 데 여념이 없었다. 나는 못내 궁금하여 슬쩍 그의 방을 노크하며 퇴근 인사를 했다.

"퇴근 안 하세요? 전 이만 퇴근합니다."

"아, 네, 전 좀 할 일이 남았네요. 먼저 들어가세요."

"갑자기 뭔 일이 있나요? 야근도 하시고."

"오늘 오후에 제대로 일을 하지 못해서요. 먼저 들어가세요."

"네. 그럼 전 몸도 좀 안 좋고 해서 오늘은 이만 일찍 들어갑니다. 수고하세요."

나는 그가 뭔 일을 하는지 궁금하였지만, 개의치 않았다. 이미 대세는 기울어졌고, 민 대표의 마음속에 이 상무는 더 이상 없기 때문이었다. 아침부터 힘든 몸이었지만, 마음은 유난히 가벼운 퇴근길이었다.

이 상무는 이대로 있다간 안 되겠다 싶었다. 이번에는 자신이 경솔하게 무리수를 두었다는 것이 못내 아쉬웠다. 민 대표가 직원들의 사직서를 빼앗아 갈지 몰랐기 때문이다. 그는 나에 대한 직원들의 불만을 뒤에서 슬쩍 조장해

왔는데, 결국 사사건건 경비 하나하나를 모두 통제하고 있는 나 때문에 더이상 일을 못하겠다며 서 이사가 앞장서서 직원들의 사직서를 단체로 걷어오자, 내심 쾌재를 불렀다가 그만 낭패를 당하고 만 것이다.

이 상무는 내가 자신을 부동사장으로 인정하려 들지 않으며, 회사의 서열두 번째인 자신이 결재한 품의서조차도 나의 사인 없이는 돈이 나가지 않자, 부동사장으로서 체면이 말이 아니었다. 그는 내가 재무 팀을 장악하고 있는한, 자신이 하려는 모든 것은 계속 방해를 받을 것이라 생각했기 때문에, 색조 제품이 못 나오고 영업이 지속되지 못하는 이유가 전부 내가 자금을 통제하며 방해하기 때문이라고 직원들에게 속삭여왔다.

또한 그는 내가 어마어마한 급여를 받으면서도 방 한구석을 차지한 채, 부동사장인 자신의 명령을 어기고 오히려 일을 방해하고 있어, 이대로 그냥 놔뒀다가는 어렵게 살린 회사가 또 다시 망할지도 모른다며 직원들을 꼬드겼다. 그리하여 전 동사장이었던 이 상무에 대해 맹목적이었던 직원들은 점차그의 말이 모두 사실이라 생각하게 되었는데, 이는 사실 그들이 보기에도 부동사장이 사인한 결재를 내가 집행하지 못하도록 하는 모습이, 마치 위아래도 없이 일을 내 멋대로 하는 것으로 보였을 것이다. 그들은 전결 규정에 의해 이 상무가 규정 이상을 집행할 경우에는 동사장인 민 대표의 결재도 득하고, 나의 합의 사인도 반드시 받아야 한다는 사실을 제대로 알지도 못했다. 나는 직원들이 매번 지출 승인서를 받을 때마다 그런 사실을 주지시키며 반려했지만, 그들 눈에는 이 모든 것이 나의 농간으로 보였을지도 모르는 일이었다.

이렇게 시작된 불만이 쌓여 벌어진 단체 사표 사건으로 이 상무는 이번엔 확실히 나를 몰아낼 수 있을 것이라 생각했다. 직원들이 나 때문에 사표를 단체로 냈다는 것은 분명 나의 큰 과오에 대한 명백한 증거라 생각했기 때문이다. 이 점이 그를 아무 생각 없이 사표를 들고 무작정 민 대표의 방을 두드리게 한 것이다. 그러나 그 결과는 참혹했다. 그는 이 모든 것이 자신이 좀 더 신중하게 준비하지 못한 탓이라고 생각했다. 그래서 그는 그동안 자신이 생각했던 회사의 미래 방향과 조직 구조를 새롭게 그려, 민 대표를 설득해보기로 했다.

쇠뿔도 단김에 뽑으라고, 지금 상황에서 시간을 질질 끌면 안 되겠다는 생각에, 그는 모처럼 야근을 하며 열심히 보고서를 만들었다. 그리하여 보고서가 프린트 되어 나오자, 그는 흡족해하며 다시 한 번 자료를 자세히 살펴보았다. 거기에는 이 상무가 아닌 미래의 중국 법인 동사장인 이 부사장이 있었으며, 나의 이름 석 자는 눈을 씻고 봐도 없었다.

그러나 그는 민 대표가 대기업 사원으로 입사하여 부사장에 오르기까지 얼마나 많은 고초를 당해왔으며, 수도 없는 정치 싸움을 극복하며 철저하게 실적과 수치로 승부했던 사람이었다는 것을 모르고 있었다. 그렇기 때문에 민 대표가 그런 정치적인 그림으로 절대 넘어갈 사람이 아니란 점도 전혀 알지 못하였으며, 더욱이 그동안 그에게 너무도 관대했던 민 대표의 마음이 이미 그에게서 무척 많이 멀어져 있다는 사실을 상상조차 하지 못하고 있었다.

다음 날 아직 몸살기가 남아 있던 나는 평소보다 한 시간 늦게 출근했다.

내가 회사에 왔을 때 이미 이 상무는 이른 아침부터 민 대표의 방에 들어가 있었 다. 나는 다시 송 부장을 불렀다.

"오늘은 또 뭔 일인가?"

"그러게요. 저도 잘 모르겠습니다. 어제 문 이사와 술 좀 마시느라 저도 간신히 출근 시간에 맞춰 나왔거든요. 그땐 이미 이 상무가 사장님 방에 들어가 있었습니다."

송 부장이 입을 슬쩍 가리며 말을 했어도, 아직 입에서 술 냄새가 푹푹 풍겨나왔다. 송 부장도 어제 무척 괴로운 시간을 보내며 술과 씨름하였구나 하고 나는 짐작할 수 있었다.

"문 이사와는 모처럼 좋은 시간을 가졌나?"

나는 무척 궁금하다는 표정으로 송 부장의 안색을 살폈다.

"네. 그리고 총경리님, 아무래도 제가 잘못한 것 같습니다. 그동안 죄송했습니다."

"뭐가? 송 부장이 뭘 잘못했다고. 매사에 늘 열심히 일해줘서 내가 얼마나 고마워하는데."

"어제 문 이사 통해 얘기 많이 들었습니다. 사실 놀라운 건 이 상무가 그동안 문 이사에게 저의 험담을 너무 많이 했다는 사실입니다. 제가 얼마나 이 상무를 측은히 생각해서 잘해주려고 했는데 말입니다. 아마도 이 상무가 한 총경리님에 대한 험담들도 다 저의 경우처럼 지어내고 과장된 것이 아니었나 싶습니다."

"어휴, 그걸 이제야 알았니? 하긴 누굴 탓하겠냐! 나도 한때는 이 상무에게

혹하고 넘어갈 뻔했고, 산전수전 다 겪은 사장님조차 그리 넘어갔었으니."

"뭐라 할 말이 없습니다. 죄송합니다."

송 부장은 계속 고개를 들지 못한 채 서 있었다. 나는 송 부장을 소파에 앉게 한 후, 이 상무가 송 부장과 나 사이를 이간질하기 위해 내게 했던 말들과 민 대표에게 한 얘기, 직원들에게 어떻게 했는지도 말해주었다. 그렇게 긴 이야기를 끝내며 나는 송 부장을 따뜻하게 바라보며 말했다.

"송 부장, 사기(詐欺)와 전략의 차이가 무엇인지 아니? 그건 바로 근거가 있느냐 없느냐의 차이야. 사실 근거가 없는 기획이나 전략도 모두 사기 치는 것이나 다름없어. 사기를 친다는 것도 어쩌면 미래에 대한 기대 심리를 이용하여 선투자를 받는 사업이잖아? 단지 법적인 것과 불법적인 것의 경계선상에서 그 계획이 근거가 있는 것인가 아닌가의 차이일 뿐이야. 물론 사기꾼들도 사람들을 속이기 위해 거짓 정보로 포장된 그럴싸한 근거들을 보여주어, 많은 사람들이 그걸 쉽게 믿고 피해를 겪는 게 현실이야. 하지만 좀 더 깊이 있고 논리적인 마인드를 가지고 있는 사람이라면 그 근거들에서 허점을 발견할 수 있을 거야. 중요한 건, 거짓은 또 거짓의 꼬리를 만들어내어 결국은 들통나게 되어 있고, 진실은 밝혀진다는 사실이야. 이미 사장님도 진실의 눈을 뜨게 되셨고 너도 사실을 알게 되었으니, 우린 앞으로 이 총체적인 난국을 함께 잘 헤쳐나갈 수 있다고 생각된다."

"네. 알겠습니다. 앞으로 좀 더 신중하게 판단을 하겠습니다. 그럼 이만 나가보겠습니다."

나는 힘없이 방을 나가는 송 부장의 뒷모습을 바라보며 말했다.

"송 부장! 직원들 사표는 수리하지 않기로 했으니 걱정하지 말고, 나중에 다시 얘기하자."

"네? 아, 감사합니다."

송 부장은 주춤주춤 뒤를 돌아보며 다시 한 번 꾸벅 인사를 하더니 자기 자리로 물러났다. 나는 드디어 하늘이 모두 내 편으로 돌아선 것만 같아 마음이 후련했다. 고진감래(苦盡甘來)라고 하기엔 너무 이른 시기였지만, 그간 고생한 것에 대해 보상을 받는 느낌이 들었다.

이른 아침부터 이 상무는 쭈뼛거리며 민 대표의 방으로 들어갔다. 그러고는 대뜸 서류를 내밀었다. 민 대표는 한참 동안 서류를 바라보며 미간을 찌푸렸다. 어제 그런 수난을 당했는데도 이 상무의 머릿속에는 오직 이 회사의 동사장 자리를 다시 차지하려는 생각뿐이 없다고 그는 생각했다. 민 대표는 이젠 더 이상 이 상무만을 믿고 영업을 기대할 수가 없겠다는 생각이 확신으로 더욱 굳어졌다. 그는 긴 침묵을 깨고, 주인의 눈치를 살피고 있는 고양이마냥 눈을 이리저리 굴리고 있던 이 상무를 바라보며 아무 일도 없었다는 듯 태연하게 입을 열었다.

"그래서 자네가 동사장이 되겠다고? 그럼 나는?"

"네. 그건 몇 년 후의 일이지만, 그때 되면 사장님은 한국으로 귀국하셔서 편히 지내셔야죠."

"그러면 신 상무는 어떻게 할까?"

"사장님, 여긴 제가 맡아서 다 할 수 있습니다. 인건비도 높은 신 상무가 더 이상 있을 필요는 없죠. 저에게 모두 맡겨주십시오. 제가 분명 전국적인 조직으로 키워보겠습니다."

"하지만 자네는 영업하기도 바쁠 텐데, 제품 개발에 마케팅에, 게다가 재무회계까지 어찌 다 하겠나?"

"사장님도 아시다시피 제가 이미 한 회사를 경영했던 경험이 있지 않습니까? 다 잘할 수 있습니다."

"그건 직원 몇 명도 안 되는 아주 작은 구멍가게 같은 회사였을 때이고, 내 꿈은 그리 작지가 않다네. 게다가 신 상무는 대리 시절부터 내가 마케팅을 가르치며 키운 사람이야. 수많은 후배들 중에 대한민국에서 딱 한 명, 내가 이곳으로 함께 데려온 사람이 신 상무인데, 내가 어찌 내보낸단 말인가?"

"하지만 여긴 중국입니다. 그리고 신 상무는 중국 경험이 없어서 오히려 제 일에 방해만 됩니다. 없는 게 제일 좋지만, 안 된다면 제가 진정한 부동사장으로 인정받을 수 있도록 저를 부사장으로 승진시켜 주시고, 신 상무는 제 밑에서 관리 업무만 하는 걸로 바꿔주십시오."

"참으로 답답하군. 그깟 호칭이야 마음대로 한다고 해도, 어디 임원 승진이 나 혼자 마음대로 결정할 수 있는 건가? 이건 모기업 경영진들과 회장님 승인을 모두 받아야 하는 일이란 말이야."

민 대표는 이 상무를 당장 내쫓고 싶은 마음이 굴뚝같았으나, 그가 어디까지 가나 들어보자는 생각에 울화를 꾹 참고 말을 이었다.

"그리고 부사장이 되면, 연봉은? 연봉은 올려주지 않아도 상관없나?"

"사장님, 솔직히 지금 상무보 연봉 정도 받을 거였으면 전 이 사업을 시작하지도 않았습니다. 제가 원하는 수준에는 턱없이 부족합니다. 분명 중국에서 일등 화장품 회사를 만들 테니, 신 상무가 빠지는 만큼 제 연봉을 오십 퍼센트 정도 올려주시면 좋겠습니다. 그런 만큼 일도 더욱 열심히 하겠습니다."

이 상무의 황당하고도 뻔뻔한 말에 민 대표는 더 이상 참지 못하고 폭발하고 말았다.

"뭐라고? 연봉을 오십 퍼센트나? 이런 어이없는 사람을 다 봤나? 이봐, 이 상무! 지금 자네가 이 회사에 들어와서 사 개월 동안 한 일이 뭔가? 지금 매출 실적이 얼만지 알고나 하는 말이야?"

"그건 신 상무가 사사건건 자꾸 방해를 해서 중요한 색조 제품도 못 나오고 해서……."

"다른 변명하지 마! 그게 어디 신 상무 때문이야? 다 자네가 잘못한 탓이지. 우리가 인수한 리화 제품으론 왜 못 팔아? 그거로 여태껏 잘 팔아왔다며? 안후이 성에 이백 명의 영업 조직이 있다며? 그런데 지금 실적이 왜 이 모양이야?"

"그건 제가 이번에 출장 가면 금방 실적이 나올 것입니다. 걱정하지 마십시오."

이 상무는 갑자기 돌변한 민 대표의 언성에 금방 기가 죽어 변명하기에 급급했다.

"그럼 오늘이라도 당장 안후이 성에 내려가서 실적을 만들어 오란 말이야. 그리고 실적 내기 전까진 올라올 생각도 하지 말라고. 알았나? 당장 나가!"

"하지만 사장님, 너무 그렇게 심하게 몰아붙이시면 저도 일하기 힘듭니다.

일을 만들 수 있는 시간과 기회를 주셔야죠. 그렇지 않으면 저도 회사를 계속 다닐 수가 없습니다."

민 대표는 이 상무 입에서 회사를 다닐 수 없다는 말이 또 나오자, 옳다구나 싶었다.

"자네 툭하면 그만두겠다고 하는데, 이젠 그 말 듣는 것도 신물이 나는구면. 내 분명 말하겠는데, 앞으론 내 앞에서 그 말 다시는 꺼내지도 마. 알았나? 그리고 진짜로 그만두고 싶으면 그냥 조용히 떠나라고. 내게 인사할 필요도 없으니 그냥 가버리라고. 내가 서운해하지도 않을 테니, 나 없을 때 조용히 와서 짐 싸서 나가! 사내대장부가 칼을 뽑았으면 뭐라도 하나 하는 게 있어야지, 말만 번지르르해서 자네가 도대체 한 게 뭐냔 말이야?"

이 상무는 더 이상 아무 말도 못하고 하얗게 질린 채 민 대표의 방을 나왔다. 나는 그보다 먼저, 온 사무실에 울려 퍼진 갑작스런 민 대표의 호령에 깜짝 놀라 얼른 밖으로 나왔다. 사무실 안은 정적이 흐르고, 직원들은 책상에서 고개도 못 든 채 서로 눈치만 보고 있었다. 지금까지 이런 호통 소리가 한 번도 없었던 터라, 중국인 직원들은 불똥이 자기들에게도 튈까 봐 좌불안석(坐不安席)이었다. 나는 얼른 짧은 중국말로 별문제 아니라며 "메이원티(沒問題)"를 연신 말하며 직원들을 안정시켰다. 그때 당황하며 방을 나오는 이 상무의 등을 바라보며 나는 살며시 미소를 지었다. 지금까지 경험상, 민 대표가 저 정도 화를 내고 나서 오래 버틴 임직원은 아무도 없었기 때문이다.

이 상무는 자기 방으로 돌아오자마자 최근에 새로 뽑은 통역을 불러 급히 출장 품의서를 쓰게 했다. 실적이 제대로 나올 때까지 안후이 성에 한 달 동안 있겠다는 품의서에는 이만 위안에 육박하는 비용이 적혀 있었다. 들어온 지 이제 이 주일뿐이 되지 않은 통역은 난감해하며 나의 사인만을 기다리고 있었다. 나는 한참을 뚫어지게 그 품의서를 바라보다가 결국 합의란에 사인을 하고 나서, 서류를 들고 민 대표의 방문을 두드렸다.

민 대표는 기다렸다는 듯이 내가 들어오자마자 마치 억울한 사람이 그동안 쌓인 한을 다 털어놓듯이 하소연을 했다. 민 대표는 방금 이 상무와 있었던 일들을 자세히 설명하며, 나중에는 진짜 살다가 별일을 다 본다는 둥, 중소기업 사장하기 진짜 힘들다는 둥, 매일 신경 쓰여서 밤에 잠도 못 자겠다는 둥, 그간 힘들었던 점을 내게 모두 쏟아부었다. 나는 그동안의 일들이 주마등처럼 떠올랐다. 중국이란 외딴 곳에 갑자기 떨어져, 위아래로 고립된 채 사 개월을 고군분투(孤軍奮鬪)했던 나의 고난 또한 민 대표의 투정 속에 하나의 영상처럼 투영되어 나타났다가 이내 사라지기를 반복하였다. 그렇게 나는 근 한 시간 동안 민 대표의 하소연을 들어준 후에야 비로소 이 상무의 출장 품의서를 내밀었다.

"이건 뭔가?"

"이 상무가 안후이 성으로 출장 가겠다고 합니다. 그런데 이번엔 기간이 꽤 길어서 비용이 많습니다. 어떡할까요?"

"얼마인데?"

"이만 위안 정도로, 한국 돈으로 약 삼백육십만 원입니다."

"뭐가 그리 많나?"

"거의 한 달간이라 숙박비, 식비, 유류비 등을 합하면 그 정도 나옵니다."

민 대표는 품의서를 한참 바라보다가 말했다.

"알았어. 안후이 성이든 어디든 가보라고 해. 어느 정도 성과를 가져오는지 두고보자고."

민 대표는 아직 분노가 가시지 않은 듯 입에 힘을 주어 말하고는, 품의서에 크게 사인을 했다.

드디어 이 상무가 없는 한 달간, 내게 소중한 기회가 왔다. 기회라는 것은 어느 날 거창하게 운명처럼 찾아오는 것이 아니라, 이렇게 작은 우연처럼 오는 경우가 많다. 나는 이 기회를 반드시 살려, 거대한 기회의 땅, 중국에서 우리 회사가 바로 설 수 있는 초석을 세워야만 한다. 그것이 내가 지금 이곳에 굳게 서 있는 존재의 이유이기 때문이다.

4. 앓던 이를 뽑다

"뭐라고? 그게 말이나 돼?"

"베이징 K사에서는 도저히 생산을 할 수가 없다고 합니다."

"그래도 그렇지, 세상에, 팔십 퍼센트가 뭐야, 팔십 퍼센트가. 혹시 이십 퍼센트를 잘못 들은 거 아냐? 서로 바뀐 게 아니냐고?"

"아닙니다. 분명 불량률이 팔십 퍼센트라고 합니다. 저도 너무 놀라서 몇 번 다시 확인한 것입니다."

"그래서 K사는 어떻게 하겠대?"

"포장재를 전부 해당 업체에 돌려보내겠답니다."

"그거 지난번에 네가 광저우까지 가서 미리 품질 검사한 거 아닌가? 그래서 돈도 지급한 거고."

"네. 그랬습니다만, 그게……."

"지금 당장 그 업체랑 통화해봐. 도대체 어떻게 된 일이야?"

"통화를 이미 했습니다. 그런데 업체에선 이상 없다고만 반복합니다. 지금까지 다른 중국 회사와는 모두 문제없었던 것인데, 오히려 우리 품질 기준이 너무 까다로운 거라며, 이런 식으로 하면 다시는 우리와 거래 안 하겠다고 말할 정도입니다."

"그래도 다시 한 번 잘 설득해봐. 우리랑 거래하며 품질을 더 올리는 것이 장기적으론 더 좋은 일이라고. 그래야 앞으로 더 큰 회사와도 거래할 수 있는 것이라고."

"네. 다시 통화해보겠습니다."

지난 4월에 광저우에 가서 거래를 텄던 색조 용기 업체는 다양한 용기를 제공해주었다. 그런데 생산 업체가 아닌 중간 도매상이었기 때문에 그동안 품질 관리의 문제점을 노출하고 있었다. 게다가 우리는 거래 조건으로 선금을 오십 퍼센트나 지급하였는데, 중간 점검해보니 업체는 생산이 완료된 후 나머지 오십 퍼센트를 다 지급하기 전에는 용기를 배송해줄 수 없다고 했다. 돈을 다 지급했는데 그들이 나중에 용기를 주지 않거나, 용기에 하자가 있으면 큰일 나겠다는 생각에 나는 완성품을 대량 생산하기 전에 김 대리로 하여금 직접 광저우에 가서 시생산품에 대한 품질을 점검하게 했다.

그때도 김 대리 보고에 의하면 용기들마다 품질 차이가 너무 커서 어떻게 해야 할지 모르겠다는 것이었다. 나는 메신저 동영상 통화를 하며 품질의 상중하를 표준 견본으로 정해주고, 중국 환경을 감안하여 중까지는 받아들이겠지만, 하급은 절대 수락할 수 없다고 한 바 있었다. 그렇게 했는데도 시생산품들의 불량률은 이미 오십 퍼센트가 넘었었다. 그때 업체에서는 기준을 잡아 줘서 고맙다며 모두 고쳐서 입고시키겠다는 약속을 했었다. 그래서 우린 이 정도 가이드 라인을 주었으니, 하급 품질의 문제점을 보완하면 큰 문제는 없으리라 생각했던 것이다.

그런데 막상 생산 공장으로 입고된 용기들은 불량률이 팔십 퍼센트나 된다는 것이다. 일반적으로 불량률이 십 퍼센트만 되어도 회사가 뒤집힐 판인데, 어찌 팔십 퍼센트의 불량이 있을 수 있겠는가? 이건 도저히 상상조차 할 수 없는 일이었다.

나는 혹시나 하는 생각에 K사의 공장장에게 전화를 걸었다. 다행히 처음 이 상무와 함께 만날 때 껄끄러웠던 박 전무는 회사를 떠났고, 새로운 영업 임원이 와서 나는 첫 거래 당시 베이징을 방문하여 공장장과 함께 안면을 텄었다. 두 사람은 현재 작은 거래처인 나에게도 매우 친절히 대해줬으며, 한국인들끼리 상부상조하며 중국에서 동반 성장하기를 약속하며 술 한잔을 기울인 바도 있었다.

"공장장님, 안녕하세요? 신총입니다."

"네, 안녕하세요? 색조 용기 때문이죠? 그렇잖아도 제가 먼저 전화드리려고 했는데, 미처 못했네요."

우리는 짧게 인사를 마치고 바로 본론으로 들어갔다.

"그런데 말이죠, 공장장님. 혹시 K사의 품질관리 기준이 한국에서처럼 너무 까다로운 건 아닌가요? 저도 한국에 있을 때 K사와 거래할 때면 매번 용기 업체들의 불만이 장난이 아니었답니다. 하하."

"그 점은 저도 익히 알고 있죠. 그런데 저희도 이곳이 중국이란 점을 감안하여 중국 용기에 대해서는 기준을 상당히 완화해서 관리하고 있습니다. 그런데 이번 메이디커인가요? 그 용기들은 해도 너무할 정도입니다. 이걸로 제품이 나가면 생산 업체인 저희 회사의 이름에도 누가 될 정도입니다. 도저히 수용할 수가 없습니다."

"그래도 불량률이 팔십 퍼센트라는 게 말이 됩니까? 혹시 몇 박스만 표본 검수 하신 건 아닌가요? 전 박스 다 뜯어서 검수해주시면 어떨까요?"

"총경리님, 저희도 너무 놀라서 현재 모든 박스에서 검수량을 늘려 다 체크해봤습니다. 이런 경우 전수 검수 한다는 건 시간과 노력의 낭비일 뿐입니다. 어떻게 할까요? 모두 업체로 돌려보낼까요?"

"어쩔 수 없죠. 그럼 공장장님, 저희가 드린 표준 견본의 상중하에 해당되는 것들을 각 용기별로 열 개씩만 칭다오로 보내주시고, 나머지는 모두 반품 해주세요. 그럼 저희가 업체와 처리하겠습니다."

"네. 그렇게 하겠습니다. 그럼 견본 빼고 다 돌려보냅니다. 그런데 총경리님, 한마디 말씀드리면 말이죠, 중국 업체 관리 힘듭니다. 사전에 철저한 품질관리가 이루어져도 저희가 받아보면 대부분이 아주 형편없습니다. 어쨌든 잘 해결해보시기 바랍니다."

"네, 명심하겠습니다. 감사합니다."

나는 전화를 끊고 깊은 상념에 빠졌다. 석 달 전 광저우에 가서 서 이사가 하자는 대로 그리 쉽게 일처리를 하는 것이 아닌데 하는 후회가 뒤늦게 밀려

왔다. 사실 그때만 해도 일단 허락한 후 다시 검토해보고 최종 구매를 결정하려고 하였지만, 창립 대회와 한국 출장 등 내가 잠시 자리를 비운 동안에 일이 이 지경으로 돌아갈지는 몰랐었다. 내가 없는 틈을 타 이 상무는 급하다는 이유로 색조 용기 구매 품의를 민 대표에게 직접 결재를 받고, 바로 주문을 집행했기 때문이다.

나는 서랍 속을 뒤져 지금까지 간직해 온 품의서 원본을 슬쩍 꺼내 봤다. 이 상무와 민 대표의 사인이 있는 품의서엔 여전히 나의 흔적을 찾을 수가 없었다. 나는 분명 이에 대한 책임이 없겠지만, 그런 건 나중 일이었다. 이미 물은 엎질러졌고, 뒤

이 상무와 민 대표의 사인만 있는 색조 용기 구매 품의서.

처리를 해야 하는 사람은 이 상무도 민 대표도 아닌 바로 나였기 때문이다.

"김 대리, 꿔라이이시아.(过来一下, 들어와)"

김 대리가 나의 호출에 방으로 들어왔다.

"통화는 해봤나?"

"네. 그런데 막무가내입니다. 반품하면 용기들을 다시 안 보내주겠다고 합니다. 총경리님, 우린 이미 돈을 다 지급하였기 때문에 그중에서 건질 수 있는 건 건져야 합니다. 이대로 반품해서는 안 됩니다."

"계약서에 반품에 대한 조항은 없었어?"

"네. 제가 다시 확인해봤는데 그런 조항은 없습니다. 도대체 전임자가 일을 어떻게 한 건지, 계약서가 돈 주고 제품 주는 것 빼고는 아무런 내

용이 없습니다."

"K사에선 용기 빼라고 하는데, 반품 안 시키면 지금 그 많은 용기들을 우리가 어디다 보관하냐? 그러니 일단 반품시키고 네가 광저우에 다시 가봐야겠다. 먼저 K사에서 견본품이 오면 그거 확인해보고, 재처리를 할 수 있으면 돈이 더 드는 한이 있더라도 업체랑 다시 얘기하고 와. 필요하면 메신저로 나랑 함께 영상통화하고. 일단 색조 출시는 연기시킬 테니까. 알았지?"

이렇게 나는 김 대리로 하여금 광저우에 내려가서 선별도 하고 재처리도 부탁해서 다시 용기를 입고시켰지만 모두 허사였다. 중국 업체는 끝까지 책임을 지지 않았으며, 까다롭게 구는 우리를 오히려 욕하면서, 자기네도 쌓아둘 데가 없으니 빨리 가져가지 않으면 그냥 다른 곳에 팔아넘기겠다고 협박도 했다.

우리 회사 이름과 아직 태어나지도 않은 메이디커 브랜드가 찍힌 용기가 아무 곳에서나 싸구려 제품으로 나돈다면, 그건 사업을 하기도 전에 더 큰 손실이란 생각에 나는 결국 손실을 감수하기로 결정하고, 그나마 선별된 마스카라와 아이라이너 각 오천 개를 제외하고는 사천만 원이란 돈을 폐기해야만 했다. 이 모든 것이 나의 경솔함도 있었지만, 절차를 무시하고 일을 제멋대로 진행한 서 이사와 이 상무의 책임도 컸다.

나는 이제 더 이상 참을 수가 없었다. 이번 일을 기회로 철저한 구매와 품질관리 시스템을 만들어, 사람이 일을 하는 것이 아니라 시스템이 일을 하는 회사로 재정립해야만 했다. 그러기 위해서는 시스템 밖에서 주먹구구식으로 일하는 사람들이 있어서는 안 된다. 드디어 칼을 뽑아야 할 때가 온 것이다.

나는 제일 먼저 문제의 핵심인 서 이사와 개별 면담을 했다. 이런 일을 대비해서, 먼저 안후이 성으로 내려간 이 상무가 혼자서는 도저히 안 되겠다며 서 이사를 보내달라고 하는데도 그녀를 보내질 않고 있었던 것이다.

일단 나는 서 이사가 영업 이사로서 사 개월간 매출이 제대로 이루어지지 않고 있는 근본적인 문제점을 질의하고 그녀가 대답하는 형식으로 토론을 이끌어갔다. 그녀가 나의 질문에 대답을 하면서 스스로 무엇을 잘못했는지 깨닫기를 바랐기 때문이다. 처음엔 자신의 잘못을 완강히 거부하며 격앙된 목소리로 모두 남의 탓으로 돌렸던 그녀도, 이야기가 오갈수록 무엇이 잘못되었는지를 알았는지 목소리가 점점 작아졌다. 나는 기회를 놓치지 않고 그녀에게 쐐기를 박는 일침을 남겼다.

"그런데 이 작은 회사에서 중복된 영업 업무를 하는 사람이 여러 명이나 있어요. 매출도 없는 상황에서 이렇게 인건비를 낭비할 수는 없습니다. 다시 묻겠습니다. 서 이사와 이 상무는 항상 같이 일을 해야 하나요? 아니면 둘 중에 하나만 있어도 되는 일인가요?"

"솔직히 이번 출장처럼 부동사장님이 다른 통역을 써도 되니, 제가 꼭 같이 다니지 않아도 되죠."

"새로 뽑은 조 과장을 외부에서 새로 들어왔다는 이유로 부서 내에서 왕따를 시키고 아무 일도 주지 않는 것은 리더로서 절대 해서는 안 될 일이었으며, 영업부에서 영업에 충실하지 않고 불필요한 색조 제품 개발에 시간을 허비하여 매출에도 이바지를 못하면서, 용기 거래처를 잘못 관리해서 엄청난 불량을 내어 회사에 큰 손해를 끼쳤습니다. 이 모든 게 서 이사의 책임이 아니면 누구의 책임입니까? 그게 아니면 이 상무가 시켜서 어쩔 수 없이 한 것입니까?"

서 이사는 더 이상 말이 없었다. 나는 최후의 통보를 하는 검사처럼 그녀에게 마지막 통보를 했다.

"그래서 이번 7월 말로 서 이사가 이전에 제출했던 사직서를 처리하고자 합니다. 아직 월말이 되려면 이 주일이 남아 있지만, 서 이사는 인수인계할 것을 하루 이틀 내로 마무리하고 더 이상 나오지 않아도 됩니다. 급여는 한 달 모두 근무한 걸로 쳐줄 테니까. 알겠습니까?"

나는 서 이사가 강하게 반발할 줄 알았으나, 그녀는 의외로 순순히 동의하며 속내를 터놨다.

"나도 이 회사 더 이상 다니고 싶지 않았어요. 부동사장님 때문에 있었던 것이지 미련 없습니다. 그리고 이런 식으로 일하면 중국에서 절대 성공 못할 것입니다. 두고 보세요, 크게 실패할 거예요. 그래서 나도 미리 떠나는 게 좋다고 생각해요. 오늘 정리해서 나가고, 내일부터 안 나올 테니 알아서 하세요."

"잘 알겠어요. 좋은 충고도 고맙고. 그럼 잘 가요."

이제 킹 핀을 쓰러뜨렸으니, 나머지는 자동적으로 쓰러지기만을 기다리면 되는 일이었다.

민 대표는 친구의 동생인 장 차장을 칭다오로 불렀다. 장 차장은 우리가 벤치마크 하고 있는 경쟁사에서 남쪽 지역의 지부장으로 근무하고 있는 중국 5년차 한국인이다. 나는 무엇보다도 그가 경쟁사의 상황을 잘 알고 있어서, 안개 속에 쌓인 듯 막막했던 일들을 충분히 해결할 수가 있고, 그에 맞는 전략을 수립하고 영업 조직을 재정비하면 공격적인 영업으로 시장을 확대할 수 있으리라 기대하였다.

민 대표가 장 차장과 인터뷰를 마치고 나를 불러 서로 인사를 시키고 나서, 내게 메모지를 보여주었다. 종이에는 장 차장에 대한 입사 조건이 적혀 있었다.

"직위는 영업 이사이고, 연봉과 복지는 거기에 적힌 대로이네. 이걸 PC로 정리해서 가져오게. 서로 사인할 수 있도록 말이야."

"네, 알겠습니다."

내가 방을 나가려고 하는데, 장 차장이 나를 불러 세웠다.

"잠시만요."

나는 잠시 장 차장과 민 대표를 번갈아 보다가 다시 자리에 앉았다.

"사장님, 제가 아무래도 이사는 좀 그렇습니다. 이 상무가 문제가 많아서 저를 뽑는다고 하셨는데, 제가 이사로 들어와서 이 상무 밑으로 들어가면, 어떻게 이 상무와 다른 길을 갈 수 있겠습니까? 그러니 직위를 이 상무와 똑같은 상무로 해주시면 좋겠습니다."

장 차장의 말에 나는 반론을 제기했다.

"이미 결정된 일을 놓고 이러시면 곤란합니다. 일단 이사로 들어오셔서 일을 해보고, 성과가 나오면 진급도 하는 것 아닙니까?"

그러나 나의 얘기는 그저 공허한 외침이 되었을 뿐, 민 대표는 과거 이 상무에게 했던 것과 똑같이 중요한 인사 문제를 쉽게 바꾸고 말았다.

"그래, 이사면 어떻고 상무면 어때? 내 목표는 반드시 영업 조직을 새로 일으키는 거야."

민 대표는 볼펜으로 메모지의 '영업 이사'에 두 줄을 긋더니, '상무보'라고 썼다.

"신 상무는 정식 상무고, 장 차장은 상무보야. 됐지?"

나는 어이가 없어서 멍하니 민 대표를 바라보다가, 마지못해 대답을 하고 내 방으로 돌아와 한동안 PC 앞에 앉아 있었다. 전 직장에서 차장뿐이 안 되는 사람을 마음대로 임원 자리에 올리는 것은 같은 상무(보)로서 내 지위를 부끄럽게 하는 처사였다. 그렇다고 어찌 민 대표 한마디에 내가 상무보에서 바로 상무로 승진할 수 있겠는가? 임원의 인사는 그룹 기조실의 합의와 최종적으로 회장의 결재에 의해 이루어지는 것인데 말이다.

이렇게 해서 장 차장도 한순간에 내가 통제할 수 없는 같은 직급의 수평적 임원이 되었다. 나는 앞으로 과거 이 상무 때와 같은 분란들이 또 다시 반복될 것을 어렵지 않게 예상할 수가 있었다. 어느 조직이나 위계질서에 맞지 않는 잘못된 인사 처리는 여러 사람들에게 큰 시행착오와 고통을 안겨주게 되어 있기 때문이다.

"신 상무님, 안녕하세요?"

전화기 너머 이 상무의 낮고 침울한 목소리가 나의 귓전을 울렸다. 서 이사가 떠나고 일주일 후에 언니인 서 부장도 몸이 좋지 않다며 회사를 떠난 지 며칠 안 되어 온 전화였다.

"아, 네! 안후이 성 영업은 어떠십니까?"

나는 일부러 활기차게 목소리를 높여 인사했다.

"많이 힘듭니다. 어찌해야 할지 모르겠어요."

내 목소리와는 반대로 이 상무의 목소리는 점점 더 낮고 작아져만 갔다.

"서 이사와 서 부장을 내보내셨더군요. 왜 그러셨어요?"

"내가 내보낸 게 아니라, 난 잘해 보자고 면담을 했을 뿐인데, 본인이 먼저 그만두겠다고 하던데요? 어차피 우리 회사가 잘될 것 같지도 않다고 하면서요."

나의 대답이 뻔한 거짓말인 줄 알았겠지만, 이 상무는 이미 엎질러진 물을 주워 담을 수가 없었는지, 큰 한숨을 쉬며 화제를 장 상무에게로 돌렸다.

"그리고 이번에 새로 영업 이사를 뽑았다면서요? 어떤 사람인가요?"

"이사가 아니라 상무입니다. 장 상무. 앞으로 이 상무님과 함께 중국 땅을 나누어서 시장을 개척할 사람이죠. 함께 호흡을 맞춰가면 이 상무님의 무거운 어깨를 많이 덜어줄 것입니다."

"네? 상무라고요? 제 밑으로 들어오는 이사가 아닌가요?"

"아뇨. 상무입니다. 경쟁사 출신이니까, 아무래도 경쟁사의 조직과 판촉 등 정보도 잘 알 수가 있을 듯하니, 우리 정책을 수립하는 데도 큰 도움이 될 것입니다."

"그러게요. 적절한 인재가 왔군요. 잘 알겠습니다. 근데 전 아무래도 이제 그만 칭다오로 올라가야겠네요. 벌써 삼 주일째 이곳에 있었는데도 큰 수확이 없습니다. 내일 칭다오로 갈 테니, 그때 보시죠."

예전 같지 않은 맥 빠진 이 상무의 목소리를 들으며, 나는 기운 내라는 인사말과 함께 전화를 끊었다. 그런데 몇 시간 후 저녁 무렵, 다시 이 상무에게서 전화가 왔다.

"신 상무님, 아무래도 저는 더 이상 못하겠습니다."

"네? 못하다니요?"

"회사 그만두겠습니다. 그래서 말인데, 저 좀 도와주십시오."

작전은 대성공이었다. 순망치한(脣亡齒寒) 전략에 따른 서 이사, 서 부장의 퇴사와 새로 입사하게 된 장 상무의 존재감이 이 상무를 극단적인 선택의 길로 나서게 한 것 같았다. 이는 병법 삼십육계에 나오는 '차도살인지계(借刀殺人之計)'처럼, 내가 직접 이 상무를 공격하지 않더라도, 장 상무의 입사 자체가 날카로운 칼이 되어 그를 스스로 물러나게 한 것이다.

"뭘 도와드려야 하죠?"

"제가 내일 올라가는데, 사장님은 보고 싶지가 않습니다. 그러니 사장님 퇴근 후 저녁에 회사에 갈 테니 좀 기다려주세요. 그리고 이곳에서 돈을 많이 써서 돈이 하나도 없습니다. 제 출장비 초과분과 월 영업 활동비를 미리 준비해주세요. 내일 밤에 꼭 받아야 합니다."

"그야 어렵지 않습니다. 얼마가 필요한지 미리 정산서를 보내주세요. 화표(영수증)도 꼭 챙겨 주시고요."

"그리고 말입니다. 아직 리화 화장품이 폐업 정리가 안 됐는데 빨리 그거 마무리하고, 받지 못한 인수 대금도 모두 정산하고 싶습니다. 그리고 그거 정산될 때까지 제 차는 반납하지 않겠습니다."

"네? 그건 회사 차니까 퇴사하면 반납을 해야죠. 다른 건 다 해드리겠지만 차는 반납하기 바랍니다."

"아뇨. 제가 회사를 어떻게 믿고 차를 반납합니까? 그러다 폐업 정산도 안 해주면 어쩌라고요? 차는 돌려줄 수 없습니다. 그러니 이거 다 해주세요. 그러면 사직서와 함께 차를 반납하겠습니다."

난 한순간 고민을 했지만, 지금으로서는 그가 나가는 것이 최우선이라 생각하여, 결국 그의 조건을 모두 승낙했다. 다음 날 칭다오에 돌아온 이 상무는 밤에 짐을 싸서 야반도주하듯 나가버렸다. 그러나 나는 이에 개의치 않았다. 『논어』에 나오는 회사후소(繪事後素)라는 말을 떠올리며 나는 희미한 미소를 머금었다. 그림을 그리는 일은 하얀 바탕이 있은 후에야 가능하다는 뜻처럼, 아무리 훌륭한 그림 실력과 붓을 가지고 있더라도 하얀 종이가 없다면 그림을 그릴 수가 없다. 이제야 비로소 나에게도 그려 나갈 하얀 도화지 한 장이 생긴 것이다.

5. 연구 개발부 나 부장

"아니, 도대체 그게 말이 됩니까? 보증금이라뇨?"

나의 격앙된 목소리에도 불구하고 전화기 너머 상대방의 목소리는 전혀 변함 없이 차분했다.

"그게 회사의 방침입니다."

"여보세요, 하 부장님. 제가 한국에서도 C사랑 한두 번 거래한 것도 아닙니다. 그리고 한 번도 보증금을 낸 적이 없어요."

"하지만 여긴 중국이죠. 중국에선 보증금 받고 거래를 합니다. 이 큰 중국 땅에서 누굴 어떻게 믿고 거래를 합니까?"

"저희 회사가 중국 회사도 아니고, 한국에 본사가 있고, 또 의료기 본사는 이미 중국에서 사업한 지 십 년이 넘었습니다. 중국에 그쪽보다 더 큰 공장도 있어요. 화장품이 처음일 뿐이지, 이름도 없는 뜨내기가 아니란 말이죠."

그러나 하 부장은 절대 굽힘이 없었다.

"그렇게 큰 회사니 보증금도 낼 수 있겠네요. 제품 만들어 줬더니 돈 안 주는 회사들이 많아서 첫 거래는 그리 못합니다. 그러다 차츰 신용이 쌓이면 보증금을 돌려드리거나 물품대에서 까나가면 되지 않겠습니까?"

"됐습니다. 차라리 K사랑 거래하고 말죠. 앞으로 절대 후회하지 마세요. 지금 비록 우리 물량이 작아서 대수롭지 않게 보나본데, 내 분명 지금보다 열 배 스무 배 키워서 하 부장께서 후회하게 만들 테니. 이만 끊습니다."

나는 상대방의 대답을 기다리지도 않고 전화를 끊어버렸다. 외국에 나가면 한국 사람이 더하다는 얘기가 허언이 아닌 것 같았다. 중국에서 사업하는 같은 한국 회사들끼리 상부상조하며 동반 성장하면 좋을 것을, 상하이에 있는 C사는 전혀 그렇지가 않았다.

한국에서 화장품 OEM/ODM회사는 한국K사가 여전히 1위이다. 그러나 중국에선 달랐다. C사는 K사보다 십여 년이나 일찍 상하이에 진출하여 크게 성공했다. 그들은 물밀듯이 들어오는 중국 회사들의 주문에 공장을 늘리고 또 늘려도 감당할 수 없을 정도로 즐거운 비명을 지르고 있었다. 반면 베이징에 자리를 튼 K사는 우리 회사처럼 이제 사업을 시작하는 상황이라, 중요한 기초 제품에 차질이라도 생길까봐 불안했다. 그래서 기초 제품은 오랜 기간 중국에서 터전을 잡은 C사에 맡겨보려고 했던 것이다. 이는 또한 하나의 공장에 모든 제품을 몰아주었다가 자칫 공장에 문제가 생기면 회사가 큰 타격을 받을지도 모른다는 생각에, 위험을 분산시키려는 장기적인 생산 운영 전략이기도 했다. 그러나 그러기엔 우리 회사의 물량이 너무 적었다.

물론 C사의 입장도 이해가 안 가는 부분은 아니었다. 그들이 십여 년간 중국에서 터전을 잡을 때까지 얼마나 많은 거래처에서 대금을 제대로 받지 못했으면 저리 콧대 높은 사업을 하게 되었겠는가? 그러나 우리 회사는 뜨내기 보따리상도 아니고, 매장 몇 개 가진 장사꾼도 아니었다. 그런데 그들은 우리를 중국의 일개 회사처럼 취급하니, 나는 무척 자존심이 상했다. 게다가 나는 그들의 규정대로 오십 퍼센트를 선불로 주고, 나머지 오십 퍼센트는 제품 생산이 완료되면 주는 방식으로 하겠다고 이미 동의했었다. 그럼 내 입장에서 보면 C사를 어떻게 믿고 담보도 없이 무작정 오십 퍼센트를 현금으로 지불하겠는가 말이다. 역지사지(易地思之)라고, 사업도 인간관계처럼 상대방의 입장에서 조금씩 배려하면 좋을 텐데, 그런 점에서 C사에 대한 나의 첫인상은 빵점이었다.

며칠 후, C사에서 전화가 왔다. 지난번 내가 통화했던 하 부장이 아니라 김 총감이라는 사람이었다.

"지난번 하 부장님과 통화하고 나서 거래가 끝난 걸로 아는데요?"

나는 퉁명스럽게 쏘아붙이듯 말했다. 상처 난 나의 자존심이 회복되기엔 아직 기간이 너무 짧았다.

"네? 하 부장님이오? 그분은 생산 공장장님이신데요, 그분과 통화하셨어요?"

김 총감은 그간 나와 하 부장과 오갔던 얘기를 전혀 듣지 못한 것 같았다.

"네. 제가 다른 사람한테서 소개를 받아 전화했었죠."

나는 기분 나빴던 심정을 김 총감에게 쏟아냈다. 뚝심 있게 내 얘기를 들은 김 총감이 난처해하며 사죄하듯 말했다.

"총경리님, 죄송합니다. 그분은 생산 담당이라서 아마 원칙적으로밖에 말할 수 없었을 것입니다. 차라리 영업부를 찾지 그러셨어요. 저는 그 얘기는 듣지 못했고요, 아는 사람을 통해 총경리님 얘기를 듣고 전화를 드린 것입니다. 제가 보증금 없이 다 맞춰드리겠습니다. 같은 한국 회사들끼리 그리 야박하게 하면 안 되죠. 허허."

확실히 영업하는 사람이라 그런지 그는 하 부장과는 사뭇 달랐다. 나는 하 부장이 아니라 진작 영업부 사람과 대화를 나누어야 했던 것이다.

"그래요? 그럼 제가 잘못한 것이군요. 어쩐지 좀 이상했습니다. 그래도 하 부장께서 그리하면 안 되죠. 차라리 그건 내 소관이 아니라면서 영업부로 넘겨줬어야죠. 아무튼 그건 지난 얘기니, 앞으로의 이야기를 합시다."

"네. 어떤 제품이 필요하신 건가요?"

"이미 처방은 우리가 한국에서 다 개발한 것입니다. 천연 발효 제품이죠. 총 열한 가지 품목이고, 앞으로 계속 품목 수는 늘어날 것입니다. 제가 주문 수량과 함께 콘셉트 및 처방을 넘겨드릴 테니, 검토하신 후 견적서와 생산 일정을 보내주세요. 근데 납기가 좀 촉박합니다. 가능하면 9월말까지 납품 받고 싶은데, 가능할까요?"

"저희 처방이 아니면, 저희가 원료를 보유하지 못한 것도 있을 수 있습니다. 그럴 경우 원료를 한국에서 수입해야 합니다. 그러면 납기를 맞추기 어려울 수도 있습니다. 그런 경우, 저희 연구실과 검토한 후 비슷한 원료를 저희 것으로 바꿔도 되겠습니까? 물론 저희 것도 백 퍼센트 한국에서 수입해 오는 원료입니다."

"네, 좋습니다. 그런 건 서로 융통성 있게 해봅시다."

"그리고 중국에선 용기가 항상 문제인데, 용기는 준비가 되었나요?"

"그건 걱정 마세요. 준비가 다 되어갑니다. 두 달 후에는 상하이 공장으로 입고 가능합니다. 그리고 미니 샘플도 있으니 제가 보내드린 서류 잘 검토하시고 빨리 연락해주시기 바랍니다. 바로 이메일 보내드릴게요."

"네. 알겠습니다. 그럼 다시 연락드리겠습니다. 감사합니다."

이렇게 해서 나는 마음을 누그러뜨리고 상하이 C사에서 우리 회사의 첫 번째 브랜드인 메이디커 기초 화장품을 생산하게 되었다. 그때만 해도 이제야 비로소 모든 일이 순조롭게 되어가는가 싶었으나, C사와 악연의 시작은 그때부터였다. 그들은 첫인상만 나쁜 게 아니었다. 거래하는 동안 내내 나를 속 썩였다. 한마디로 계약상 을인 그들은 규모가 작은 우리 회사를 상대로 본격적인 갑질을 하기 시작한 것이다.

첫째, 납기를 맞춰야 한다는 이유로 우리의 처방 중 외국에서 따로 수입해야 하는 것은 그들이 공용으로 사용하는 원료로 바꿨음에도 불구하고, 프랑스에서 수입하는 향 하나를 실수로 빠뜨려서 결국 출시 시기가 일 개월 늦어졌다. 그런데도 그들은 자기들 실수가 아니라 그 원료가 구하기 힘든 것이었다는 등 잘못을 내 탓으로 돌렸다. 이런 식의 납기 지연은 그 후로도 거래하는 동안 한두 번이 아니었다. 사실은 주문이 많은 회사를 우선하다보니 작은 회사는 미리 주문해놓고도 기다려야 하는 판국이었는데, 그걸 다른 핑계로 돌리는 것이었다. 이로 인해 우리 회사는 주요 브랜드가 자주 결품이 나서 영업적으로 큰 손실을 입었음에도 불구하고 크게 하소연할 수도 없었다. 한

마디로 결국 코가 꿰어서 발을 빼기도 힘들게 된 것이다.

둘째, 그들과 거래하는 회사 중 우리의 경쟁사가 있다는 이유로 제조원 표기를 C사로 하지 않고 그들의 하청 회사 이름으로 했다. 그래서 내용물은 C사에서 제조하였음에도 불구하고 하청 회사로 옮겨 충진, 포장하는 작업을 해서 제조원 표기가 하청 회사의 이름으로 찍히게 한 것이다. 그리하여 한국의 유명한 생산 공장에서 생산되었다고 홍보하려고 했던 애초의 내 생각은 산산이 무너져버렸다. 그들이 처음부터 이런 얘기를 했더라면 아예 거래를 하지 않았거나, 어쩌면 이해하고 넘어갈 수도 있었던 문제였다. 하지만 제품 개발이 완료되어 돌이킬 수 없는 상황에서 그들은 나로 하여금 어쩔 수 없는 선택을 하도록 강요했다.

셋째, 하청 회사의 품질관리가 좋지가 않아, 불량이 많이 났다. 특히 용기가 하청 회사로 입고되면 가장 먼저 해야 할 일이 용기에 대한 품질 검사였는데, 이 일이 소홀하여 불량품이 생산되었다. 3종 선물 세트에 제품이 하나 빠져 있거나, 심지어 생산 완제품이 빈 병인 경우도 있었다. 우리는 이럴 때마다 거래처에 크게 사과를 하고 제품을 교환 또는 반품해주었지만, 회사와 브랜드가 갖는 신뢰도에 대한 타격은 심각했다. 이 때문에 우리와 첫 거래를 텄다가, 믿지 못하겠다고 떠난 대리상도 부지기수였으니 말이다.

나는 C사에 여러 번 시정을 요구하며 개선을 요청하였지만, 수백 개의 중국 회사와 크고 많은 거래를 하는 그들은 내 요청을 한 귀로 듣고 한 귀로 흘려버리는 것만 같았다. 거래를 한 지 일 년쯤 되었을 때, 다른 일로 상하이에 출장을 갔던 나는 겸사겸사해서 C사를 방문했다. 그때 나는 C사의 총경리와 이사로 승진한 하 부장을 만났다. 당시 나는 총경리 대 총경리로서 그동안의 문제점을 이야기하면서 특히 우리가 주문한 것은 약속 날짜를 꼭 지켜달라고 간곡히 요청했다. 결품이 날 때마다 우리같이 사업을 시작한 지 얼마 안 되는 회사는 굉장히 큰 타격을 받는 점을 강조하면서, 이것은 C사 입장에서도 고객사에 대한 신뢰가 걸린 일이 아니냐며 따져 묻기도 했다. 그랬더니 그 총경리란 사람의 대답이 가관이었다.

"신 총경리님, 잘 알겠습니다. 그렇게 해드릴 수 있습니다. 단 조건이 있습니다. 지금 K사와 거래하고 있는 것을 중단하시고 앞으로 모든 물량을 저희에게 주십시오. 그러면 앞으로 그런 차질이 절대 발생하지 않도록 특별 관리해 드리겠습니다."

나는 그의 말을 듣고 '뭐 이런 사람이 한 회사의 사장이란 말인가' 하는 생각이 들었다. 그는 당연히 고객에게 해주어야 할 일을 하지도 못하면서, 이를 빌미로 내게 다른 거래를 협박성으로 요구하는 것이었다. 영업한 지 일 년이 지나 꽤 성장한 우리 회사는 세 개의 공장에 분산하여 OEM을 주고 있었기 때문에 이를 합치면 주문 수량이 제법 되는 수준이었다. 그러나 나는 정중히 거절했다.

"우리 회사가 어려울 때 도와주고 함께 시작한 회사를 어떻게 한 번에 뺄 수가 있습니까? 그건 좀 힘들겠네요. 그러지 말고 메이디커는 우리 회사의 간판 브랜드로 앞으로 물량이 계속 증가할 테니 조금만 더 기다려주세요. 분명 후회하지 않을 것입니다."

그러나 회의를 마치고 칭다오로 돌아가는 길에 나는 다짐을 했다.

'C사, 조금만 기다려라. 내가 좀 더 준비만 되면 절대 너희랑 거래를 안 할 것이다.'

옛말에 '유복동향, 유난동당(有福同享, 有難同當)'이란 말이 있다. 행복은 함께 누리고, 어려움은 함께 해결하자는 말이다. 중국에서 사업을 하는 한국 기업끼리 서로 도와가며 동반 성장하기는커녕, 고객 지향적인 마인드라곤 하나도 없이 자기네 이익만을 우선적으로 생각하는 이런 회사가 어찌 중국에서 큰 성공을 거두었는지 모를 일이었다. 그들은 어쩌면 과거 화장품 불모지인 중국에서 오랜 기간 배운 게 중국 장사꾼의 상술이었지, 진정한 경영가적 마인드는 아니었나 싶었다. 작거나 크거나 고객은 같은 고객이다. 작은 거래라고 고객을 무시하는 이 회사와 나는 더 이상 한 톨의 말도 섞고 싶지가 않았다.

그 후 나는 그들과 거래를 하는 이 년 동안 총 일곱 개 브랜드 팔십 여 품목을 출시하였지만, 처음 거래한 메이디커를 제외하곤 한 번도 C사에게 생산을 맡긴 적이 없었으며, 끝내는 이 년 만에 메이디커를 C사에서 빼서 다른 곳에 생산을 맡겼다. 그들보다 생산 원가도 더 저렴하였으며, 품질도 개선된 것이었다. 이런 일이 가능했던 것은 첫 상하이 화장품 박람회에서 알게 된 대만 회사에서 근무하고 있던 나 총감과의 인연 때문이었다. 그 당시 옷깃만 스치듯 지나갔던 인연이 하나의 기회가 되어, 나는 그를 우리 회사의 연구 개발 부장으로 데려올 수가 있게 되었다.

유난히 뜨거웠던 칭다오의 여름이 못내 아쉬웠던지 9월의 청명한 하늘 위로 여전히 태양은 기승을 부리고 있었다. 이제 메이디커의 론칭이 코앞에 와 있고, 10월이면 속 썩였던 희란의 위생 허가가 나올 것이다. 그러나 나는 이 정도 제품 포트폴리오로는 앞으로 거래할 대리상들을 만족시키기에는 부족하다고 생각했다.

한화로 고가의 육, 칠만 원대인 한국 수입산 희란과 중가 이만 원대의 메이디커가 중심을 잡아주고 있다면, 다음으로 내년에는 이를 받쳐줄 다른 브랜드가 필요했다. 그래서 나는 기초 보습 화장품으로서, 진실한 사랑이란 의미의 '전아이(眞愛)' 브랜드를 만 원 이하의 최저가 브랜드로 포지셔닝하고, 한국의 소백산 암반수와 울릉도 심층수 등의 청정수 미네랄을 담은 '한쉐이(韓水, 한국의 물)'를 전아이와 메이디커 사이의 중저가로 만들어서 만 원 중반대로 포진할 계획을 세웠다. 또한 한국 법인에서 허 상무가 개발한 '에델린' 브랜드가 미백 기능성 화장품으로 완성되었으나 당장 위생 허가를 득하고 정식으로 수입하기가 어려운 상황이었기에, 내용물과 용기를 따로 한국에서 수입하여 중국 공장에서 충진하는 방식으로 해서 금년 11월쯤이면 메이디커보다 다소 비싼 삼만 원대 중고가로 출시가 가능할 것이다. 이렇게 되면 앞으로 총 다섯 개의 브랜드가 각각 다른 콘셉트, 다른 기능, 다른 가격대로 전방위적으로 포진되어, 대리상들도 회사의 다양한 제품들을 소비자의 취향과 가격에 맞게 판매할 수 있는 선택의 폭이 넓어지게 될 것이다.

문제는 이 모든 걸 나 혼자 하기가 너무 벅차다는 것이다. 한 사람이 브랜드 하나 개발하기도 벅찬데, 이 많은 제품의 개발과 영업 전략뿐만 아니라, 회사 내의 전반적인 관리 업무를 모두 혼자 관장할 수는 없었다. 나는 수많은 일 속에서 허우적거리며 하루하루를 견뎌내고 있었다. 그러다 너무 답답한 마음에 문득 5월 상하이에서 만났던 나 총감이 생각나서 명함집을 뒤적인 끝에 그에게 전화를 걸었다.

"안녕하십니까? 지난번 상하이 박람회에서 만났던 신 총경리입니다. 기억나세요?"

"네? 아, 네네, 기억납니다. 안녕하세요?"

예나 지금이나 쾌활한 목소리의 나 총감이 나를 반겼다.

"잘 지내셨죠? 거두절미하고, 제가 좀 여쭤볼 게 있어서 전화드렸습니다."

"네? 무슨 일이신가요?"

"나 총감님 같은 한국인 연구 팀장급을 뽑으려면 어떤 대우를 해줘야 하나요?"

"저요? 글쎄요, 제가 당장 뭐라 말씀드려야 할지 모르겠네요."

"당장 나 총감님이 아니시더라도 주변에 선후배들이 있을 것 아닙니까? 한국에서 새로 데려올 수도 있고요. 저희도 여건이 당장 사람을 뽑을 수 있는 상황이 아니라서 내년쯤 되면 아마도 팀장급 연구원이 필요하다고 생각합니다. 그래서 미리 좀 알아보려고요."

"네. 그럼 제가 좀 알아보고 이메일로 연락드릴까요?"

"그럼 감사하죠. 당장 사람을 알아보실 필요는 없고요, 제가 어느 정도 수준인지 알아야 인원 계획을 세울 수 있을 것 같아 그렇습니다. 부디 잘 부탁드립니다."

"네. 일주일 정도만 기다려주세요. 제가 알아보고 연락드리겠습니다."

"네. 감사합니다."

나 총감은 생각보다 매우 협조적으로 잘 응대해줬으나 일주일 내로 연락 주겠다던 그에게서는 연락이 도통 오지 않았다. 나는 그의 소식을 기다리다가 바쁜 일에 묻혀 잊고 있었는데, 이 주일 정도가 지나서야 그에게서 전화가 왔다.

"나 총감님, 그동안 왜 소식이 없으셨어요?"

"사실은 제가 좀 고민을 많이 했습니다."

"네? 무슨 고민이오?"

"총경리님, 저를 뽑으시면 안 되겠습니까?"

"나 총감님을요? 지금 회사를 다니시고 있는데, 괜찮으시겠어요?"

"네. 제가 회사를 옮겨서 총경리님과 함께 일을 해보고 싶습니다."

"하지만 우린 아직 서로 잘 모르잖아요. 제가 바로 결정할 수 있는 상황이 아닌데요? 게다가 이미 말씀드린 대로 우리 회사는 지금 당장 사람을 뽑을 여력이 안 됩니다. 내년이나 되어야 가능합니다."

"잘 알고 있습니다. 제가 오늘 제 소개서와 이력서를 보내드릴 테니 한번 검토해주세요. 현재 이곳에서 받는 조건들도 함께 보내드리겠습니다. 그리고 지금 바쁘지 않으시면 제 상황을 잠시 말씀드려도 될까요?"

"네. 그러세요."

"저는 한불화장품에 근무하다가 중국 시장이 더욱 큰 기회가 있다고 생각해서 중국에 오게 되었습니다. 지금 근무하는 대만 회사에서 이 년을 근무하였지요. 그런데 제가 이 회사의 정식 직원이 아니라 일종의 계약직이에요.

이 회사는 일본과 한국 등 선진 화장품에 대한 연구원을 일 년 단위로 계약 체결해서 중국으로 데려와서 연구 기술을 습득하고 있습니다. 그런데 가만 히 보니 연구원에게서 더 이상 빼낼 게 없다고 생각하면 가차 없이 계약을 해지하고 돌려보내고 있어요. 얼마 전에도 일본 사람이 한 명 잘렸습니다. 다행히 저는 내년에도 재계약을 하기로 되었는데, 이번에 저는 일 년이 아니 라 이 년 계약을 하게 되었습니다."

"네, 잘되셨네요."

"총경리님, 그런데 전 이렇게 미래가 없는 회사에서 더 이상 근무하고 싶 지 않습니다. 제가 중국으로 넘어 온 목적은 광대한 중국 땅에서 제 꿈을 펼 쳐보고 싶었기 때문인데, 지금 저는 연구소에 갇혀 제 역량을 소진시키고 있 는 상황입니다. 그래서 지금 사업을 시작하는 그곳에 가서 저도 같은 꿈을 꾸고 싶습니다."

"하지만 나 총감님, 저희 사정은 그리 넉넉지 않습니다. 아마 지금 받는 급 여 수준을 드리기는 힘들 것 같습니다."

"지금 제게 돈은 그리 중요하지 않습니다. 저를 위해서, 회사를 위해서 진 정으로 일하고 싶고, 그것이 소모성 게임이 아니라 저를 한 단계 위로 더욱 성장시키는 계기가 되길 바랍니다. 그리고 이곳은 한국인들도 없어 너무 외 롭습니다. 제게 꼭 기회를 주시기 바랍니다."

"그럼 잘 알겠습니다. 서류 보내주시면 검토해보겠습니다."

"감사합니다. 그런데 제가 내년 1월이 계약 만료입니다. 두 달 전인 11월까 지 제게 확정을 해주셔야 제가 회사와 재계약을 하든지 사표를 내든지 결정할 수가 있습니다. 부디 11월까지는 꼭 확답을 주시기 바랍니다."

"그럼 저희가 내년 1월에는 채용을 해야 하는 거군요. 그건 좀 제 생각보다 이른데요. 아무튼 아직 시간이 있으니, 일단 먼저 서류를 보내주세요. 저도 지금 사람이 아쉬운 판이라 적극적으로 검토해보겠습니다."

"네. 감사합니다. 이메일 보내고 다시 연락드리겠습니다."

나는 전화를 끊고 다시 곰곰이 생각해봤다.

'우리 회사에서는 무려 다섯 개 브랜드의 수입과 개발을 동시에 해야 한다. 게다가 앞으로 더 많은 품목들을 늘려가야만 한다. 최소한 백 가지 품목은 되어야 매장 한구석에 어느 정도 구색을 맞출 수 있고, 이백 품목 이상은 되어야 나중에 매장 하나를 우리 제품으로 채울 수가 있을 것이다. 이번 메이디커처럼 연구를 용역 주는 건 분명 한계가 있고, 전문가도 아닌 내가, 그것도 회사의 전반적인 일을 병행하면서 연구 개발 업무를 진행하는 것은 분명 무리가 따를 것이다. 게다가 연구 개발 쪽의 인재가 필요한 시기에 기다렸다는 듯이 딱 맞춰서 마음에 드는 사람이 나타난다는 보장도 없다. 비록 지난번 짧은 순간의 만남이었지만, 나 총감은 일단 성격과 인상이 좋아 보였다. 중국에서 자신의 꿈을 위해 도전하는 모습도 보기 좋다.'

오랜 생각이 필요 없었다. 나는 바로 결심을 했다.

'그래. 조건만 맞는다면 나 총감을 채용하자. 이건 기회야. 아니, 어쩌면 호박이 넝쿨째 굴러 들어온 것일지도 모른다.'

그렇게 확신이 서자, 나는 바로 민 대표를 찾아가 현재와 미래의 브랜드 포트폴리오 전략을 설명하고, 지금 당장 반드시 필요한 사람이 연구 개발 팀장임을 피력했다. 마케터 출신인 민 대표도 이 점에 대해서는 내 의견에 완전 동감하는 바였다. 다만, 언제 어떤 사람을 뽑느냐의 문제였다. 얘기가 여기까지 진행되자 나는 기다렸다는 듯이 나 총감에 대해 이야기를 했다. 이미 상하이에서 면접을 본 것이나 다름없으며, 시기적절하게 필요한 사람이 들어오기가 쉽지 않으니, 이런 기회를 놓치면 절대 안 된다는 점을 강조했다. 마침내 나는 민 대표의 재가를 받고 나 총감을 채용할 수 있게 되었다.

물론 그사이 나 총감과 전화도 여러 번 오갔고, 일요일에 중국 남쪽 샤먼에 있는 나 총감을 칭다오로 불러들여 민 대표와 함께 면접도 보고 식사도 하면서 그를 심층 평가도 했다. 면접 후 샤먼으로 돌아가기 전, 공항 근처 한국인 식당에서 나는 김현웅을 불러내어 나 총감과 함께 셋이서 삼겹살에 소주를 마셨다. 그는 이렇게 한국 식당에서 삼겹살에 소주를 마시는 것에도 무척 감동하는 모습이었다. 그리고 그때 그가 남긴 말을 아직도 기억한다.

"총경리님, 저는 그저 또 다른 회사로 자리를 옮긴다는 생각보다, 지금 이 중국 땅에서 새로운 가족을 만난 것 같습니다. 지금 너무 기쁘고 행복합니다."

나 총감은 다음 해 1월에 우리 회사 개발부 나 부장으로 입사했다. 과거 내용물 연구뿐이 몰랐던 그는 우리 회사에 와서 처음 접하는 포장재 개발 업무도 함께 맡았다. 우당탕탕 시행착오를 겪으며 내게 무척 많이 혼나기도 했지만, 그 특유의 열정으로 폭 넓어진 업무들을 무사히 잘 소화해내어 이 년 뒤 연구 개발 이사로 초고속 승진도 한다. 한때 그와의 작은 인연이 기회가 되어, 내가 원했던 브랜드 포트폴리오 전략 그 이상을 완성하게 되었고, 나 부장 개인뿐만 아니라 회사도 동반 성장의 발판을 마련하게 된 것이다.

리더는 '영민여상동의야(令民與上同意也)'라는 말처럼, 백성(직원)들로 하여금 윗사람과 더불어 뜻을 같이하도록 해야 한다. 위아래가 함께 뜻이 같으면 이길 수 있고, 뜻이 같지 않으면 지는 게 세상의 현실이다. 세계를 정복한 칭기즈칸도 "혼자만의 꿈은 꿈에 불과하지만, 만인의 꿈은 현실이 된다."라고 하지 않았는가. 개인의 길도 조직의 길과 함께할 때 꿈은 조금 더 가까이 다가올 수 있을 것이다.

6. 신입 사원 김현웅

베이징의 대학교로 돌아갔던 김현웅이 졸업 후 다시 회사로 복귀했다. 송 부장과 나는 숙소로 사용했던 과거 리화 사무실에서 이사 나와, 회사에서 멀리 떨어지지 않은 바오롱 아파트에 방 세 칸짜리를 얻어 살고 있었다. 과거 민 대표와 이 상무가 리화 사무실을 주재원 숙소로 쓰자고 제안했을 때 내가 반대했던 것도, 이렇게 곧 이사 갈 것이 뻔히 내다 보였기 때문이었다. 사무실을 숙소로 바꾸고 침대 등 각종 비품들을 구입하느라 수백만 원을 날리고 말았던 것이다. 중국의 대부분의 아파트는 가구와 전자 제품이 모두 비치되어 있기 때문에, 우리가 구입한 물건들은 두 달 만에 애물덩어리가 되었다. 우리는 가전제품을 제외한 침대와 같은 가구들은 아는 사람을 통해 이사 비용 대신 넘겨주었다.

김현웅이 칭다오의 합숙소로 들어오자, 드디어 집이 가득 차는 느낌이 들었던 것도 잠시, 한 달 뒤 송 부장의 가족이 한국에서 칭다오로 이사 오면서 송 부장은 한국인들이 모여 사는 티엔타이청(天泰城)의 한국인 아파트로 이사했다. 이로써 본격적으로 회사의 임원이자 총경리인 나와 스무 살 연하의 신입 사원 김현웅의 짧은 동거가 시작되었다.

이십 년이라는 나이 차이도 크다면 큰 데다가, 신입 사원이 직장 상사, 그것도 하늘 같은 임원과 한집을 쓴다는 것은 쉬운 일이 아니었을 것이다. 그나마 중간에서 완충 작용을 해주었던 송 부장마저 없는 지금 김현웅은 회사와 집에서 모두 상사를 모시고 있는 꼴이 되었으니, 스트레스가 이만저만이 아니었을 것이다. 이 점은 나도 마찬가지였다. 술을 좋아하고 활달한 편인 나는 송 부장이 있을 때만 해도 죽이 맞아 숙소에서 한잔하기도 했었지만, 원래 말이 적고 술을 좋아하지 않는 김현웅과는 그마저도 껄끄러웠으며 이래저래 점점 눈치 보게 되는 안사람 같은 느낌이 들게 되었다.

하루는 칭다오에서 대학 동문회장을 맡고 있는 내가 동문회에 참석했다가 후배들을 데리고 열두 시가 넘어 집으로 데려온 적이 있었다. 이미 2차까지 가서 모두들 거하게 취한 상태라 왁자지껄 소란스러웠는데도 김현웅은 방안에서 꼼짝도 하지 않았다. 게다가 나는 그걸 두고 보지 못하고, 자고 있는 김현웅을 깨워 모르는 사람들 틈에 참석시켜 억지로 술도 마시게 했으니, 김현웅 입장에서는 아닌 밤중에 홍두깨요, 자다가 봉창 두들기는 소리나 다름없었을 것이다. 이렇듯 성격이 다른 두 사람이 한집에 살기는 쉬운 일이 아니었다.

우리 둘 다 아직 주변에 친구들이 많지 않았던 터라 평일에는 회사라도 나가면 괜찮았지만, 주말만 되면 우리는 별로 할 일 없이 하루 종일 집에 있을 경우가 많았다. 위성 안테나를 달아서 한국 공중파 방송 몇 개 채널은 볼 수 있었기 때문에, 때론 드라마나 오락 프로그램도 함께 보기도 하였지만, 대부분이 각자 방 안에 틀여박혀 책을 읽거나 인터넷 서핑을 하거나 노트북으로 영화를 보며 적막한 하루를 보내는 게 대부분이었다.

그러다보니 우리는 집에서 점점 대화를 피하고, 밖으로 나가기 시작했다. 나는 주말에 세 시간을 집중적으로 하는 중국어 학원에 다녔고, 중국어를 잘하는 김현웅은 회사 직원을 통해 중국인 여자 친구를 사귀어 주말에는 데이트에 여념이 없었다. 솔직히 중국인 여자 친구를 사귀는 게 가장 빨리 중국어를 배우는 지름길임을 뻔히 알면서도, 유부남이란 한계 때문에 돈 들여 학원을 다니는 내 입장에서는 김현웅이 무척 부러울 뿐이었다.

"그래, 손은 잡았니? 키스는 해봤어?"

김현웅이 여자 친구를 사귄 지 열흘쯤 지난 어느 날 저녁, 모처럼 우리는 집에서 맥주를 마시고 있었다. 회사 얘기, 다른 직원들 얘기 등 이런저런 얘기들이 오가다 자연스럽게 김현웅의 여자 친구로 화제가 바뀌었다.

"네? 아니 그게…… 좀…… 별로 안 예뻐요."

"내가 언제 예쁘냐고 물어봤어? 뽀뽀는 해봤냐고?"

"에이, 요즘 열흘이 지나도록 뽀뽀 한 번 안 해보는 사람이 어디 있겠어요?"

"어라? 예쁘지도 않다며? 뽀뽀는 뭘 그리 빨리 해봤어?"

"하하, 솔직히 제가 먼저 한 게 아니라 제가 당한 거죠. 중국 여자들이 무척 적극적인 거 모르셨어요?"

"그래? 내가 중국 여자를 사귀어봤어야 알지. 아무튼 중국이 사회주의 국가여서 굉장히 보수적일 줄 알았는데 의외로 그런 건 개방적인가봐?"

"네. 저도 베이징에서 대학 다닐 때 같은 학교 중국 애들 보고 깜짝 놀랐어요. 웬만한 애들은 다들 스스럼없이 짝지어 동거하더라고요. 처음엔 저도 적응이 안 되었는데, 나중엔 다 자연스러운 일이 됐지요."

"부모들이 그걸 알고 있대?"

"그건 모르겠어요. 하지만 이해는 가죠. 먼 지방에서 베이징으로 상경했으니, 집값이 장난이 아니거든요. 우리 직원들도 대부분 외지인이라 서로 모여 사는 사람들 많잖아요."

"우리 직원들이야 남자, 여자 따로 모여 사는 거지. 어디 남녀가 동거를 하냐?"

"아니에요. 총경리님이 모르셔서 그렇지, 직원들끼리는 아니지만 결혼 안하고 애인과 동거하는 애들도 꽤 많습니다. 그리고 그게 별로 비밀스런 일도 아니고요."

"그래? 거 참 의외긴 하네. 하긴 가족과 떨어져 다들 먼 곳에서 혼자 살고 있으니 외롭기도 하고, 혼자 집값을 부담하는 것도 어렵고 하니 그럴 수 있을 것 같아. 우리나라도 요즘 하숙집 구해 동거하는 커플이 많이 늘고 있다는 기사를 읽은 적이 있지."

김현웅은 자신의 연애 얘기를 민망해하며 말을 잘 잇지 못했지만, 그래도 술김에 그간의 이야기를 쏟아내기 시작했다.

"총경리님, 저희 아파트 옆에 공원 있죠? 거기가 밤만 되면 완전 아수라장이 된답니다. 중국 공원들은 조명이 밝지도 않고 띄엄띄엄 있어서 어두침침 하잖아요. 거기 벤치는 젊은 남녀가 키스하는 곳이고, 심지어 좀 더 어두운 수풀 속에서는 섹스까지 하는 커플들도 있어요. 사람들 눈치도 안 봐요. 그냥 서로들 즐기는 데 여념이 없어요. 진짜 놀라운 세상이에요."

"세상에! 공원에서 섹스도 한다고? 나도 퇴근길에 그곳으로 많이 지나다녔는데, 어찌 한 번도 못 봤지?"

"밤 아홉 시는 훨씬 넘어야지요. 저도 그곳 벤치에서 첫 키스를 했죠. 아니 당했죠. 얼마나 적극적으로 대시하는지 당혹스러워서, 걔랑 계속 사귈지 벌써부터 걱정이에요. 전 그냥 외롭기도 하고 중국어 말 상대도 필요해서 친구처럼 지냈으면 좋겠다 싶은데, 너무 적극적이니 부담스러운 편이죠. 그리고 여자애가 좀 안 씻는 것 같아요. 가까이 가면 머리에서 냄새가 나서 싫더라고요."

"그럼 왜 아직도 사귀냐? 더 큰 상처 주기 전에 빨리 정리해야지. 어쩌려고?"

"저도 잘 모르겠어요. 그래도 아직 사귄 지도 얼마 안 됐으니 좀 더 생각해볼게요."

일반적으로 김현웅처럼 젊은 나이에 외국에 주재원으로 나가는 것은 쉬운 일이 아니다. 근무연한도 채워야 하고 업무 평가도 우수해야 하다보니, 이십 대 총각으로 중국에 나오기는 쉽지 않고, 대부분 삼사십대의 유부남이 오는 경우가 많기 때문이다. 그런데 당시 예비 인력이 부족했던 우리의 경우는 한

명이라도 사람이 아쉬웠기 때문에 김현웅을 바로 중국에서 채용한 것이다.

외국인이 중국에서 근무하기 위해서는 장기 비자에 해당되는 거류증(居留證)이 있어야 한다. 거류증은 주재원의 경우 회사에 취직했다는 것을 증명하는 취업증이 있어야 하고, 개인의 경우는 전문가증을 발급받아서 중국에서 정당히 세금을 내고 직장 또는 사업 활동을 하고 있음을 입증해야 한다. 그러나 이런 증명서 발급이 그리 쉬운 일이 아니다. 한국에서 범죄 사실이 없어야 하고, 건강검진을 받아서 B형, C형 간염 같은 병도 없어야 하는 등 각종 서류에 대사관 공증을 받아 취업 비자를 받은 후, 다시 중국에 와서 취업증을 받아야 하는 꽤 복잡하고 긴 시간이 소요되는 일이다.

게다가 취업증을 받으려면 이 년 이상의 직장 경력이 있어야 하는데, 김현웅처럼 직장 경력이 전혀 없는 사람은 취업증이 나올 수가 없기 때문에 졸업 후 바로 정규직으로 채용되기도 쉽지가 않다. 그러나 중국에는 이런 말이 있다.

"중국에선 할 수 없는 일도 많지만, 그렇다고 못하는 일도 없다."

까다로운 중국 법규와 관행 때문에, 한국적인 사고방식으로 보면 참으로 이상하고 할 수 없는 일도 많지만, 돈과 꽌시를 통하면 안 되는 일도 없기 때문이다. 그래서 나는 꽌시를 통해서 김현웅이 한국에서 군대 다녀온 것을 경력으로 만들어서 정식으로 취업증을 발급받아 그를 채용할 수 있었다. 그런 점에서 김현웅은 대학을 졸업하자마자 주재원 생활을 하게 된, 매우 좋은 조건의 기회를 가진 것이다.

김현웅은 그런 점에서 회사에서 꽤 인기가 있는 편이었다. 아마도 회사의 모든 여직원들의 선망의 대상이었을지도 모른다. 무엇보다도 중국인보다 꽤 많은 한국 수준의 급여를 받았으며, 숙소도 별도로 제공받고 있는 싱글 남이었기 때문이다. 그는 업무 시간에 주로 한국인 팀장들과 한국어로 일하다보니 중국어 실력이 점점 떨어져서 중국어를 더욱 향상시켜야 한다며, 두루두루 중국인 직원들과 개인적으로 친하게 지냈다. 그리고 얼마 후에 사귀던 여자와 헤어진 그는 쉽게 한 여자에게만 마음을 주지 않고, 여러 여성들과 영화도 보고 식사도 하며 중국에서 청춘의 한때를 마음껏 보냈다. 마음 한구석에 젊은 그가 부러웠던 나는 가끔 그를 화화공자(花花公子)라고 놀리기도 했는데, 중국어로 화화공자는 바람둥이를 의미한다.

"카이! 이번 주말에 뭐 해요?"

김현웅이 무료한 주말을 달래기 위해 카이에게 물었다. 이 상무와 서 이사가 정리되면서 리화 출신 직원들도 상당수 떠났지만, 마케팅 분야에 감각이 있었던 카이는 송 부장의 요청으로 회사에 남을 수 있었다.

"그냥 집에 있을 건데요?"

사실 남자 친구가 없는 카이가 회사 아니면 대부분 집에서 시간을 보낸다는 사실을 모르는 사람은 아무도 없었다.

"그럼 우리 영화 보러 갈래요? '당산대지진' 보고 싶은데……."

"당산대지진이오? 그거 나도 보고 싶었어요. 지금 엄청 흥행하고 있던데요."

"그럼 같이 볼래요? 어디서 상영하는지 알아요?"

"바이리 광장(百麗廣場)에 있는 극장에선 대부분의 영화를 다 상영하니까 분명 거기서 볼 수 있을 거예요."

바이리 광장은 베이징올림픽 당시 요트 경기장 인근에 있어서 바다 위에 다양한 요트가 즐비한 이국적이고 아름다운 경치를 볼 수 있는데, 특히 석양이 지는 바다와 칭다오의 아름다운 야경을 감상할 수 있는 곳으로 유명하다.

특히 주변에는 샤넬, 루이뷔통 등 세계 유명 명품부터 젊은이들이 좋아하는 각종 SPA 패션 브랜드가 밀집된 종합 쇼핑몰이 있을 뿐만 아니라, 실내 스케이트장, 커플 자전거, 수상 범퍼보트, 해상 유람선 등 각종 레저도 즐길 수 있는 곳이라 많은 젊은이들이 데이트를 즐기며, 수많은 관광객들이 꼭 방문하는 유명 관광지이다. 따라서 바이리 광장에서 영화를 본다는 것은 단순히 영화만 보고 끝나는 것이 아니라, 자연스럽게 데이트 코스로 연결된다는 것을 의미하기도 했다. 그러나 김현웅은 이에 개의치 않고 흔쾌히 대답을 했다.

"좋아요. 그럼 오후에 만나 그곳에서 같이 영화 봐요. 예매는 내가 왕샹(网

바이리 광장에서 바라다 본 석양이 지는 바다 풍경.

上, 인터넷)으로 알아본 후 시간이 정해지면 다시 연락줄게요."

중국의 영화관에선 외국 영화도 자막보다는 중국어 더빙이 많다. 물론 자막이 있는 곳도 있지만, 칭다오에서는 찾기가 쉽지 않았다. 나도 중국 극장에서 톰 크루즈의 영화를 한 번 본 적이 있었는데, 영어가 아니라 중국어 더빙이어서 황당한 적이 있었다. 그나마 영어를 백 퍼센트 알아듣지는 못해도 오십 퍼센트 정도는 이해하고, 액션 영화니까 별 문제 없을 거라고 생각하고 갔다가, 파란 눈의 서양인들이 중국어로 말하는 어색한 장면에 아연실색해서 그 후 다시는 영화를 보러 가지 않았다. 게다가 영화비는 얼마나 비싼지, 구십 위안(약 만 6000원)이나 됐으니 중국인들 소득수준에 비해 비싸도 너무 비싸다는 생각이 들었다.

토요일 아침, 오늘도 어김없이 내가 중국어 학원을 다녀오자마자, 김현웅은 영화를 보러 간다며 집을 빠져나갔다. 나는 아직도 성조를 배우며 '으어 으어' 하고 있는데, 중국 영화를 보러 가는 그가 무척 부러울 뿐이었다.

김현웅과 카이는 오후에 만나 함께 영화를 본 후, 바다를 보면서 요트 경기장을 잠시 거닐다가 저녁식사를 하러 칭다오 맥주 박물관이 있는 피지우지에(啤酒街, 맥주거리)로 갔다. 이곳에선 신선한 칭다오식 해물 요리와 매일 칭다오 맥주 공장에서 한정된 양만 나오는 칭다오 맥주의 참맛이라 할 수 있는 웬장(原浆) 생맥주를 마실 수 있는 곳이다. 거리 양쪽으로 즐비한 음식점들은 마치 유럽의 한 풍경처럼 파라솔과 천막으로 거리를 점령하고 있었으며, 그 속에는 수많은 중국인들과 관광객들이 바글바글 자리를 차지하고

칭다오 맥주의 꽃이라 할 수 있는 웬장 생맥주.

있었다. 단지 유럽과 다른 점은 유럽이 한적하고 우아한 낭만이 있다면, 이곳은 시장통처럼 복잡하고 중국인 말투 특유의 시끄러움과 치열한 자리 경쟁이 있었다.

막상 이곳에 와 보니, 베이징으로 떠나기 전 한적한 모습과는 무척 다른 상황에 김현웅은 깜짝 놀랐다. 우리나라 동해안처럼 여름만 되면 바다를 보러 몰려오는 내륙 관광객들로 칭다오가 북새통을 이룬다는 사실을 그는 몰랐었기 때문이다. 앉을 자리도 마땅치 않았지만, 한여름의 날씨를 참지 못하고 웃통을 벗어 배가 불룩 나온 중년 남자의 완벽한 D라인 몸매를 보면서, 그리고 땀이 흥건히 떨어지는 몸을 부대끼며 그는 비좁은 틈에서 고성을 지르듯 말하며 식사를 하고 싶지가 않았다.

어디서 그런 용기가 났는지, 그는 순간 카이의 손을 잡고 거리를 가득 메운 비좁은 사람들 틈을 헤쳐나갔다. 그러다 피지우지에가 끝나는 길목에서야 비로소 그는 겸연쩍게 꼭 잡은 카이의 손을 놓으며 말했다.

"이곳에서는 절대 식사를 못하겠네요. 우리 이제 어디로 가죠?"

앞장서는 김현웅의 손에 이끌려 사람들 틈 속을 숨 가쁘게 비집고 나온 카이는 한여름 밤의 무더위에 땀을 송송 흘리며, 지금 벅차게 뛰는 자신의 가

숨이 그저 숨이 차서 그런 건지, 아니면 뭔지 모를 어떤 감정 때문인지 아직 모르고 있었다. 그녀는 숨을 잠시 가다듬고 나서 천천히 김현웅과 보조를 맞춰 걸으며 말했다.

"요즘 시내 쪽은 다 그럴 것 같아요. 그냥 시내를 벗어나서 우리 집 근처로 가요."

"집 근처면, 리춘(李村)이었던가요? 거기엔 뭐 먹을 게 마땅한 게 있을까요?"

"티엔푸라오마(天府老妈) 알죠? 사천요리 전문 식당. 리춘에도 있어요."

"잘 알죠. 리춘이면 내가 살고 있는 청양으로 가는 길이기도 하니, 잘됐네요. 그럼 택시 타고 그리 가죠."

그러나 택시마저도 쉽게 잡히지 않았다. 둘은 좀 더 한적한 거리로 나가기 위해 이십여 분을 더 걸어야 했다. 길을 걸을 때마다 마주 오는 사람들에 몸이 치일까봐 김현웅은 카이를 조심스럽게 옆으로 배려하며 자연스럽게 그녀의 어깨를 감싸기도 했는데, 카이는 그런 그의 모습이 마냥 좋기만 했다. 중국 남자에게서 볼 수 없는 한국 남자만의 자상함이 그녀의 마음을 포근히 감싸주는 것만 같았다.

간신히 택시를 타고 리춘에 도착했을 때는 여덟 시가 다 되었다. 보통 저녁 다섯 시면 직장이 끝나는지라, 이미 여러 사람이 빠져나간 식당은 비교적 한적했다. 시간도 꽤 늦은 편이어서 두 사람은 간단히 마파두부와 새우 요리 정도를 시키고 칭다오 맥주를 한 잔 하고는 자리를 나왔다. 카이는 외지인이 아니라 칭다오에서 태어나 부모님과 함께 살고 있기 때문에, 한국인들처럼 집에 늦게 들어가는 것을 무척 부담스러워했다. 김현웅은 식사를 마치자, 바로 그녀를 집 근처에 바래다주었다.

이제 본격적으로 메이디커 기초 제품 용기가 생산되어야 할 때였다. 나는 한 번도 가보지도 못한 광저우의 용기 업체에 무작정 생산을 맡기고 마냥 기다리기가 불안했다. 바로 한 달 전 메이디커 색조 용기의 팔십 퍼센트 불량의 악몽을 되풀이할 수는 없었다. 그렇다고 다른 일로 바쁜 내가 직접 광저우로 날아갈 형편도 못 되었고, 마땅히 믿고 맡길 만한 사람도 없었다. 지난번 김 대리에게 색조 용기를 검수하게 했다가 미숙한 일처리로 낭패를 당한 바가 있었기 때문이다. 고민 끝에 나는 신입 사원이긴 하지만 신뢰가 가는 김현웅과 함께 카이를 불렀다.

"김현웅 씨, 카이 씨, 둘이서 급히 광저우로 출장을 갔으면 좋겠네."

이때만 해도 나는 김현웅과 카이가 서로 '내 거인 듯 내 거 아닌 내 거 같은' 썸(Some)을 타고 있는 줄은 꿈에도 모르고 있었다.

"네? 광저우요? 갑자기 무슨 일이죠?"

김현웅은 무슨 큰일이 났는지 걱정스럽다는 듯이 내게 물었다.

"응. 곧 메이디커 기초가 생산에 들어가야 하는데, 아무래도 항상 중국 용기들이 불안해서 말이야. 네가 가서 업체도 방문하고, 생산 시설도 보고, 생산 일정도 재확인해봐."

"그 일은 김 대리 업무가 아닌가요?"

"김 대리가 지난번 실수한 일도 있고, 게다가 다른 신제품 개발이 많아서 준비해야 할 일도 너무 많아. 네가 비록 신입 사원이지만 나랑 상하이 박람회도 갔었고, 여러 업체도 만나봤으니 대략 감을 잡을 수도 있겠고, 또 네가 좀 부족한 점이 있더라도 경험이 있는 카이랑 같이 가면 도움이 될 것 같으니, 둘이 함께 가면 좋겠네."

김현웅이 나의 말을 카이에게 중국어로 통역을 해주자, 카이도 고개를 끄덕이며 긍정의 뜻을 표했다.

"지금부터 내가 기본적으로 검토해야 할 사항을 자세히 설명해줄 테니, 잘 메모했다가 엑셀로 체크 리스트를 만들어봐. 출장 갈 때 그걸 가지고 가서 이상이 없는지 세세하게 잘 살펴보고, 납기에 차질이 없도록 당부도 하고 오기 바란다. 알았지?"

나는 김현웅에게 공장 위치, 생산 규모, 1일 생산량, 타사 제품 생산 현황, 담당자의 성향 등등 여러 검토 사항들을 자세히 얘기해주었다. 솔직히 나는 용기 공장이 너무 영세해서 생산을 잘 못할까봐 걱정한 게 아니라, 너무 큰 회사라서 다른 큰 물량 때문에 우리 제품을 소홀히 할까봐 걱정이었다. 그래서 나는 김현웅으로 하여금 체크 리스트와 함께 우리 회사의 소개 자료도 함께 만들어 가서, 이미 의료기기로 중국에서 십 년이 넘은 회사이며, 비록 지금 우리가 화장품 사업을 작게 시작하지만 앞으로는 크게 성장할 것이라는 점도 강조하도록 했다. 한 사람은 비록 신입이지만 믿을 만한 한국인이었고, 다른 한 사람은 이미 나랑 광저우 출장도 같이 가본 경험과 경력 있는 중국인이었기에, 두 사람이라면 충분히 일을 잘 수행해나가리라 생각했다. 실제로 그들은 내 기대를 저버리지 않고 삼 일간의 출장 동안 깔끔히 일을 잘 정리해 와서, 나는 용기 생산에 대해 한시름을 놓을 수가 있었다.

김현웅과 카이가 이른 아침부터 서둘러 칭다오에서 세 시간 반을 비행하여 광저우에 도착했을 때는 점심이 다 되었을 때였다. 비행기가 삼십여 분지연되는 바람에 두 사람은 서둘러 공항에 나오자마자 바로 길게 줄 서 있는 택시를 타고 예약한 호텔로 갔다. 근 한 시간을 달려 도착한 호텔에는 용기회사 영업 담당자가 이미 기다리고 있었다. 두 사람은 늦어서 미안하다는 말을 남기고, 얼른 방 두 개를 체크인 한 후 짐만 놔둔 채 바로 로비로 내려왔다. 공장은 호텔에서도 약 두 시간이나 떨어진 곳이었다. 그래서 기내에서 형편없는 기내식으로 대충 아침을 때운 두 사람은 아무리 배에서 밥 달라는 소리가 요란을 피워도, 점심식사를 할 여유도 없이 바로 공장으로 향할 수밖에 없었다.

일은 순조로웠다. 원래 간장병과 맥주병 같은 식품류의 유리 용기를 주로 생산하는 이 회사는 엄청난 물량에 공장을 풀가동할 정도의 큰 규모였으나, 최근 고부가가치의 사업 다각화를 위해 화장품 용기에 손을 댄 지 얼마 되지가 않았던 때였다. 그래서 그들은 비록 지금 당장은 물량이 적더라도, 장기적인 비전을 보고 화장품 사업을 넓혀가는 점이 우리 회사와 일맥상통했다. 그런 점에서 미리 준비한 회사 소개와 비전을 프리젠테이션한 것은 적절한 조치였다. 당장의 거래와 이익을 떠나 두 회사가 서로 신뢰할 수 있는 모멘텀을 만든다는 것은 거래에서 가장 우선적으로 중요한 일이기 때문이다.

그러자 두 사람은 좋은 분위기 속에서 협조를 받으며 일을 수행할 수 있었다. 체크 리스트에 맞춰 공장에 대한 정보를 파악하고, 화장품 용기 품질을 검토한 후 각각의 견본들에 대한 표준 한도 견본을 설정하였으며, 용기 생산 계획 일정을 점검한 후 납기에 차질 없이 상하이 C사 공장으로 입고될 수 있도록 당부의 말을 남기고 공장을 떠났다.

"오늘 일은 무사히 잘 마쳤고, 내일은 자유롭게 화장품 용기 시장조사만 하면 되니, 우리 어디 좋은 데 가서 저녁식사나 할까? 점심도 못 먹어서 배고파 죽겠네."

김현웅은 죽겠다는 제스처로 배를 움켜잡고 허리를 약간 굽히며 말했다. 중국어에는 우리나라처럼 다양한 존칭어 표현이 없다. 영어의 Please와 같이 청한다는 의미의 '칭(请)'이란 말을 명령어의 앞에 붙이면 존칭해서 부탁하는 표현이 된다. 즉, '앉으세요'를 영어로 'Please sit down.' 하는 것처럼, 앉는다는 의미인 '쭈어(坐, 좌)' 앞에 칭을 붙여 '칭쭈어(请坐)' 하면 된다. 김현웅과 카이는 동갑내기라서 이런 식의 존칭 표현을 쓰지 않았기 때문에, 금세 서로 말을 놓고 편하게 대화했다.

또한 중국어에도 죽겠다는 표현으로 '죽을 사(死)' 자를 말에 붙여 쓰는 경우가 있다. 예를 들어 방금 김현웅의 말처럼 '배고파 죽겠다'라고 할 때는 배고프다는 뜻의 '어(饿)' 뒤에 '쓰(死)'를 붙여, '어쓰러(饿死了)'라고 한다. 같은 방식으로 '피곤해 죽겠다'는 '레이쓰러(累死了)'가 된다. 배고프고 피곤한 건 한국이나 중국이나 모두 죽도록 힘든 일인 게 틀림없나보다.

카이는 장쑤 성 쑤저우(蘇州, 소주)에 있는 대학에서 디자인을 전공한 후, 첫 직장으로 중국 회사에 취직하여 광저우에 여러 번 출장 온 경험이 있었다.

지난번 나랑 같이 출장 왔을 때는 총경리인 내가 어렵기도 했고 일정이 너무 촉박하여 경황이 없었던 관계로 제대로 식사할 시간도 없었지만, 이번에 모처럼 다시 광저우에 오니 전 직장에서 자주 갔었던 태국 음식점에 꼭 다시 가보고 싶었다. 그래서 김현웅이 저녁식사 얘기를 꺼내자 대뜸 대답했다.

"현웅, 베이징루(北京路)에 가봤어? 그곳에 괜찮은 태국 음식점이 있는데, 분위기도 좋고 맛도 좋아."

"베이징루? 내가 광저우에 난생 처음 왔는데 언제 가봤겠어? 게다가 태국 음식이면 맨날 먹는 중국 음식보다 훨씬 더 좋겠다. 하오! 우리 그리 가자."

그들은 얼른 택시를 잡아타고 베이징루로 향했다. 이쯤에서 중국을 잘 모르는 사람들을 헷갈리게 하는 것 중의 하나인 거리 이름에 대해 얘기해보겠다. 나는 이미 상하이에서 난징루(南京路)에 갔던 얘기를 한 적이 있다. 베이징이나 난징은 워낙 역사적으로도 유명해서, 중국에 대해서 잘 모르는 사람도 그 이름은 잘 아는 곳이다. 그런데 광저우 갔다는 사람이 베이징루에 갔다고 하는 경우, 잘못 들으면 광저우를 갔다 온 건지 베이징을 갔다 온 건지 도대체 아리송할지도 모르겠다. 중국은 대부분의 도시에서 거리 이름을 중국의 유명한 성(省)이나 도시 이름을 사용하기 때문이다. 그래서 여러 도시에 같은 거리의 이름이 부지기수이다.

예를 들어 지금 나는 칭다오에서 매일 회사로 출근하기 위해 집이 있는 헤이룽장루(黑龙江路, 흑룡강로)를 지나 회사가 있는 충칭루(中京路, 중경로)로 출근을 한다. 잘 알다시피 헤이룽장은 하얼빈이 있는 동북 3성 중의 하나이고, 충칭은 쓰촨 성에 있는 직할시이다. 그리고 칭다오 시내에는 장쑤 성, 저장 성, 안후이 성 등 중국의 모든 성 이름이 붙은 거리들이 즐비해서, 차를 타고 시내를 한 바퀴 돌면 중국의 웬만한 성들은 다 가보고도 남을 정도이다. 따라서 종로나 테헤란로처럼 거리 이름만 들어도 그곳이 서울인 것을 알수 있는 것과는 달리, 중국에서는 거리에 붙여진 이름만 듣고는 그곳이 어느성에 붙어 있는 곳인지 파악하기가 쉽지 않아 성과 거리 이름을 함께 명확히 알아두어야 한다.

광저우가 대도시임에도 불구하고, 허름한 건물과 지저분해 보이는 거리, 그리고 아무 곳에서나 웃통을 벗어젖힌 거리의 인부들과 수많은 자전거와 스쿠터의 무질서한 행렬들을 보면, 김현웅이 처음 접한 광저우는 중국에서 내로라하는 대도시 중의 하나라고 상상할 수 없는 곳이었다. 그러나 그는 베이징루에 들어오는 순간, 지금까지 자신이 접한 광저우가 도심 외곽의 한 거리임을 실감하게 되었다. 특히 울긋불긋 조명으로 한껏 치장을 한 베이징루

밤의 불빛이 화려한 베이징루.

의 밤거리는 불빛에 이끌린 불나비처럼 많은 사람들을 끌어모아 거리를 더욱 생기 있게 재탄생시키고 있었다. 마치 김현웅에게 베이징루가 광저우의 1선 도시임을 뽐내듯이 말이다.

하지만 어쨌든 그들은 배가 고팠다. 더욱이 이곳은 음식의 천국, 중국 4대 요리에 들어가는 광둥요리의 성지 광저우가 아닌가? 불빛에 반짝이는 온갖 요리로 치장된 거리를 외면한 채 지나간다는 것은 고문이나 다름없었다. 김현웅은 마음을 굳게 먹고 카이가 인도하는 태국 음식점으로 발길을 재촉했다. 그러나 허무하게도 그곳엔 태국 음식점이 아니라 중국식 국수집이 떡하니 자리하고 있었다. 카이는 당황했다.

"분명 이곳에 있었는데……."

이리저리 두리번거리는 카이를 보고 참다못한 김현웅이 약간 짜증 섞인 목소리로 나섰다.

"카이, 이곳이 확실해?"

"응. 분명 확실한데. 이상하네?"

"그럼 없어졌나봐. 왜 있잖아, 외국인이 장사 잘되면 집주인이 내쫓아버리고 자기가 들어와서 하는 거 말이야. 그런 거 보면 중국인들 참 욕심이 너무 많아……."

순간 그는 '아차!' 하며 카이의 눈치를 보았다. 중국인 친구들에게는 항상 말조심을 한다고 신경 쓰고 있었으나, 허물없이 부쩍 가까워진 카이였기에 그는 거리낌 없이 속마음을 드러내고 만 것이다. 카이는 살짝 눈을 흘겨보기만 하였을 뿐, 별 다른 말은 하지 않았다. 지금 그녀는 아침부터 제대로 식사를 하지 못한 김현웅에게 잘못 안내한 것이 무척 미안하기만 할 뿐이었다. 그런 낌새를 눈치챈 그가 얼른 말을 돌리며 그녀에게 말했다.

"이왕 여기까지 왔으니 다른 데 가지 말고 그냥 여기서 맛있는 면으로 때우자. 저렇게 사람들로 가득 찬 걸 보니, 이 집도 꽤 인기 있나봐."

그는 음식점 앞 메뉴 안내판으로 성큼성큼 걸어가더니, 다시 말을 이었다.

"어디 보자. 난 우육탕면이 먹고 싶네. 배가 너무 고파서 소고기가 듬뿍 들어간 걸로 먹어야겠어. 카이는 뭐 먹을래?"

김현웅의 배려에 카이는 미안함과 동시에 고마움을 느끼며 그의 등 뒤에 대고 짧게 말했다.

"이양더!(一样的, 같은 걸로)"

소박하지만 두 사람의 마음이 하나가 되는 포근한 저녁이었다.

식사를 마친 두 사람은 광저우의 무더위도 아랑곳없이 어느새 두 손을 꼭 잡고 즐거운 연인처럼 온 거리를 누비며 걸었다. 거리 한 곳 나무에는 고풍스런 홍등이 가득 장식되어 있었는데, 이상하게도 홍등에 불이 들어오지 않아 거리를 지나는 수많은 사람들과는 전혀 어울리지 않게, 마치 중국 영화의 귀신들이

송나라 시대의 길바닥이 유리판 아래에 보존되어 있는 모습.

사는 곳처럼 을씨년스럽기만 했다. 대로 한가운데 바닥에는 유리 덮개들이 군데군데 길게 늘어서 있는데, 송나라 시대의 길바닥 그대로를 잘 보존하여 유리를 통해 볼 수 있게 해놓았다 전통과 현대가 공존하는 역사적인 모습을 볼 수 있는 곳이다.

카이는 중국의 이런 점이 좋다고 했다. 특히 그녀가 대학을 나온 쑤저우의 옛 건물과 아름다운 호수와 수로들을 생각하면 지금도 그곳에서 살고 싶다는 생각이 들 정도로 그립다고 했다. 그러나 김현웅은 그녀와 달랐다. 그는 서울 출신답게 문명의 이기(利器)가 가득 넘치는 대도시가 좋았다. 그러면서도 전통을 잘 보존하고 살리는 중국의 이런 점이 부럽기도 했다. 서울의 명동에서는 조선시대의 거리를 볼 수 없으니 말이다. 뭔지 모를 어떤 반발감에 김현웅은 한국에도 이런 곳이 많다고 말했다.

"카이, 서울에도 마을 전체가 조선시대 전통 한옥으로 되어 있는 곳들이 있어. 언제 서울에 함께 가게 되면 내가 꼭 안내할게!"

"그래? 난 서울에 한 번도 못 가봤는데, 너랑 꼭 같이 가고 싶다."

카이의 꿈은 김현웅과 함께 가는 서울을 그리며 점점 부풀어가고 있었다.

한창 기승을 부렸던 무더위도 한풀 꺾이고 우리나라 최대의 명절 중의 하나인, 중국에서는 중추절(仲秋节)이라 부르는 추석이 돌아왔다. 이미 9월이 다 지나간 상황에서 한 달 지연된 생산 라인을 앞당길 여력도 없었고, 바로 다음 주는 중추절보다도 더 긴 연휴인 국경절(国庆节)이 기다리고 있어서, 이미 한 달이나 출시가 연기된 메이디커는 10월 1일부터 이어지는 일주일간의 국경절 연휴 때문에 10월 말에라도 나오면 감지덕지인 상황이 되었다. C사를 그리 쉽게 믿는 게 아니었는데, 한국인들에게 그렇게 당했으면서도 같은 민족이라는 것 하나가 또 신뢰를 깨고 말았다. 게다가 중추절 휴무에 이은 국경절이라니, 중국 초년생인 내게는 청천벽력과도 같은 일이었다.

중국에서 우리나라의 설날에 해당하는 춘절(春节)은 우리와 마찬가지로 민족의 대이동이라 불릴 정도로 가장 큰 명절이지만, 중추절은 춘절만큼은 아니었다. 과거 농경사회일 때는 물론 매우 중요한 날이었을 것이다. 그래서 우리가 송편을 빚어 먹듯이 중국인들은 월병(月餠)을 만들어 먹거나 선물을 한다. 대부분 월병 선물 세트가 백 위안대의 가격이지만, 비싼 것은 금가루를 입힌 수만 위안 상당의 월병도 있을 정도다. 그러나 중추절 다음으로 이어지는 국경절 때문인지 최근에 중국의 중추절은 그 의미가 점차 퇴색해가고 있어, 휴일도 중추절 당일 하루뿐이다.

국경절이란 중화인민공화국이 설립된 날을 기리는 경축일이다. 지금의 중화인민공화국은 1949년 10월 1일에 베이징 천안문(天安門) 광장에서 성대한 개국대전과 함께 처음으로 성립되었다. 그 후 매년 10월 1일을 중국이 성립된 위대한 날이라 해서 국경일로 정해졌으며, 지금도 전국 각 지역에서 매년 경축 행사가 거행되고 있어, 국경절은 춘절과 함께 중국의 양대 휴일 중의 하나가 되었다. 춘절에는 수많은 중국인들이 고향을 찾아가는 데 비해, 국경절에는 주로 여행을 다니며 세계를 놀라게 한다. 우리나라에도 매년 국경절 때면 중국인 요우커(遊客, 관광객)들이 몰려와서 엄청난 외화를 쓰고 가는 걸로 잘 알려져 있다.

그래서 그런지 일반적으로 사람들은 춘절이나 국경절이 매우 긴 휴가 기간인 줄 알고 있으나 실상 공식적인 법정 휴가는 사흘뿐이다. 중국 정부는 2000년부터 매년 일 년간의 휴가 기간을 조정해서 발표하고 있는데, 특히 춘절과 국경절의 경우는 연휴 전후의 주말에 대체 근무를 이틀간 하게 하는 대신, 법정공휴일인 사흘보다 이틀이 많은 닷새를 연휴로 쉴 수 있도록 조정하여, 주말을 끼고 총 일주일 동안 휴가를 쓸 수 있도록 하고 있다. 그러나 워낙 넓은 대륙의 이동 거리와 시간을 감안해서 개인적으로 유급, 무급 휴무를 더하는 경우가 대부분인지라, 사람에 따라 길게는 이 주일의 휴가를 즐길 수도 있는 것이다.

그래서 일반적으로 사무직 근로자들은 7~9일 정도의 휴무를 사용하지만, 개인 사업자나 공장에서 근무하는 노동자는 그 이상을 쉬거나 고향에 가서 아예 연락도 없이 안 돌아오는 경우가 많아서, 이때만 되면 생산 공장들은 인력난으로 초비상이 걸리기도 한다. 따라서 우리 회사처럼 적은 물량을 생산하는 회사는 큰 회사에 밀려 눈물을 머금을 수밖에 없게 되기 때문에, 메이디커도 차일피일 미루어지는 일정 속에서 10월도 지난 11월에 간신히 출시를 할 수 있게 된다.

제3부

우당탕탕 영업 이야기

1. 송 부장 가족

　송 부장은 가족이 오게 되어 회사에서 차로 약 이십분 거리에 떨어진 천태
한국성이라는 아파트를 구했다. 대부분의 중국 아파트들은 나와 김현웅이
함께 사는 숙소처럼 벽에 도배 대신에 하얀 회칠이 되어 있어, 자칫 벽에 기
대면 옷에 하얀 칠이 묻어나기도 하며, 바닥 난방도 없어서 라디에이터나 개
별 냉온풍기를 쓰는 경우가 많아 겨울엔 무척 춥다. 또한 내부 구조는 거실
만 쓸데없이 큰 반면에 작은 방들이 한쪽에 다닥다닥 붙어 있고, 따로 방으
로 되어 있는 부엌에는 큰 냉장고가 들어가지도 못할 정도로 너무 작았다.
그러나 천태한국성은 한국인들 취향에 맞는 내부 구조와 한국식으로 도배와
바닥 난방이 된 아파트 단지이기 때문에, LA 한인촌처럼 많은 한국인들이
모여 살고 있는 곳이다. 그래서 한국인 이웃들과 쉽게 친해질 수도 있으며,
중국어를 잘 못해도 아파트 관리소나 주변 슈퍼마켓, 식당 등에서도 모두 한
국어로 소통이 가능하다는 장점이 있다.

천태는 우리나라의 현대처럼 중국에서 나름 브랜드가 있는 큰 건설사 이름이다. 천태는 아파트뿐만 아니라 골프장, 호텔, 그리고 쇼핑센터 등도 가지고 있는 매우 큰 회사로, 특히 한국의 아파트를 벤치마크 해서 보다 좋은 주거 공간을 제공하기 위해 상당한 노력을 하고 있다. 그런 만큼 가격이 비싼 편이라서 현재 칭다오 청양 지역에서는 주로 한국인들이 하나의 군락을 이루며 천태한국성이란 이름의 한국식 아파트에 살고 있는 한편, 그 옆에 나란히 중국성이라는 중국인들을 위한 작은 평수의 저가 아파트 단지도 함께 있어, 상당히 큰 규모의 아파트 단지를 이루고 있다.

중국 땅이 넓어서 그런지는 몰라도, 대단지임에도 불구하고 건물 간의 간격이 넓고 자연 친화적인 조경으로 호수와 나무, 잔디밭이 잘 꾸며져 있다는 것이 이 아파트의 장점이었다. 그리고 무엇보다도 송 부장은 아파트가 회사와 가까운 것이 무척 좋았다.

송부장이 선택한 집은 십칠 층 아파트의 맨 꼭대기 펜트하우스 같은 복층이었는데, 한국에서 봤던 복층과는 사뭇 달랐다. 우리나라의 일반 복층은 위층 높이가 반뿐이 안 되어서 위에서는 허리를 굽히고 다녀야 하는 경우가 많은데, 이곳은 위층도 아래층과 똑같은 높이의 완벽한 이층집이었다. 게다가 거실은 위아래가 트여 있어 천장이 매우 높고 시원한 느낌을 주는 게, 꽤 괜찮은 호텔의 파티 룸 같은 느낌이었다. 한국에선 이런 아파트에 살아보기 힘들 것이라는 점에서 그는 이 집이 꽤 마음에 들기도 했었다. 단지 당장 불필요한 이층에 대한 난방비나 청소 및 관리 등이 문제라서 아내가 그리 썩 내

한국인이 많이 사는 천태한국성 아파트.

켜 하지 않겠지만, 두 명의 아이들과 앞으로 한국에서 방문할 여러 가족들을
생각하면 나쁘지 않을 것이라는 생각이 더욱 압도적이었다.

송 부장 가족은 컨테이너를 가득 채운 이삿짐을 정리하는 데만 해도 일주
일이 넘게 걸렸다. 개구쟁이 아들만 둘인 송 부장의 짐은 거의 대부분이 아
이들의 장난감과 책으로 가득했다. 게다가 그의 아내는 중국 오는 것이 마치
전쟁 나서 피란 가는 것처럼 한국에서 샴푸며 세제며 각종 생활용품들을 한
보따리 사오는 바람에 사십오 평이나 되는 넓은 아파트가 비좁아 보일 정도
였다. 그래도 십이 개월 임대료 사만 위안(약 720만 원)으로 이 정도의 집을
구한 것은 행운이었다.

회사는 주재원의 가족이 이사 올 경우 주택 임대료와 자녀 학자금을 국제
학교 수준으로 두 명까지 지원해주었다. 이런 점 때문에 그의 아내는 잘 다

니던 대기업을 그만두고 오직 남편과 아이들을 위해 중국까지 넘어오게 되었다. 물론 그녀는 십여 년간 직장 생활을 하느라 아이들에게 많이 신경 쓰지 못했던 점이 항상 마음속에 응어리로 맺혀 있던 참이어서, 송 부장이 함께 중국에서 살자고 제안했을 때 망설임 없이 회사를 떠나기로 결정했다.

부부가 모두 모태 신앙의 독실한 크리스천인 송 부장 가족은 짐정리가 마무리되자 교회부터 찾았다. 칭다오 한인 교회에서는 마침 주일이면 아파트 앞으로 버스를 보내주어 다니기에 불편함도 없었고, 예배가 끝나면 점심도 주는 등 따스한 한국인의 정을 느낄 수 있는 곳이었다.

중국에서는 한인 교회나 성당에 중국인이 다니는 것을 금하고 있다. 한때는 공안이 나와 감시도 할 정도여서, 가끔 국제결혼을 한 사람들을 제외하면 교회에서 중국인들을 보기는 힘들다. 처음에 나는 중국이 사회주의 국가여서 종교의 자유가 없어서 그런가 생각했었다. 그런데 따로 중국인 교회들이 꽤 있고, 중국 직원들 중에서도 기독교를 믿는 이들도 있을 뿐만 아니라, 방방곡곡에 수많은 불교와 도교 사찰이 있는 걸 보면 분명 종교의 자유를 구속하는 것은 아니었다. 아마도 종교적인 측면으로 한국인과 중국인이 섞여서 불미스러운 일이 생기거나, 아니면 중국인들이 너무 한국적인 사상에 물드는 것을 염려해서 그러는 게 아닌가 싶다.

어쨌든 한인 교회를 찾은 그녀는 직장이란 큰 무게를 내려놓은 것을 기회로, 그동안 마음은 있었지만 미처 하지 못했던 주일학교 선생님을 자원하여 봉사 활동도 하고, 가족을 돌보기로 마음도 먹으며 나름대로 중국에서의 첫발을 순조롭게 내딛고 있었다. 그녀는 또한 집들이 겸해서 나와 김현웅을 집으로 초청해서 직접 음식을 만들어서 대접도 해주었는데, 우리는 모처럼 맛있는 집밥을 먹으며 제대로 된 식사의 행복감을 느끼기도 했다.

그러나 나중에 그의 가족은 이 집 때문에 수없이 애를 먹게 된다. 한마디로 중국 건설 회사의 형편없는 부실 공사의 소치였다. 겨울이 되자 매서운 추위가 닥쳐왔다. 그런데 난방을 하루 종일 강하게 켜놓아도 오리털 점퍼를 입고 있어야만 할 정도로 집이 추웠다. 이중창이 아닌 홑겹의 창문 틈으로 황소바람이 새어 들어와, 창문을 꼭 닫아도 높은 천장에서 길게 내려온 전등이 불안하게 흔들릴 정도였다. 게다가 복층으로 이루어진 높은 공간은 아무리 난방을 틀어도 열효율이 떨어져 난방비를 잡아먹는 도깨비처럼 보였다.

그러나 겨울을 넘기고 나면, 정반대로 여름에는 에어컨을 켜지 않아도 될 정도로 시원하고, 펜트하우스에서 바라보는 탁 트인 호수의 전경이 좋다는 장점도 있었다. 그는 일 년을 살아보고 이런 장단점을 비교하며 더 살지를 고민하다가, 늘어난 짐을 옮기는 번거로움이 싫어서, 집주인이 창문을 이중창으로 고쳐준다는 조건으로 한 해를 더 살아봤다. 그러나 이 또한 대충대충 부실 공사로 이어졌다. 베란다에 설치한 창문이 바람을 한 번 걸러준다 해도, 부실한 창틈 사이로 스며들어오는 한겨울 매서운 추위에 그들은 또 오리털 점퍼를 입어야만 했고, 결국 이 년 만에 난방이 잘되는 다른 동으로 이사를 했다.

그런데 이번엔 난방이 너무 잘되어서 한겨울에도 반팔만 입고 지내야 할 정도로 더운 게 문제였다. 게다가 개별난방이었던 지난번 집과는 달리 중앙난방식이라 온도를 조절할 수가 없어, 한겨울에도 창문을 열었다 닫았다를 반복하며 삼십 도에 달하는 더위와 싸워야 했다. 지난번 개별난방 집은 매달

가스를 충전하여 사용해야 했는데, 한 달에 난방비가 한국 돈으로 이십칠만 원 정도가 든 반면, 새로 이사한 집은 겨울 내내 사용할 난방비를 한 번에 결제하면 약 사 개월 동안 난방이 들어오는 식이었는데, 난방비가 저번 집보다 반도 안 되는 십이만 원 수준이었는데도 더워서 못 살 정도였다. 참으로 비교 체험 극과 극이었다. 그러다보니 밖과 온도 차이가 심해서 같은 동에 사는 사람들은 겨울에 심한 감기를 앓는 사람이 많기도 했는데, 두 명의 어린 아이들도 예외는 아니었다. 송 부장 가족은 결국 천태성을 떠나 다른 곳으로 이사하게 된다.

"총경리님, 결재해주실 일이 있습니다."

송 부장이 내 방으로 들어오며 말했다.

"뭐지?"

"재직증명서를 발부받으려고 하는데, 꽁장(公章, 법인 인감 도장)을 찍어야 해서요."

"재직증명서? 그건 왜? 어디 다른 회사 알아보려는 건 아니고?"

"에이, 제가 지난번에 충성 맹세했잖아요. 다시는 총경리님을 배반하지 않겠다고. 나중에 총경리님이 저를 자르지나 마세요. 하하."

송 부장은 뒷머리를 슬쩍 쓰다듬으며 겸연쩍게 웃고는 꽁장 사용 장부를 내게 내밀었다.

"사실 큰 애 학교 때문에요. 학교에 입학하려면 재직증명서가 있어야 한다네요."

"그런데 학교는 어디 보내기로 했어?"

사실 이건 학자금과 관계가 있는 것이라 나의 관심사이기도 했다.

"지금은 일단 한국인 학교로 보내려고 해요. 아직 중국어가 딸려서 중국 국제학교에 보내기는 어려워서요."

칭다오에는 크게 세 종류의 학교가 있다. 한국과 똑같은 학사 일정과 커리큘럼을 운영하는 한국인 학교, 영어권의 외국계 국제학교, 그리고 그 중간 격으로 중국 학교에서 외국인을 대상으로 운영하는 국제학교이다. 등록금의 경우 한국학교가 일 년에 삼만 위안 정도로 가장 저렴한 반면, 외국계 국제학교는 십만 위안이 넘는 곳도 있으며, 중국 국제학교는 사만 위안대 수준이었다. 우리 회사는 대기업 수준이 아니라서 중국 국제학교 정도로 등록금을 지원해 주고 있는데, 한국어가 아닌 영어와 중국어로 가르치는 중국 국제학교에 가려면 일정 수준의 중국어 능력은 필수였다.

"하긴, 아이들이 얼른 중국 환경에 적응하려면 중국어부터 배워야겠지. 그래, 애들은 어때? 중국에서 사는 거 괜찮대?"

"네. 생각보다 잘 적응하고 있어요. 그리고 벌써 열심히 중국어 학원도 잘 다니고 있습니다. 9월이 개학이니까 그때까지 열심히 따라가봐야죠. 그런데 아무래도 둘째보다는 첫째가 더 힘들어 하네요."

"그렇겠지. 외국어는 아무래도 더 어린 애들이 빠르더라. 아무튼 이제 가족도 다 왔으니 앞으로 술 좀 적게 마시고 일찍 집에 가는 걸로."

"네, 총경리님. 그런데 사모님 오시는 건 잘 진행되고 있나요?"

"글쎄, 나도 모르겠다. 피아노 학원이 얼른 나가야 되는데, 어째 임자가 잘 안 나타나네. 이러다 집사람이 예정대로 오기가 힘들지도 모르겠어. 에잇, 어찌 되겠지. 걱정 마라."

"네. 잘되겠죠. 그럼 나가보겠습니다."

아내는 한국에서 작은 피아노 학원을 운영하고 있는데, 경기가 좋지 않아 원생 수도 줄어들어 학원이 잘 나가지가 않아 이만저만 걱정이 아니었다. 이러다 한 해가 넘어간 후에나 중국으로 오게 될지, 나도 슬슬 걱정이 되던 참이었다.

송 부장이 나간 후, 나는 생각난 김에 아내에게 학원 정리가 어떻게 진행되고 있는지 휴대폰에 문자를 남겼지만, 아내의 대답은 한결같았다. 아직 잘 모르겠고 기다려봐야 한다는 것이었다. 아무래도 김현웅과의 동거는 장기 레이스가 될 것 같았다.

2. 대리상의 리더급 이 부총경리

이 상무가 퇴사하고 나서부터 모든 일이 순조롭게 진행되었다. 나는 모든 것을 처음부터 다시 시작한다는 마음으로 조직을 재정비했다. 우선 영업으로 편중된 인력을 각자의 능력과 역할에 따라 다른 부서로 재배치하였으며, 새로 채용한 장 상무를 중심으로 영업 조직과 정책을 새로 수립하게 했다.

장 상무는 나보다 화장품 경험이 풍부한 사람은 아니었다. 화장품에 대한 전문적인 지식도 부족했고, 전략적인 마인드도 떨어졌다. 하지만 그는 최소한 내가 가지고 있지 못한 것을 갖고 있었는데, 바로 중국에서 화장품 영업을 수년 간 해봤다는 경험이었다. 그는 중국의 화장품 시장 현황을 잘 알고 있었으며, 무엇보다도 과거 거래했던 대리상들 정보와 인맥, 그리고 그들의 속성을 잘 파악하고 있었다. 그 점에서 나는 장 상무의 말을 철저하게 신뢰할 수밖에 없었다. 그리고 그는 이에 부합하듯 과거 이 상무와는 달리 입사하자마자 한 달 만에 새로운 영업 정책과 새로 거래할 대리상 계획을 제출했다.

그런데 문제는 그가 제출한 영업 정책이 너무 많은 돈을 써야 하는 것이었다. 한마디로 이렇게 사업해봤자 남는 돈은 하나도 없으며, 오히려 큰 적자가 날 처지였다. 그의 정책을 검토하고 나서 나는 장 상무 방을 노크했다.

"장 상무님, 안녕하십니까? 시간 되세요?"

"네, 어서 오십시오."

장 상무는 특유의 말꼬리를 길게 끄는 말투로 나를 맞이했다.

"제가 이 서류들을 검토했는데, 너무 퍼주는 것 같아요. 아무리 따져봐도 이익이 나지 않아요. 아니, 처음이니까 투자 개념으로 이익이 아니라 손해를 본다 해도 이건 너무 심한 거 아닌가요? 이러다 나중에 과연 이익을 회복할 수 있을까 모르겠어요."

"아하, 그렇죠? 처음엔 다 그렇습니다. 이건 새로 거래하는 신규 대리상들에게 육 개월만 특별 지원하는 거니까, 육 개월이 지나고 지속적으로 거래가 되면 이익 구조로 전환될 것입니다. 제가 다녔던 회사에서도 그랬어요. 거기가 지금 이익 많이 나는 거 잘 아시죠?"

"잘 알죠. 그래도 거긴 대기업 자금이 투자된 곳이고, 우리는 자금 여력이 그리 크지 않습니다. 이렇게 퍼붓다가는 얼마 안 되어서 자금에 어려움을 겪을 수도 있어요."

"신 상무님, 우리가 이렇게 해주지 않으면 어떤 대리상과도 거래를 하지 못합니다. 일단 거래를 트는 것이 중요하지 않나요? 우린 지금 대리상이 아무도 없어요."

회사의 모든 사람들이, 심지어는 민 대표도 나를 총경리라고 호칭하는데도 불구하고 장 상무는 항상 나를 신 상무라고 호칭했다. 그는 내가 자신의 위가 아니라 동등한 존재라는 것을 호칭으로 부각시키려고 했다. 나는 이런 호칭에는 별로 개의치 않았지만, 말로만 총경리로서 업무적으로 영향력을 가지지 못하는 점이 못내 아쉬웠다. 민 대표가 과거 이 상무 때처럼 장 상무를 내게서 분리해서 본인이 직접 결재하는 라인으로 만들었기 때문이다. 결국 내가 이처럼 찾아와서 얘기하는 것은 그 어떤 통제력도 없이 의논하고 합의하는 과정일 뿐이었다. 과거 이 상무 때 실패한 경험이, 전혀 학습되어 개선되지 않고 되풀이되는 상황이었다.

"그건 맞아요. 하지만 우리의 지원율이 경쟁사에 비해 터무니없이 높아요. 장 상무님이 직접 만든 비교표를 보세요."

"네, 압니다. 제가 만든 표 아닙니까? 하지만 입장 바꿔 생각해보세요. 대리상 입장에서는 이미 다른 회사랑 거래를 하고 있어요. 실적도 좋아요. 예를 들어 지금 오십만 위안을 거래하고 있습니다. 그리고 한 달에 지원받는 게 삼 퍼센트라고 하면 만오천 위안이죠? 그런데 우리 회사와 거래하면서 과연 오십만 위안 팔 수 있을까요? 브랜드도 없고, 게다가 제품 수도 별로 없고, 잘해봐야 이십오만 위안 팔았다고 합시다. 그 대리상이 평소 벌던 만오천 위안을 받으려면 우린 육 퍼센트를 지원해야 해요. 그렇지 않으면 어떤 대리상들이 우리와 거래하겠습니까?"

장 상무의 말은 대리상의 입장에서 맞는 말이었다. 그러나 이렇게 영업을 했다가는 곰은 재주만 부리고 돈은 주인이 차지한다고, 회사는 실속이 없고 중국인 대리상들만 배부르게 해주는 꼴이 될 것 같은데, 누가 이런 영업을 하려 하겠는가? 철저하게 대리상의 입장인 장 상무와 회사를 경영하는 내 입장은 완전히 상반되었다. 우리는 그 후로도 긴 시간의 이야기를 나누었지만 이데올로기가 다른 정치인들마냥 결론을 좁힐 수가 없었다. 게다가 장 상무와 이야기를 나누면 항상 주제가 초점을 벗어나 산으로 갔다 강으로 갔다 했다. 나는 그럴 때마다 이야기의 초점으로 돌아가려 노력했지만, 그것도 잠시일 뿐 주제는 또 다시 중국인이 어떻고 대리상이 어떻고 하며 주저리주저리 옮겨갔다. 나는 더 이상 얘기해봤자 소용이 없겠다는 생각이 들어 결론을 짓듯 말했다.

"잘 알겠습니다. 그래도 다시 한 번 생각해보세요. 결국 회사는 이윤이 남아야 계속 돌아가는 곳입니다. 당장 이익이 안 나더라도 육 개월 후 과연 회복 가능한지는 제가 더 자세히 시뮬레이션 해보겠습니다. 그러니 장 상무님도 비용을 더 줄일 수 있는 방법을 생각해보세요. 돈을 줄이면서 그들에게 달리 해 줄 수 있는 방법을 찾아보세요. 예를 들어 우리와 거래하면 더 넓은 지역을 확보할 수 있어서, 비록 제품은 적더라도 여러 곳에 판매를 할 수 있으니 매출이 증가하지 않겠습니까? 좀 더 고민해주세요."

나의 완곡한 부탁에 장 상무는 마지못해 대답했다.

"네, 다시 검토하죠."

하지만 장 상무의 대답은 인사치레에 불과했다. 나중에 장 상무는 나와 합의 과정을 거치지 않고 직접 민 대표에게 결재를 받았다. 나는 깜짝 놀라 바로 민 대표에게 갔다.

"사장님, 장 상무가 수립한 영업 정책은 제가 검토해봤지만 문제가 많습니다. 그런데 제 합의도 없이 사인을 하면 어떡하십니까?"

"신총도 검토했다고 하던데?"

"네. 저도 검토했죠. 그런데 이건 너무 비용이 커서 이리 집행했다가는 회사가 남는 게 없습니다. 그래서……."

"됐어. 장 상무에게 다 들었어. 나도 다 알아. 내가 뭐 아무것도 모르는 사람인 줄 아나? 척하면 땡감이지."

"사장님, 저는 이렇게 많이 퍼주는 영업을 한 번도 본 적이 없습니다."

"신총, 우리는 텔레비전 광고를 안 하니까, 광고비 여기다 쓴다고 생각하면 되지. 지금은 일단 대리상들과 거래를 트는 게 더 중요해. 이 상무 때문에 우리가 낭비한 시간이 얼마인가? 장 상무가 저장 성 항저우의 대리상을 만나러 가겠다고 하니, 이번엔 어찌하는지 한번 지켜보자고. 지금은 이익보다 성과를 내는 게 중요할 때야. 알겠나?"

"그럼 그렇게 하시죠."

나는 한숨을 푹 쉬며 마지못해 품의서의 합의란에 사인을 했다. 어쩌면 그들 말이 정답일지도 몰랐다. 나는 지금 한국이 아닌 중국에서 영업을 하고 있고, 중국을 가장 잘 아는 사람의 말을 따라보는 것도 좋을 것이다. 그럼에도 이런 식으로 일 처리하는 장 상무의 방식은 분명 문제가 있어 보였다. 하지만 누굴 탓하랴. 이렇게 만들어진 조직 구조가 문제 아닌가.

장 상무는 전 직장에서 거래했던 저장 성 항저우의 대리상을 10월에 접촉하여 11월부터 우리와 거래를 트기로 했다. 초창기 한국에서 샘플로 들여왔던 희란을 제시했더니, 소득수준이 높은 항저우의 대리상은 Made in Korea

의 고품질 희란을 무척 마음에 들어 했다. 무엇보다도 나와 갈등을 일으켰던 무리한 대리상 지원 정책에 대해서 특히 만족스러워했다. 그런 조건에서 그녀가 우리를 마다할 이유는 하나도 없었다. 단지 큰 문제라 하면, 희란을 제외하고는 당장 판매할 이렇다 할 다른 품목이 없는 것이었다. 11월에 나올 메이디커가 자리를 채워주긴 하겠지만, 그래도 어느 정도 구색을 맞추려면 제품이 턱없이 부족한 상황이었다. 그저 우리에겐 처치 곤란한 리화 화장품 재고만 짐 더미처럼 남아 있어, 이제는 손실을 감수하고서라도 비용을 들여 폐기하는 일만 남아 있었다.

하지만 우리는 리화 제품들을 모두 폐기하는 것보다, 일단 쓸 만한 것들을 선별하여 판촉용으로 무료로 주었다. 항저우 대리상은 마지못해 받아 판촉에 사용했지만, 나중엔 항저우 창고에 쓰레기처럼 쌓여 불만만 고조되자, 결국 모두 폐기해야만 했다. 참으로 수억 원의 거액을 주고 쓰레기 같은 제품을 매입한 대가를 톡톡히 치른 것이다.

그래도 다행이었던 것은 예정보다 5개월이나 늦어졌지만 희란의 위생 허가를 10월 중에 받아 정식 수입을 할 수 있게 되었으며, 또 내가 중국에서 메이디커를 개발하는 동안 한국 법인 허 상무에게 개발하도록 했던 미백 화장품 에델린의 개발이 완료되어 11월부터는 회사의 주요 브랜드 라인에 편입될 수가 있게 된 것이다.

나는 중국으로 오기 전에 전문 홍보 대행사와 계약을 맺고 희란 브랜드를 한국의 유명 연예인에게 협찬하도록 했었다. 많은 유명 스타들이 희란을 들고 찍은 사진들과 함께, 한국에서 성공한 마케터로서 유명한 민 대표의 높은 인지도를 전면에 내세우는 전략이었다. 이런 스타 마케팅을 해야만 아직 인지도가 낮은 우리 회사에 대해 중국인 고객들에게 신뢰감을 크게 높일 수 있기 때문이었다. 나는 모든 홍보 자료를 민 대표와 인기 스타들에게 집중했다.

민 대표가 장 상무와 함께 직접 항저우로 출장을 갔을 때, 민 대표는 대리상들에게 여느 인기 스타 부럽지 않은 유명 인사가 되어 있었다. 그리고 사업 설명회는 크게 성공적이었다. 그런 모든 노력들이 하나로 집대성된 결과, 항저우 대리상은 첫 달에 소비자가 기준으로 칠십만 위안(약 1억 2600만 원)을 매입했다. 이는 지금까지 안후이 성에서 이 상무가 사 개월간 거둔 실적을 뛰어넘는 수치였다.

한 명의 대리상이 이런 성과를 내리라고는 상상도 못했던 일로, 오자마자 장 상무는 민 대표에게 능력을 높이 인정받게 되었다. 또한 비록 몸은 칭다오에 떨어져 있었어도 문자 메시지를 받은 나와 송 부장은 환호성을 지르며 크게 기뻐하기도 한 역사적인 순간이었다. 그러나 다음 달 항저우 대리상은 기대했던 백만 위안을 달성하지 못하고 팔십만 위안(약 1억 4000만 원)에 머무르더니, 시간이 갈수록 점점 매출의 한계를 드러내기 시작했다.

중국에서도 항저우는 워낙 물가도 높고 고급 소비 시장으로 이름나 있는 곳이다. 이미 세계적인 브랜드들의 각축장이 된 지도 오래였기에, 잘 알려지지 않은 희란이 틈새로 끼어들기는 쉽지 않은 것이 분명했다. 우리는 초기 전략 그대로 대도시가 아닌 2~3선급의 소도시로 먼저 진입해야만 했다. 그런 점에서 우리 회사가 있는 칭다오가 속한 산둥 성의 도시들은 가장 가깝기도 하면서 경쟁사에서도 매출 비중이 높고 한국 제품에 대한 선호도가 좋아서, 가장 먼저 공략해야 할 지역이기도 했다.

장 상무 또한 나와 생각이 같았다. 그는 산둥 성에서 대리상을 할 만한 마땅한 사람을 찾기 위해 전 직장에서 가져온 대리상 리스트를 뒤적였다. 그러다 한때 화장품 대리상으로 함께 일하다가 지금은 건강식품 판매 대리상을 하고 있는 이 이사가 생각났다. 이 이사는 중국의 가난한 농부의 딸로 태어나 고등학교도 제대로 못 나왔으나, 긍정적이고 열정적인 마인드로 맨땅에 헤딩하듯 화장품 판매원으로 시작해서 지금은 산둥 성의 옌타이(烟台, 연태)에서 건강식품 판매 조직을 거느리고 있는 사십대 초반의 여성이었다.

장 상무는 이 이사야말로 화장품 회사에서 다시 시작할 수 있는 인물로서 적격이라고 생각하고는, 얼른 그녀의 핸드폰으로 전화를 했다.

"웨이, 니하오.(여보세요, 안녕하세요?)"

전화기 너머 이 이사의 낭랑하고도 힘찬 목소리가 들려오자, 장 상무는 반갑게 인사를 나누고 나서 그녀의 근황을 물었다.

"이 이사, 요즘 어때요? 그쪽에서 영업하기는 괜찮은가요?"

"예전 같지 않아요. 돈도 잘 못 벌고. 그렇다보니 하부 대리상들도 자꾸 떠나서 지금은 많이 힘들어요."

"아무래도 건강식품 팔기가 화장품보다 못하죠. 그럼 화장품 다시 해보지 않겠어요? 내가 돈 많이 벌게 해줄 테니."

"싫어요. 지금 좀 힘들어도, 이미 그만둔 회사랑은 더 이상 하기가 싫어요. 다시는 보기 싫은 사람도 있고."

이 이사가 회사를 떠난 이유는 자기 위로 있던 유 부총과의 갈등 때문이었다. 이 이사는 실적이 우수하여 부총으로 승진하기를 바랐지만, 그럴 경우 조직을 따로 분리해 나가야 했기 때문에, 유 부총은 그녀의 승진을 받아들여주지 않고 오히려 그녀를 사사건건 방해해서 결국 회사를 떠나도록 만들었다.

"아니, 나도 지금 회사를 옮겼어요. 지금은 칭다오에서 근무하고 있지요. 우리 새로운 회사에서 예전처럼 같이 한번 일하면 어떨까요? 그래서 내가 만나고 싶은데, 한번 방문해도 될까요?"

"네? 그래요? 그럼 어디 한번 보고 싶네요. 내 동생인 이 부장도 함께 일하고 있으니 다 같이 봐요. 나는 지금 옌타이에서 일하고 있어요."

"좋습니다. 옌타이면 칭다오랑 가까우니 내가 내일 바로 갈게요. 내일 열두 시 어떻습니까? 점심식사 같이하며 얘기하죠. 주소 좀 문자로 남겨줘요."

"하우더. 밍티엔지엔.(좋습니다. 내일 봐요.)"

다음 날 장 상무는 통역을 대동하고 직접 차를 몰고 옌타이로 갔다. 그는 기본적인 일상회화 정도는 중국어가 가능했으나, 업무적으로 깊은 대화 때는 자칫 어설프게 이해하고 잘못 거래할지도 모르기 때문에 반드시 통역을 대동했다. 거의 일 년 만에 이씨 자매를 만나자, 장 상무는 특유의 과장된 말투와 몸짓으로 그들을 반겼다. 그들은 식사를 하면서 그동안의 일들에 대해 이야기꽃을 피우고는, 근처 중국식 전통 찻집으로 자리를 옮겨 회사 및 제품 소개와 함께 구체적인 거래 조건을 나누었다.

이미 나는 장 상무에게 우리 회사의 거래 조건이라면 만족하지 않을 수가 없을 것이라고 호언장담했다. 과거에 비해 수입이 절반도 미치지 못했던 이 이사에게 이건 호박이 넝쿨째 굴러 들어오는 것이나 다름없었다. 그러나 그녀는 짐짓 어렵다는 듯 난색을 표했다.

"장 상무님, 상품 수가 너무 부족합니다. 이 정도 제품으론 일백만 위안도 팔기 힘들어요."

"그건 잘 알고 있습니다. 그러나 계속 신제품이 개발되고 있으니, 영업하는 동안 구색은 다 맞춰질 것입니다."

"하지만 당장 먹고살기도 힘든데 영업 활동을 본격적으로 하려면 출장비도 많이 들고, 이런 조건으로 이 상품들만 가지고 우리는 남는 게 없어요. 아무래도 힘들 것 같아요."

"그래서 기본 마진 이외에 초기 육 개월간 특별 장려금을 주는 것 아닙니까? 이렇게 많이 주는 데 없습니다. 자세히 보세요."

이 이사는 잠시 뜸을 들이며 고민하는 척하다가 한 가지 제안을 했다.

"이 장려금은 매출 실적에 따라 나중에 주는 것인데, 그럼 첫 달만이라도 실적과 상관없이 미리 주세요. 그 돈으로 일단 영업을 시작하고, 실적은 반드시 맞추겠습니다. 그리고 옌타이에 사무실도 마련해주세요. 사무실이 있어야 뭐든 영업을 할 수 있습니다."

"좋습니다. 그럼 마땅한 사무실을 찾아 내게 따로 연락을 주시고, 내년 1월부터 당장 시작하는 걸로 하죠."

장 상무는 영업 시작이 중요하다 생각하여 그녀의 요구 조건을 모두 들어주었다. 지금 당장은 이 이사와 이 부장과 몇 안 되는 대리상들과 시작하지만, 이후 그녀들이 끼칠 파급 효과는 대단하리란 것을 장 상무는 잘 알고 있었다.

우리 회사가 만든 대리상 영업 조직은 방문판매와 매장판매가 결합된 상당히 독특한 모습이다. 한국에서 소위 다단계 방판이라고 하는, 소비자를 직접 방문하여 제품을 판매하고 그 수익을 여러 단계의 구성원이 나눠먹는 방식(이하 직판)을 엄격히 규제하고 있는 중국의 법을 피하기 위해, 이는 내외부적인 환경 여건에서 취할 수 있는 최상의 대안이다.

과거 중국의 시장 개방 후 직판 사업은 중국의 싸고 거대한 인적자원을 내세워 우후죽순처럼 급성장을 하였으나, 우리나라에서도 피라미드 영업이 난립했을 때처럼 중국 소비자들의 피해 사례도 그만큼 엄청나게 증가했다. 이에 중국 정부는 2005년부터 다단계를 법으로 금지시키며 1단계 형태의 직판만 엄격한 규정에 의해 허가를 해주고 있다. 직판 허가는 이미 기존에 허가를 받은 회사들 외에는 어느 누구도 받기가 쉽지 않을 정도로 그 조건이 어려웠지만, 설령 자격 조건을 갖추었다 해도 정부와의 특별한 꽌시가 있지 않으면 허가를 받기가 쉽지 않다. 그러나 세계적인 다국적 기업인 암웨이, 메리케이, 에이본 같은 회사들은 이미 오래전에 중국에 진출해서 전국적인 직판 허가를 받았기 때문에 아직도 중국 화장품 시장을 석권하고 있다. 그 후로 진출한 한국의 화장품 회사들은 직판 허가는 엄두도 내지 못하고 있으며, 이십 년 만에 처음으로 허가를 받은 A사의 경우도 전국적인 직판이 아니라 상하이 한 지역만 허가받은 것이어서, 직판을 통해서는 매출의 한계를 뛰어넘기 어려운 지경이다.

우리 회사도 마찬가지였다. 한국에서 유명 브랜드도 아닌 우리 회사는 대대적인 텔레비전 광고와 유통 투자를 하지 않고는 중국에서 자리 잡기가 힘들었다. 그러나 적은 자본의 중소기업이 대기업처럼 할 수도 없는 상황이라, 우리는 뭔가 다른 방법을 찾아야만 했다. 그래서 제일 먼저 한 것이 중국에서 성공적으로 자리 잡은 화장품 회사들의 사업 모델을 따라 하는 것이었다. 처음엔 답안지 보고 시험 보는 것과 다름없는 쉬운 일이라고 생각했으나, 보이지 않는 이면엔 엄청나게 어려운 점이 너무도 많았다. 하지만 선택의 여지가 없었다. 그런 점에서 장 상무의 역할이 중요했다.

장 상무가 이전에 근무했던 회사는 처음에 작은 매장에 제품을 입점시켜 소비자에게 판매하는 방식을 취했었지만, 거대한 땅 중국 방방곡곡의 매장과 거래하기 위해서 수많은 영업사원이 필요하다는 문제에 직면하게 되었다. 더욱이 매출 실적이 고정적이지 않은 그들을 한국처럼 모두 회사 정직원으로 채용하기에는 고정비 부담이 너무 컸으며, 중국의 노동계약법이 상당히 노동자 측에 유리하게 되어 있기 때문에, 정직원으로 채용했다가 나중에 생길 노사분규는 말로 설명할 수 없는 위험부담이었다. 그래서 생각해낸 것이 영업을 대리해주는 대리상이란 이름으로 그들에게 판매 실적에 따라 수당을 지급하는 방식으로 계약하는 것이었다. 어떻게 보면 소비자에게 직접 파는 직판이 아니라서 별문제가 없어 보였지만, 실적 마감 후 대리상들에게 수당을 지급하는 방식은 자칫 다단계성 직판 체제로 오인될 수 있는 맹점도 있었다.

나는 이런 문제를 사전에 간파하여, 타사의 장점을 받아들이되 문제점을 개선하는 방식으로 우리 회사에 접목했다. 판매 실적 정산 후 월급처럼 주는 수당을, 회사가 일일이 지급하지 않고 대리상의 마진에 포함시켜 제공한 것이다. 한마디로 대리상들의 수당은 회사랑 상관없으니, 기준에 따라 알아서 나누어 먹으라는 것이다. 단점으론 돈줄을 회사가 쥐고 있지 않게 되어 대리상들을 회사에서 컨트롤하기가 힘들다는 것이다. 이 때문에 장 상무는 영업하기가 힘들어진다고 반대하였으나, 회사가 법적으로 위험을 감수할 수 없다는 나의 뜻을 이번만은 꺾을 수 없었다.

실제로 몇 년 후에 장 상무가 있었던 경쟁사는 법적 위험에도 불구하고 기존 방식을 고수하다가, 나중에 수당 지급 문제가 빌미가 되어 다단계 문제로 중국 정부의 조사를 받은 후, 조직이 와해되는 타격을 입게 된다. 이처럼 한때 큰 매출을 올렸던 회사도 법적으로 깔끔하지 못하면 한순간에 사라질 수가 있는 곳이 중국이다. 비례부동(非禮不動)이라고, 예에 어긋나는 일은 행동하지 말라는 말처럼, 오랜 기간 지속 가능한 기업이 되려면 중국 법에 어긋나는 행동을 취해서는 안 될 것이다.

한 해가 지나 1월이 되었다. 장 상무의 예측대로 이 이사라는 한 명의 리더급 대리상의 출현은 인적관계를 타고 흘러, 점차 거대한 대리상 조직으로 변모할 수 있는 시발점이 되었다. 이 이사는 적극적으로 나서서 뛰어난 영업력을 보여줬다. 과거 알고 지냈던 대리상들과 연락하여 우리 회사와 계약을 맺도록 하는 역할을 톡톡히 했다. 어쩌면 영업력이라기보다는 그녀의 사람에 대한 꽌시가 좋다고나 할까? 영업하는 사람의 꽌시라는 게 결국 영업력이요, 하부 조직에 대한 리더십과도 연결되는 것이니, 그녀가 그동안 살아온 영업 인생이 헛되지 않았다는 것이 맞는 말일 것이다.

그녀는 과거 흩어졌던 자신의 대리상 구성원들을 하나둘씩 불러 모으더니 세력을 확대해나갔다. 처음엔 산둥 성을 동서남북으로 나누어, 자신이 새로 데려온 중간 관리자급 대리상들에게 서로 불가침조약을 체결하듯 명확히 구역을 안배하고 산둥 성 영업에 집중하였다. 그 후 산둥 성을 중심으로 북쪽은 허베이 성(하북성), 남쪽은 장쑤 성(강소성), 동쪽은 랴오닝 성(요녕성), 서쪽은 산시 성(산서성)으로 영업의 파이프라인을 확장해나갔다. 그러자 매출은 급신장하였고, 그녀는 부총경리로 초특급 승진하며 자연스럽게 그녀가 데려온 관리자급들도 이사로 승진하게 되어, 더욱 더 영업 조직과 매출 확산에 박차를 가할 수 있게 되었다.

한편 이 부총이 허베이 성, 장쑤 성, 랴오닝 성, 산시 성으로 영역을 확대해나가자, 나는 한편으로 좋기도 하였지만 다른 한편으론 불안감이 엄습해왔다. 이 부총 한 사람에게 너무 큰 지역을 주는 것이 회사의 입장에서 옳은 일인지, 아니면 나중에 나쁜 영향을 끼칠지는 미지수였지만, 나와 장 상무는 확실히 반대되는 입장이었다. 결국 나는 장 상무가 이 부총 한 명에게만 공백 시장 개발에 대한 권한을 함부로 남발하는 것이 걱정스러워 장 상무에게 우려를 표하며 말했다.

"장 상무님, 이 부총과의 계약에도 영업 권한은 산둥 성 하나에만 국한되어 있고 사장님께도 그렇게 결재받았는데, 어느새 소리 소문도 없이 신규 지역으로 네 개의 성을 이 부총이 차지하게 되었습니다. 이러다 이 부총 한 사람이 이 넓은 중국 땅을 다 차지할까 걱정입니다."

그러나 나의 우려와는 달리 그는 아무 일도 없다는 듯 당연하게 말을 받았다.

"그래도 지금 이 부총이 탄력을 받아 열심히 할 때 우리도 편승해서 나아가야 하지 않겠습니까? 매출이 급신장하고 있으니까요."

"무조건 매출만 잘된다고 좋은 건 아니죠. 한 조직에 너무 의존하면 리스크를 분산할 수가 없습니다. 계란을 한 바구니에 담지 말라는 말이 있잖아요. 장 상무님은 지금도 주식투자를 하는 걸로 알고 있는데, 혹시 전 재산을 한 회사에만 투자하나요?"

"주식하는 것과 이것이 뭐가 같습니까? 영업은 좀 다르죠. 앞으로 실적이 더 좋아져서 이 부총 밑의 이사들이 부총으로 승진하게 되면, 자연스럽게 전국의 각 지역들도 부총들마다 골고루 나누어지면서 이 부총 한 사람에게 집중되었던 권한도 분산될 것이니, 걱정 마세요."

"그러나 만약 더 좋은 조건의 경쟁자가 이 부총을 큰돈으로 유혹하면, 우리는 하루아침에 무너질 수도 있지 않겠습니까?"

"글쎄요. 과연 우리 회사의 조건을 뛰어넘을 회사가 있을까요? 쉽지 않을 것입니다."

순간 나는 장 상무도 우리가 지금 너무도 많은 돈을 퍼주고 있는 것을 알고는 있나보다고 생각했다. 실제로 월 매출이 일천만 위안을 돌파했지만 여전히 회사는 적자에서 헤어 나오지 못하고 있었다. 자세히 따지면 회사의 적자 폭은 더 커진 반면, 대리상들은 더욱 엄청난 부를 축적하고 있었다.

"그리고 그런 리스크를 떠나, 이 부총이 일 퍼센트씩 가져가는 것만 해도 너무 큰 금액이 아닙니까? 만약 장 상무님이 처음 이 부총을 데려왔듯이 허베이 성이나 장쑤 성에서 직접 다른 사람을 새로 뽑아 이 부총과 분리했다면, 그 실적에 대해 이 부총에게 주는 비용이 줄어들었을 것입니다. 그 일을 장 상무님이 직접 하지 않고 전부 이 부총에게만 맡기고 있으니, 앞으로도 계속 증가할 신규 대리상들의 실적 또한 그녀의 성과에 포함되어, 나중에 가서 이 부총은 가만히 있어도 거액의 돈을 벌게 되는 좋지 않은 상황이 벌어질까 우려됩니다. 가뜩이나 변동비성 지원 금액이 너무 많아서, 많이 팔수록 회사가 더 적자인 상황에 이건 너무 큰 낭비가 아니겠습니까?"

"신 상무님이 몰라서 그러시는데, 그렇지가 않습니다. 지난번 말했듯이 곧 신규 개발 장려금이 끝나면 수익성도 개선될 것입니다. 또한 이 부총도 열심히 돌아다니며 일하고 있고, 그녀가 번 수당의 일부를 판촉으로 쓰기도 합니다. 실제로 그래야 다른 대리상들이 그녀를 따르게 되는 것이죠. 앞으로 좀 더 지켜보면 잘 알게 될 테니 너무 걱정 말고 좀 기다려보세요."

"좋습니다. 저도 그렇게 되길 바랍니다. 단, 장 상무님도 이 부총에게만 맡기지 말고, 일 년 전 처음 왔을 때의 초심으로 돌아가서 직접 뛰면서 거래선을 개척해주기를 바랍니다. 앞으로 이 부총에게 추가로 영역을 확대해주는 것은 절대로 안 됩니다."

"네, 그럼요. 그리하겠습니다."

그러나 항상 말로만 떠드는 장 상무는 약속을 지키지 않았다. 그는 이 부총에게 계속 여러 지역을 맡기어, 이후 섬서 성, 허난 성 등으로 더욱 확장하게 된 그녀의 입김은 위험할 정도로 더욱 커져만 갔다. 이 부총은 회사와의 관계에서 불리한 점이 있으면, 매출을 의도적으로 안 하겠다는 협박성 말을 하거나, 때로는 하부 대리상들이 단합하여 실제로 입금을 다 하지 않도록 분위기를 조장하여 회사를 곤란하게도 했다. 그러자 계약의 갑과 을의 관계에서 회사는 더 이상 갑이 아닌 게 되었다. 권력의 헤게모니는 전국 대리상 조직을 한손에 꽉 쥔 이 부총이 가져가게 되어, 우리는 이 부총이 칼자루를 쥐고 흔들 때마다 퍼렇게 선 날에도 차마 손을 놓지 못한 채 피를 절절 흘리며 쫓아갈 수밖에 없게 되었다.

3. 대리상 사무실 지원 제도

"우리가 날이 갈수록 성장하는 가장 큰 이유는 올해부터 내가 하루도 빠지지 않고 매일 새벽기도를 나가서 하나님께 간절히 기도하기 때문이라고 생각하네. 그러니 여기 있는 한국인 리더 여러분들도 함께 하나님께 기도해야만 되네. 꼭 교회 나가서 기도를 하란 말이지."

지난 삼 개월간 매출이 일백만 위안에서 삼백만 위안, 오백만 위안으로 대폭 증가하자, 독실한 크리스천인 민 대표는 모든 게 하나님의 뜻이고 그의 기도 덕분이라고 강조했다. 그래서 뭐든지 잘되면 하나님과 그의 기도 덕분이란 말이, 중국에 와서 고생하는 직원들에겐 썩 좋게 들리진 않았다. 내가 칭다오에 와서 교회에 삼 개월을 다니다가 안 나가게 된 것도, 그의 편향된 종교관적인 리더십의 영향도 없잖아 있었다.

"물론 우수한 영업 조직을 갖춘 장 상무, 적시에 메이디커 브랜드를 개발하여 출시한 신총, 그리고 열심히 노력한 문 이사, 송 부장, 나 부장도 모두

고생하였습니다. 이제야 비로소 뭔가 서광이 보이는 것 같은데, 이 모든 것이 다 하나님의 뜻입니다. 여러분도 알다시피 내가 거금을 십일조 하면서도 새벽 기도는 안 했었는데, 올해부터 매일 새벽 네 시에 일어나 새벽기도를 다니고 있지 않습니까? 그러자 내가 기도하는 대로 매출이 갑자기 쭉쭉 성장하기 시작했는데, 이는 모두 하나님이 나의 기도를 들어준 덕분입니다."

한 해가 바뀌고 삼 개월이 지나 4월을 시작하는 월요일 아침, 민 대표는 한국인 임직원을 방으로 모아놓고 그동안의 성과를 치하하는 한편, 지난 일 년을 잠시 회상하며 감개가 무량한 듯 잠시 말을 멈추었다가 다시 시작한 그의 말은 근 한 시간이 넘도록 끝나지 않았다. 처음 칭다오에 온 것부터 시작해서 이 상무가 집단 사표를 낸 일, 그리고 작년에 항저우에서 성황리에 사업설명회를 한 일까지, 그는 비디오를 되돌려 다시 보는 듯 막힘없이 현란한 말로 표현하고 있었다. 그 보이지 않는 영화의 시청자들은 애써 영상을 머리에 그려가며 자동차 안에 나란히 자리 잡은 못난이 인형들처럼 마냥 고개를 끄덕여 댔다. 그리고 이 모든 어려움을 극복하고 해피 엔딩으로 달려가는 영화의 주인공은 어느 누구도 아닌 바로 민 대표 자신이었다.

"그래서 이제 우리는 곧 월 매출 일천만 위안의 고지를 넘어 이천만 위안으로 바로 진입할 수 있을 거라 봅니다. 다들 할 수 있겠죠?"

"네."

우리는 이구동성으로 대답을 하고 나서야 그의 방에서 빠져나올 수가 있었다.

참으로 파란만장한 한 해였다. 나는 방으로 돌아와 검은색 소파에 털썩 앉았다. 아침부터 급히 불려 가느라 미처 다 마시지 못한 차갑게 식은 블랙커피 한 모금을 마시며, 민 대표의 회상의 주인공을 나로 바꾸어 그의 영화를 속편으로 이어 나갔다.

작년 육 개월 동안을 내부적인 갈등으로 소비한 시간이 너무도 아까웠지만, 뒤늦게나마 신제품 개발에 박차를 가하여 간신히 중국에서 메이디커 브랜드를 개발하여 출시하였고, 바로 이어서 한국에서 개발한 에델린 브랜드를 최대한 빠른 방법으로 출시했다. 이로써, 완제품 수입인 희란과 더불어 세 개의 브랜드가 위용을 갖추게 되자, 영업은 탄력을 받아 매출 신장에 더욱 매진할 수가 있게 되었다.

그러나 얼마 남지도 않은 커피 한 잔을 다 마시기도 전에, 단꿈을 방해하듯 문 이사가 내 방문을 노크하며 들어오는 바람에, 모처럼 주인공이 되어 큰 활약상을 보여주던 나의 상상의 나래는 일장춘몽처럼 순식간에 날아가버렸다.

"총경리님, 결재가 있는데요."

방문 앞에 쭈뼛이 서 있는 문 이사를 보자, 나는 이내 눈살을 찌푸리고 말았다. 그가 나의 기분 좋은 상상을 방해해서가 아니었다. 최근 두 달 동안 문 이사와 나는 같은 일로 계속 부딪쳐왔기 때문이다. 그가 자신 있게 방으로 들어오지 못하는 이유도 틀림없이 같은 건일 것이 뻔했기 때문이다.

"또 사무실입니까?"

"네. 사무실 계약 건입니다."

문 이사가 주저하듯이 조심스럽게 말했다.

"이번엔 또 얼마죠?"

"이번엔 많습니다. 팔만 위안(약 1400만 원)입니다."

문 이사는 한숨을 깊게 내쉬며 마지못해 대답했다.

나는 어이가 없어서 말도 하지 못하며 문 이사가 내민 품의서만 한동안 뚫어지게 바라보았다. 오랜 침묵이 지나자, 문 이사가 목구멍에 걸린 말을 간신히 꺼내듯 정적을 깼다.

"이게 또 장 상무가 이미 약속을 한 것이라서……."

순간 나는 날카로운 눈으로 문 이사를 똑바로 쏘아보며 그의 말을 막았다.

"문 이사, 장 상무 때문에 어쩔 수 없다고 매번 반복하는 말이 이젠 지겹지도 않나요? 우리가 지금 또 다시 바로 몇 주 전에 한 말을 되풀이해야 하나요?"

"죄송합니다."

"문 이사가 뭐가 죄송한 거죠? 아마 속으로 이렇게 생각할 거 아닙니까? 장 상무가 벌인 일을 왜 나에게 자꾸 그러냐고……."

그러자 주저하며 고개만 숙였던 문 이사는 어떤 결심을 했는지 용기를 내어 또박또박 내게 대답했다.

"총경리님, 솔직히 그렇습니다. 항상 장 상무가 출장 가서 대리상들이 요구하는 대로 전부 다 해주겠다고 하고 온 걸, 왜 맨날 저에게 뭐라 하십니까? 저는 제 상사인 장 상무가 이리 약속했으니 결재받으라고 지시한 대로 한 것뿐이 없습니다. 차라리 두 분이 허심탄회하게 얘기를 하시지, 왜 맨날 제가 중간에서 이런 고역을 겪어야 하는지요?"

사실 그의 말이 옳았다. 이 모든 문제의 원인은 문 이사가 아니라 장 상무였다. 장 상무는 출장만 갔다 오면 꼭 한두 건의 사고를 치고 왔는데, 그게 모두 회사 돈을 너무 쉽게 쓰는 것이었다. 대리상에게 주는 장려금은 규정으로 만들어져 있어서 그 규정을 벗어나기가 쉽지가 않다. 사실 그것도 장 상무 맘대로 왔다 갔다 하는 바람에 내가 지난 석 달 동안 그 범위를 초과하여 함부로 결정하지 못하게 하느라 애를 먹은 바도 있었다. 그러자 그는 대리상 사무실 지원금에 손을 대어 대리상이 요구하는 금액대로 턱턱 약속을 해주고 오는 것이었다.

대부분 산둥 성 외곽에 있는 사무실들은 내가 아무리 많이 쳐주어도 일 년 임대료가 사만 위안(약 700만 원)을 넘지가 않을 텐데, 그는 육만 위안이나 되는 돈을 지원하고 있었으며, 이번엔 자그마치 팔만 위안이나 된다고 하니, 도대체 무슨 사무실이 그리 비쌀 수가 있겠느냐 말이다. 나는 장 상무에게 주변 다른 건물의 임대료 시세를 파악하고 그 시세에 맞게 해주라고 몇 번을 권고했었다. 그러나 그는 영업에 관여하는 내가 현장의 상황도 모르면서 관리만 하려 한다고 생각했는지, 내 말을 제대로 들으려고 하지 않고, 급기야는 어느 때부터는 문 이사를 내세워 내 방으로 들여보내기 시작했다.

"문 이사! 참으로 답답하구려. 내 마지막으로 다시 한 번 말씀드리겠습니다. 이리 앉아 보세요."

나는 남은 커피를 마지막 한 방울까지 다 마신 후 문 이사에게 좀 더 이해하기 쉽게 조용히 설명했다.

"우선 나는 장 상무가 한 일 때문에 문 이사에게 화를 내는 것이 절대 아닙니다. 이미 장 상무에겐 내가 몇 번을 얘기했지만 그는 내 말을 듣지 않아요.

그래서 이를 사장님께 건의도 했지만, 사장님은 영업하는 사람, 너무 기 죽이지 말라며 나보고 좋게 해결하라고 하시는 거 알고 있죠?"

나는 문 이사가 동의의 뜻으로 고개를 끄덕이는 것을 확인한 후에 계속 말을 이었다.

"그럼 어떻게 해야겠습니까? 사무실 임대료 지급 규정을 만들어야죠. 그 규정 안에 천방지축으로 날뛰는 망아지를 가둬야 하지 않습니까? 그 규정을 만들라고 제가 문 이사에게 몇 번을 얘기했습니까? 그런데 문 이사는 매번 규정을 아직 못 만들었다며 이번만 결재해달라며 오지 않습니까? 그 규정 만드는 데 뭐가 어려워서 두 달 동안 만들지 못하고 매번 이렇게 회사 돈을 대리상들에게 마구 퍼주냔 말이에요. 이게 자기 개인 돈이라면 수백만 원씩 남에게 주겠어요?"

"알겠습니다. 바로 시정하겠습니다."

마지못해 대답하는 문 이사를 보며 나는 답답한 마음에 마지막으로 충고의 말을 건넸다.

"문 이사, 『손자병법』에도 군명유소불수(君命有所不受)란 말이 나옵니다. 아무리 지엄한 왕의 명령이라도 받아들일 수 없는 것이 있다는 뜻입니다. 왕이 잘못된 명령을 내려 나라를 위태롭게 한다면, 장수는 그 명령을 받아들이면 안 되는 것입니다."

"글쎄요. 저는 잘 모르겠습니다. 제가 직장 생활한 십육 년은 항상 상명하복의 군대식이었습니다. 그리고 전 특히 영업 조직에서 그게 맞다고 생각합니다. 그것이 저의 방식이고 저는 그걸 바꾸기가 어렵습니다."

순간 나는 깜짝 놀랐다. 어찌 이리 앞뒤가 꽉 막힌 사람이 있는지, 나는 그를 이해시키기 위해『손자병법』에서 왜 그런 말이 나왔는지를 간단히 설명해 주었다.

우리가 잘 아는 손자의 본명은 손무(孫武)로서, 제나라에서 태어나 어린 시절을 좋은 환경에서 보냈으나, 아버지가 정치 투쟁에 휘말려 가족이 모두 제나라를 떠나 오나라로 넘어와 산간벽지에서 숨어 살게 되었다. 손무는 그 후 이십 년 동안 숨어 살면서 오로지 병법만 깊이 탐구하여 그 유명한『손자병법』을 저술하여 이름을 알리게 되었다. 그러자 오나라의 장군이자 뛰어난 전략가인 오자서는 손무를 보고 그가 훌륭한 장군감임을 알아보고 즉시 오왕 합려에게 그를 추천하였다.

하지만 오왕 합려는 손무를 쉽게 믿지 못해 시험을 하였는데, 사마천의 『사기』'손자열전'을 보면, 오왕 합려가 손무에게 백팔 명의 궁녀들을 훈련시켜 훌륭한 병사로 만들라는 너무도 유명한 이야기가 나온다.

손무는 궁녀들을 두 편으로 나누고, 오나라 왕이 총애하는 후궁 두 명을 각 편의 대장으로 삼았다. 그러고는 모두에게 창을 들게 하고 여러 명령을 내렸지만, 궁녀들은 서로 키득거리며 딴전을 피우고 도통 구령에 맞춰 움직이질 않았다. 오합지졸들의 난장판 그 자체였다. 그러자 손무는 군법으로 사람을 죽일 때 쓰는 도끼 부월(斧鉞)을 움켜쥐고 군법을 어기면 목을 베겠다고 하였지만 궁녀들은 여전히 듣지 않았다.

결국 손무는 이미 말한 대로 좌우 대장의 목을 베려고 했다. 애첩을 죽이겠다는 말에 깜짝 놀란 오왕이 만류했지만, 손무는 왕명을 거역하고 두 여인의 목을 잘라버렸다. 그러자 법의 무서움을 안 궁녀들은 손무가 명령하는 대로 일사불란하게 움직여 정예화된 병사로 거듭났다.

손무는 무엇보다도 자신의 능력을 보여주고 오왕의 신임을 얻기 위해 어찌 보면 자신의 목숨을 건 무모한 모험을 한 것일지도 모른다. 만약 오왕이 사랑하는 후궁 둘을 죽인 죄를 물어 손무를 죽여버렸다면 어찌 됐을까? 이것이 바로 난세를 극복하기 위한 손자의 도전 정신이요 모험 정신인 군명유소불수(君命有所不受)가 의미하는 것이다.

"아시겠습니까? 지금 우리 회사는 2500년 전 춘추시대와 같은 난세 속에 있습니다. 그래서 개인이 아닌 회사를 위해 때론 잘못된 명도 어기고 서로가 노력하여 제대로 된 법을 세우는 과정이 중요해요. 리더십이란 항상 윗사람이 아랫사람에게만 하는 것이 아닙니다. 더욱이 신입 사원도 아닌 이사 직함을 가진 문 이사 정도면 윗사람에게도 리더십을 발휘해야 해요. 그 사람이 진정 바른 길로 갈 수 있도록 아래에서도 길을 만들어줘야 한단 말입니다."

나의 긴 이야기가 끝나자, 한숨 섞인 목소리로 문 이사가 대답했다.

"알겠습니다. 총경리님께서 그리 시키시니 하겠습니다만, 솔직히 영업만 했던 저는 그런 규정을 어디서부터 어떻게 방향을 잡아야 할지 모르겠습니다. 게다가 다른 일도 너무 많고요. 앞으로 대리상 수도 많이 늘어날 텐데 차라리 전담 직원 한 명을 채용하여 실제 사무실 시세를 파악하게 하면 어떨까요?"

나는 참으로 그가 넘을 수 없는 벽처럼 더욱 답답해 보였다. 그러나 나 또

한 여러 일로 정신이 없던 터라, 다른 방법이 없다고 생각했다. 나는 일단 대리상들의 사무실 임대를 전담하는 직원으로 조선족 대리급 한 명을 채용하여, 신규 대리상이 들어오면 그가 직접 출장을 가서 주변 시세를 파악하고, 적절한 수준의 임대료를 품의하여 지급하도록 했다. 그런데 어느 순간부터 그는 대리상들에게 뒷돈을 받고 계약서를 위조하여 사무실 임대료를 높이는 짓을 하다가, 몇 개월이 안 되어 들통나고 말았다. 나는 중국 공안을 불러 그를 위협도 하고 설득도 하여, 결국 그가 횡령한 자금을 다 돌려받고 퇴사 처리로 일을 마무리했지만, 지금도 그가 마지막에 남긴 한마디가 머리를 떠나지 않고 있다.

"총경리님, 제가 처음부터 그런 것은 아니었습니다. 하지만 대리상들이 계약서를 위조해서 실비보다 더 많은 돈을 가져가는 것을 보고 상사에게 보고를 하였지만, 이미 그 돈을 주기로 약속했으니 무조건 주라고 하는 겁니다. 그래서 그 큰돈을 저들에게 다 주느니 차라리 나도 먹어야겠다 싶었던 거였어요. 고양이에게 생선을 맡기고 생선을 먹지 말라고 한 사람은 잘못이 아닙니까? 왜 생선을 먹은 고양이만 잘못입니까? 제대로 관리를 하지 못한 윗사람은 탓하지 않고 저만 탓하는 건 억울합니다."

나는 한순간 말문이 막혀 뭐라 할 말이 없었다. 분명 그의 말은 자신의 입장을 합리화하려는 궤변이었지만, 한편으로는 맞는 구석도 있었다. 제대로 관리하지 못한 상사도 큰 잘못이었으니 말이다. 하지만 초창기 인재가 귀했던 나는 두 사람을 모두 내보낼 수가 없었다. 범죄를 방관한 사람도 잘못이지만, 직접 그 범죄를 저지른 사람이 당연히 더 큰 잘못임이 명백하기 때문이다. 생각과 양심과 윤리와 질서가 있는 사람은 설령 남의 돈이 내 옆에 있어도 함부로 가져가면 안 되는 일이기 때문이다.

이처럼 직원 개인의 생각과 업무가 바로 원칙이 된 잘못된 사례는 잘못된 행동을 낳게 되어, 회사에 손실을 끼칠 뿐만 아니라 개인의 인생에도 커다란 오점을 남기게 된다. 당시 사무실 지원 업무에는 아무런 원칙도 없었고, 장 상무와 문 이사는 매출 목표 달성이 더 중요했기 때문에 이를 책임지고 관리하는 데 소홀하였으며, 담당자는 인간이 지켜야 할 보편타당한 기본 원칙을 어기고 자신에게 유리한 생각만 했기 때문에 잘못된 실행으로 이어졌던 것이다. 만약 제대로 된 업무 수행 원칙이 있었다면, 그가 과연 이런 짓을 쉽게 저지를 수 있었을까?

이때 내가 얻은 한 가지 교훈은 제대로 관리되는 원칙이 없으면 우수한 인재라도 잘못된 실행을 할 수가 있고, 그 때문에 인재를 회사에서 떠나게 하는 잘못된 이별을 초래한다는 것이다. 따라서 올바른 실행을 위해서는 올바른 원칙이 바로 서야 한다. 무조건 성실하게 열심히 일하고 노력하는 것보다, 제대로 된 일을 올바르게 제때에 해내는 게 더 중요한 것이다.

그런 일이 있은 후 도저히 안 되겠다 싶었는지, 문 이사는 매출 실적의 일 퍼센트를 사무실 지원금으로 지급하는 규정을 만들었다. 일 개월에 오십만 위안, 일 년에 육백만 위안 매출을 기준으로 일 퍼센트인 육만 위안을 선지급한 후, 매출 실적이 미달되었을 경우 다음 해에 정산하는 방법이었다. 이로써 중구난방으로 지급되며 낭비되었던 사무실 비용이 체계화되었지만, 이 또한 시간이 지나면서 큰 맹점이 드러났다. 그것은 대부분의 대리상들이 영업부가 예측한 대로 일 년에 육백만 위안의 매출을 하지 못한다는 점이었다. 아직 상품수도 많지 않고 브랜드도 알려지지 않은 상태라서, 대리상들의 평균 매출은 절반인 삼백만 위안을 넘기도 힘들었다. 한두 달만 조금 매출을 올리고 사무실 임대료를 빼먹고 사라지는 먹튀 대리상들도 있었고, 일 년이 지난 후에 정산을 하려고 하면, 우리와 더 이상 거래하지 않겠다며 떠나는 대리상들이 부지기수였기 때문에, 초기 육만 위안의 임대료 지급은 이 년이 지난 후에 수백만 위안의 손해를 끼치고 말았다.

결국 나는 신규 대리상에게 처음에 삼만 위안을 임대료로 지급하고, 육 개월 후에 매출 실적의 1퍼센트에 해당되는 금액을 정산해서 주는 방식으로 바꾸었다. 장 상무는 그리하면 대리상들이 바로 사무실을 구할 수가 없어, 우리 회사와 계약하려고 하지 않을 것이라고 으름장을 놓기도 했지만, 그의 우려와는 달리 아무 문제없이 신규 대리상은 늘어만 갔다. 그리고 현재는 첫 달에 삼만 위안을 주는 것마저도 모두 없애버리고 처음부터 매월 매출 실적의 일 퍼센트에 해당하는 금액을 다달이 지급하고 있지만, 그 어떤 문제도 일어나지 않고 있다.

나는 대리상 영업 정책이나 사무실 지원 제도 등 장 상무와 함께한 일들을 통해 한 가지 큰 교훈을 얻었다. 이를 『손자병법』의 '모공(謨攻)' 편에 나오는 승리를 알 수 있는 다섯 가지(고지승유오, 故知勝有五) 요인으로 대변해보겠다.

첫째, 지가이전여 불가이전자승(知可以戰與, 不可以戰者勝), 더불어 싸울 수 있는 경우와 싸울 수 없는 경우를 아는 자가 승리한다.

중국 땅 이 전쟁에서 나는 누구와 싸워야 하고 싸우지 말아야 할까? 분명한 건 아군이라 생각하던 장 상무와 함께 나는 이 전쟁에서 오래갈 수는 없을 것이다. 진정 회사를 위해 목숨 걸고 함께 싸우며 적을 무찌를 진정한 아군부터 만들어야 할 것이다.

둘째, 식중과지용자승(識衆寡之用者勝), 군사의 수효가 많고 적음에 따라 전략을 운영할 줄 아는 사람이 승리한다

회사의 자원은 한정되어 있다. 한정된 자원을 효율적으로 배분하여 최대의 성과를 끌어내기 위해선, 선택과 집중의 전략이 필요하다. 이 부총을 통해 지역을 무작정 확대하는 걸 경계하고, 선택과 집중을 통해 우선 산동 성 지역에서 안정적인 성공을 하면서 서서히 영역을 확장해 나가야 한다. 과도한 확장과 무분별한 비용의 증가는 회사에 백해무익하다.

셋째, 이우대불우자승(以虞待不虞者勝), 항상 우려하는 마음으로 만반의 준비를 갖추고, 적을 기다리는 자가 승리한다.

무엇보다도 제품이 제대로 갖추어져야 한다. 전국의 각 성마다 다른 나라와도 같이 특색이 다른 중국 소비자들의 취향을 맞추려면, 다양한 제품 전략이 준비되어야 전국으로 뻗어 나갈 수 있을 것이다. 내가 가장 역점을 두어야 할 일은 지금은 바로 다양한 제품 포트폴리오를 만드는 것이다.

넷째, 상하동욕자승(上下同欲者勝), 윗사람과 아랫사람의 뜻이 같으면 승리한다.

회사 전반적인 경영을 맡고 있는 나를 중심으로 마케팅 송 부장, 제품 개발 나 부장이 회사의 비전을 위해 한뜻을 가지게 되었다. 이젠 전 직원이 함께할 회사의 전체적인 비전과 전략을 완성할 수가 있게 되었다. 회사의 전략이 바로 서면, 장 상무도 혼자서 마음대로 행동하지는 못하게 될 것이다.

　다섯째, 장능이군불어자승(將能而君不御者勝), 장수가 능하고 임금이 장군을 간섭하지 않으면 승리한다.

　민 대표에게도 회사의 법칙이 우선될 필요가 있다. 모든 일의 중심이 개인이 아니라 시스템을 통해서 이루어져야 할 것이다. 회사의 CEO도 거부할 수 없는 시스템과 프로세스를 갖추어야, 나도 진정으로 민 대표에게 군명유소불수(君命有所不受) 할 수 있을 것이다.

4. 교육부 임 부장

저가 브랜드와 중저가 브랜드가 추가되면서, 나는 저가 가격대부터 고가까지 총 여덟 개의 브랜드 라인으로 거의 완전체에 가까운 브랜드 포트폴리오를 완성했다. 이제부터는 브랜드 내에 부족한 품목의 구색을 추가하는 식으로 제품 개발 계획을 꾸려 나가면 될 것이다. 이 모든 게 지난 상해 박람회에서 만난 인연으로 채용한 나 부장이 있었기 때문에 가능한 일이었다. 이후로도 나 부장은 대한민국의 아름다운 자연을 화장품을 통해 중국에 알리고 싶다는 구상으로 제주도 한라산의 장생 불로초라 불리는 시로미 추출물, 속리산 정이품송의 줄기세포를 추출한 화장품 등 각 브랜드를 통해 한국에 가지 못한 중국인들도 집에서 한국의 청정한 자연을 느낄 수 있는 한국 지리도를 완성하여, 품질 좋은 천연 화장품에 탄탄한 브랜드 스토리를 더했다. 이에 힘입어 중국 전역으로 뻗어 나가기 시작한 대리상 조직은 더욱 탄력을 받아 날이 갈수록 매출은 계속 증가하였다.

그러나 문제는 영업과 마케팅, 그리고 좋은 제품만으로 대리상 조직을 계속 유지할 수 없다는 것이다. 천 명에 육박하는 전국의 대리상과 매장 점장들에겐 그들의 조직을 단단하게 결속하며 회사와 신뢰할 수 있는 끈끈한 유대관계를 만들어줄 교육이 필요했다. 이러한 대리상 조직을 통한 사업은 화장품 사업이 아니라 교육 사업이라고 해도 과언이 아닐 정도로 중요한 일이었지만, 우리에겐 교육을 이끌어 나갈 마땅한 인재가 없었다.

나는 이런 점 때문에 이미 민 대표에게 과거 전 직장에서 함께 일했던 임 부장을 추천한 바도 있었으나, 민 대표는 그녀가 나이가 많고 급여가 높다는 이유로 거절하고, 칭다오에서 미용학원을 운영하는 김 차장을 채용했다. 그러나 그녀는 지금껏 한 번도 겪어보지 못한 기업이라는 조직에 적응하기 힘들어하다가 석 달 만에 퇴사하고 말았다.

그 후 거의 두 달 동안, 나는 중국인 미용강사들을 데리고 교육 팀을 직접 꾸려봤지만, 분명 역부족이었다. 아무리 대리상들을 늘려도 교육이 뒷받침되지 않으면 사상누각이 틀림없었다. 나는 다시 한 번 필리핀 세부에서 살고 있는 임 부장에게 미안한 마음을 머금고 메신저로 노크를 했다.

"임 부장, 잘 있었어?"

네 살 아래인 임 부장은 과거 회사에서 함께 근무했을 때 마음에 맞는 동지처럼 친해져서, 나는 오래전부터 자연스레 말을 놓게 되었다.

"네. 오랜만이에요. 새로 뽑았다던 교육팀장은 잘하고 있나요?"

그녀는 대뜸 교육팀장에 대해 물었다.

"그게 말이야, 두 달 전에 그만뒀어."

"왜요? 민 대표님이 우수한 사람이라고 그리 칭찬했다면서요?"

"우수하다고 다 되는 건 아니지. 조직과 궁합도 맞아야 하지 않겠어? 그 사람은 아무래도 조직에 얽매여 일하는 스타일이 아니었어. 그래서 말인데, 내가 다시 한 번 부탁할게. 중국으로 와서 좀 도와주면 좋겠네."

"글쎄요, 솔직히 저는 썩 내키지 않네요. 민 대표님이 이미 거절도 했었고."

"임 부장, 그러니 한 번만 다시 생각해줘. 이번엔 꼭 민 대표님도 설득할게. 게다가 딸도 곧 고등학교 졸업한다며? 대학 어디로 가려고? 이제 와서 한국에 있는 대학 가기도 쉽지 않을 텐데, 그렇다고 세부에 있는 대학 나올 건가? 애가 영어도 잘하니까, 이젠 중국어만 하면 금상첨화겠네. 중국에 오면 대학교까지 학비 지원해주니까, 여기서 중국어도 배우고, 중국에 있는 한국의 대학보다 더 좋은 데 보내는 게 좋지 않겠어?"

"솔직히 그 점이 제가 가장 끌리는 점인데요, 며칠만 더 생각할 시간 좀 주세요."

"그래, 알았어. 그런데 내가 많이 급하니, 오래 끌지 말고 빨리 결정해주기 바랄게. 부탁이야."

그리하여 임 부장은 일주일간의 시간을 끈 후에야 비로소 결정을 내렸고, 나는 민 대표에게 그녀의 채용을 이전보다 더 강하게 주장하여 마침내 승낙을 받아냈다. 그러나 그녀는 아이 학교 문제와 필리핀에서 정리해야 할 일들이 많아 바로 올 수가 없는 상황이었다. 나는 그녀가 오기만을 기다리며 한 달 동안 더 교육 팀을 꾸려 나갔으나, 그건 교육이라기보다 각 지역으로 출장 가야 하는 강사들을 배정하고 출장비를 효율화하기 위한 관리적인 역할이 더 강했다.

그 후 그녀가 중국으로 출근하자 나는 교육 팀 운영에 대한 큰 짐을 하나 덜었을 뿐만 아니라, 나 부장과 함께 주요 신제품에 대한 상품 기획 역할과 끊임없이 출시를 준비 중인 신제품들의 전문가적인 품평 업무도 보강할 수가 있게 되었다. 물론 대리상들의 정기적인 집체 교육과 각 지역별 현장 교육을 통해 대리상 조직의 활력과 안정감도 다시 찾게 되었으니, 몇 년이 지나 이사로 승진한 임 부장 또한 내게 있어서 없어서는 안 될 가장 중요한 인재 중의 한 명으로 자리매김하게 된다.

"임 부장, 의논할 게 있는데, 잠시 미팅 좀 하자."

입사한 지 막 육 개월이 지난 임 부장은 대리상 조직에 대해 업무 파악도 되었고 점차 확실한 자리를 잡아갔다. 임 부장이 내 방으로 들어오자, 나는 내년도 사업 계획을 위해 교육 팀에 대한 구상을 그녀에게 이야기했다.

"중국 땅이 하도 넓으니, 본사 강사들이 각 지역으로 출장 가는 비용이 만만치가 않아. 가장 좋은 건 각 지역에 거주하는 강사를 채용하는 건데, 이것 또한 쓸 만한 사람 찾기도 쉽지 않고, 또 괜찮은 사람 채용했다 해도 먼 지역에 떨어져 있으면 본사에서 컨트롤하기도 쉽지 않아서 이래저래 일장일단이 있단 말이야."

실제로 경력 있는 미용강사 한 명의 월급이 약 사천 위안인 데 반하여, 한 사람의 월평균 출장비가 육천 위안이 넘으니 한마디로 배보다 배꼽이 크다고 할 수가 있었다.

"그러게요. 저도 강사는 부족하고 출장은 많다보니 심도 있고 질 좋은 교육도 잘 안 되어서 고민이에요."

임 부장도 같은 고민을 하고 있었으나, 각 지역마다 좋은 사람을 확보하는 것 아니면 마땅한 대안이 없었다.

"그래서 말인데, 내가 임 부장 오기 전에 강사들의 출장 패턴을 분석해봤거든. 그때는 솔직히 제대로 된 교육이 거의 없었고 대부분이 사업자 설명회 수준이었지만 말이야. 근데 임 부장도 이미 다녀 봐서 알겠지만, 그 사업자 설명회에서 하는 강사의 역할이란 게 별로 없어. 고작 삼사십 분 정도 하는 간단한 회사 소개와 제품 소개 정도 아닌가? 그런데 그거 하나 때문에 먼 곳까지 비행기 타고 출장을 가야 하니 이게 너무 큰 낭비란 말이야."

"그렇죠. 그래서 전 가능하면 사업자 설명회 다음 날에 교육일정을 잡아서 출장비를 효율화하려고 하고 있어요. 근데 그게 대리상들 일정 때문에 마음대로 되지는 않더군요."

우리 회사의 영업 방식은 이렇다. 회사에서 전국 각지에 흩어져 있는 소매 매장들과 거래를 하는 수천 명에 달하는 대리상들을 매출 실적에 따라 일정 비율의 마진을 주는 개념으로 계약을 체결하여, 회사를 대리해서 매장 영업을 하게 하는 것이다. 대리상들은 우리나라의 방판 아줌마들처럼 화장품 영업을 하지만, 단지 다른 점은 중국 정부가 규제하는 소비자 직판을 하는 것이 아니라, 화장품 매장에 제품을 입점시켜 매장에서 소비자들에게 제품을 팔게 하는 방식을 취하고 있다. 즉 대리상들은 지휘 체계가 있는 하나의 영업 조직을 구성하여 회사의 제품을 선구입하고, 할당된 각 지역의 화장품 매장에 제품을 입점시키거나 신규 매장을 개발하여 우리 회사의 제품을 취급하게 하는 일을 담당하는데, 그중에 가장 주요한 일이 사업자

사업자 설명회인 쟈오샹후이.

설명회다. 중국에서는 쟈오샹후이(招商会议, 초상회의)라고 불리는 이 사업자 설명회를 통해 대리상 개개인이 매장을 방문하며 영업한 결실이 보람으로 나타나게 된다.

각 지역의 대리상 리더는 매월 좋은 호텔의 강당을 하나 빌려서 구성원들이 영업을 하며 만났던 매장 점장들을 쟈오샹후이에 데려오게 한 후, 이때 회사 및 제품 소개와 함께 이달의 판촉을 설명하여 회사의 제품을 취급하도록 한다. 그리고 이날 회의에 참석한 점장들이 당장 주문을 하지 않더라도 대리상들이 끈질기게 설득하여 나중에라도 제품이 입점되도록 하기 때문에, 쟈오샹후이는 우리 회사 영업의 가장 근간이 되는 활동인 것이다.

"그래서 난 출장비를 효율화하고 대리상들도 만족시킬 방법이 없을까 하고 고민해봤어. 그래서 말인데, 현장 강사란 제도를 만들었으면 해."

"네? 현장 강사요? 지금도 장쑤 성이나 산둥 성에는 우리의 현장 강사가

있잖아요."

"아니, 이건 우리가 채용한 전문 강사가 아니라, 현장의 대리상을 이용하자는 것이야. 음, 그럼 용어가 헷갈리니 지역에서 일하는 우리가 채용한 회사 직원인 강사를 지역 강사라 칭하고, 지금부터 얘기할 강사를 현장 강사라고 구분해서 말할 테니 잘 들어봐."

"네, 대리상 현장 강사란 말이죠?"

"일단 우리 회사 강사들의 업무 출장 중 대부분을 차지하는 쟈오샹후이에는 우리 강사를 보내지 말자는 거야. 쟈오샹후이에서 하는 회사 소개 정도는 발표력 있는 우수 대리상을 지역마다 선정해서 본사로 불러 집체 교육을 하고, 강사 업무를 할 때마다 한 회당 오백 위안과 함께 상품으로 화장품 3종 세트를 주는 거지. 그럼 현장 강사로 뽑힌 대리상은 돈도 벌고 자부심도 생기니까 더욱 회사에 충성심도 생기고, 실적도 더 좋아지지 않겠어? 우리가 오백 위안을 줘도 그건 우리 강사가 출장 가는 비용에 비하면 얼마 되지도 않으니 우리는 출장비도 절감할 수 있을 테고."

"아, 그거 좋은 생각이네요. 한 달에 두 번만 해도 현장 강사 수입이 천 위안이나 되니까 꽤 괜찮겠는데요? 그런데 현장 강사를 어떻게 선정하죠? 대리상들은 영업하기도 바쁠 텐데 말이죠."

"일단 각 지역의 리더급 대리상들에게 추천을 받아보자고. 실적도 우수하고 발표력이 있는 사람으로. 본사 교육에 현장 강사 위임장 및 일당과 각종 선물을 주면 분명 하려고 할 거야. 어차피 쟈오샹후이에는 해당 지역의 대리상들이 모두 참석하니까, 참석한 김에 삼십 분 정도 발표하는 일이니 어렵지 않을 테고."

"그렇게 된다면 우리 강사는 어떡하죠? 일이 많이 줄어들 텐데요."

"그러니 이참에 능력 없는 친구는 내보내고, 능력 있는 친구는 임 부장이 교육을 더 강화해서 진짜 전문가로 키워보라고. 그럼 임 부장이 맨날 전국을 뛰지 않아도 강사들이 혼자 출장 가서도 제 역할을 하지 않겠어? 한마디로 사소하고 불필요한 일들은 줄이고, 진짜 중요한 교육 업무에 치중하게 하여 업무의 질을 높이는 것이지. 그러면 우리의 교육 수준도 높아질 테니, 회사도 좋고 대리상들도 좋은 일이 아니겠어?"

"알겠습니다. 바로 실행해보겠습니다. 진짜 그리되면 저도 많은 고민을 해결할 수 있을 것 같네요. 해보고 난 후에 바로 결과 보고드리겠습니다."

임 부장은 시원스럽게 대답하고 내년도 사업 계획을 떠나 바로 실행할 수 있는 구체적인 계획을 수립했다. 그리고 영업에 방해가 된다고 반대하는 일부 지역의 대리상들을 설득하기도 하고, 마땅한 인재가 없으면 리더급 대리상이 직접 하게도 하여, 이십여 명의 현장 강사를 차출했다. 사실 이 일은 내가 임 부장이 오기 전에 이미 교육 팀의 중국인 강사인 조 과장에게 지시한 바도 있는 일이었지만, 그녀는 다들 반대한다는 이유로 미적미적 실행에 옮기지 못했던 나의 숙원 과제였는데, 임 부장이 바로 행동에 옮긴 것이다.

실행력 없는 꿈은 비극과 같다. 화가가 그림을 그리지 못하면 비극이고, 기타리스트가 연주를 하지 못하면 비극이듯이, 실행하지 못하는 계획들도 모두 비극이다. 그런데도 실행력이 약한 사람들은 하지 못한 일에 다시 많은 이유를 단다. 들어보면 그 이유들이 때론 타당한 것들일 수도 있겠지만, 그 이유들을 단칼에 자를 수 있는 결단력과 실행력이 없다면, 결코 일이 이루어지지 않을 것이다. 실행력은 다른 이유와 변명이 필요 없다. 매우 단순한 것이다. 바로 하기로 했으면 하는 것이다. 현장 강사에 대한 나의 아이디어가 아무리 좋았어도, 이를 행동으로 옮길 수 있는 임 부장이 없었다면 생각은 현실이 되지 않았을 것이다.

현장 강사들은 회사의 집체 교육을 받고 수료증을 취득한다.

이로써 지금까지도 우리 회사는 많은 현장 강사를 육성하여, 갈수록 횟수가 늘어난 쟈오샹후이를 현장에서 근무하는 대리상들을 통해 직접 진행하게 하고 있다. 매출의 증가에도 불구하고 인건비가 높은 전문 강사의 수는 과거보다 오히려 감소하였고, 출장비는 매년 이십만 위안 이상을 절약할 수 있게 되었다.

5. 마른 수건도 쥐어짜라

대리상들의 확보와 신제품 개발에 파묻혀 고속 성장의 틈바구니 속에서도 이익이 나지 않는 이유를 찾아 손익계산서를 붙들고 허우적거리다보니, 어느새 또 한 해의 끝자락이 다가왔다. 나는 늘어난 적자 폭에 골치를 앓고 있었다. 물론 장 상무와 이 부총을 통해 새로운 영업 조직을 구성하고 본격적으로 영업을 시작한 지 이제 십 개월뿐이 안 되었으니, 일반적으로 유통투자적인 측면에서 첫해에는 적자가 날 수도 있는 일이다. 지난해에는 회사를 설립하고 이 상무와 소모성 게임을 하느라 영업도 제대로 못하고 돈만 썼으니, 큰 적자가 나는 것도 당연하다 싶었지만, 이번 해는 제대로 된 영업을 하며 월 매출 일천만 위안의 과업을 달성했음에도 적자가 더 늘어만 났으니, 이건 내가 알고 있는 회계적 상식과는 달라도 너무 달랐다. 세상에 이런 경우가 있을 수 있나 할 정도였으니 말이다.

회사의 일반적인 비용 구성비를 보면 초기 투자에서는 매출과 상관없는 인건비나 사무실, 설비 등의 고정비 지출이 크기 때문에 적자가 나는 경우가 많다. 이럴 경우 영업을 하면서 점차 매출이 증가하면, 매출액 대비 고정비율이 감소하고 자동적으로 영업이익률이 증가하기 때문에, 어떡하든 매출 규모를 늘려서 고정비율을 낮추는 '규모의 경제' 효과를 볼 수가 있다. 즉 고정비를 커버하는 '손익분기점(BEP, Break Even Point)' 매출을 달성하기만 하면, 그다음부터는 이익을 실현할 수가 있는 것이다.

그런데 우리의 손익계산서는 남달랐다. 변동비율이 구십 퍼센트나 되기 때문이다. 변동비는 말 그대로 매출이 증가하면 정비례하여 증가하는 비용이기 때문에, 고정비처럼 매출이 증가한다고 경비율이 떨어지지가 않는다. 따라서 아무리 많이 팔아도 이익이 날 수가 없는 구조인 것이다. 한마디로 대리상들에게 매출액 비례로 주는 마진, 장려금, 판촉 및 사무실 등의 각종 지원 비용이 너무 많은 것이 문제였다.

장 상무의 호언장담대로 육 개월간 지급하는 신규 장려금이 끝나면 수익률이 증가할 것이라는 말은 현실로 나타나지 않았다. 대리상들은 신규 장려금을 타기 위해 육 개월간 매출을 왕창 일으켰다가 그 후에는 매출이 뚝 떨어지거나 아예 실적조차 없는 경우가 태반이었기 때문이다. 그래도 전체적으로 매출이 감소하지 않는 건, 다시 새로운 신규 대리상들이 들어와 그 빈자리를 채우게 되어, 결국 회사는 매월 감소하지 않는 신규 장려금을 계속 지급하는 꼴이 되고 말았다. 조직은 분명 커졌고 매출이 증가했는데도 줄어들지 않는 신규 장려금 때문에, 총 비용이 감소하지 않는 이상한 구조가 되풀이되고 있는 것이다.

나는 이미 대리상들에게 발표된 변동비적인 지원 규정들을 하루아침에 바꿀 수가 없어서, 일단 내가 직접 건드릴 수 있는 고정비를 줄이기 위해 마른 수건을 쥐어짜듯 경비를 강력히 통제하였고, 눈먼 돈이 어디서 새고 있는지를 고민했다.

그 첫 번째가 영업 비용 이외에 가장 큰 비중을 차지하는 제품 원가였기에, 나는 나 부장에게 채찍질을 가하지 않을 수가 없었다. 물론 매출 규모가 커지면서 과거에 비해 원가를 낮출 수 있는 협상력도 생기게 되었지만, 나 부장의 헌신이 없었으면 원가율을 상당 부분 낮추기는 힘들었을 것이다.

그리고 다음으로 내가 메스를 들이댈 수 있는 것은 판촉비였다. 나는 바로 송 부장을 불렀다.

"지금 우리 판촉비율이 얼마나 되지?"

송 부장은 가지고 들어온 노트북을 잠시 검색하더니 꼼꼼하게 정리해놓은 판촉 결과 보고서 파일을 보여주며 대답했다.

"소비자가 매출액 대비 십삼 퍼센트입니다."

"소비자가 대비 십삼 퍼센트라면 우리 출고가 대비 거의 삼십삼 퍼센트나 된다는 것이네. 송 부장, 변동비가 이렇게 크니 우리 수익성이 개선되기가 힘들단 말이야."

"네. 저도 매체 광고도 하지 않으면서 과거에 이리 많은 판촉비를 써본 적이 없을 정도로 너무 크다고 생각합니다. 그래도 연초에는 십오 퍼센트나 되었는데, 그나마 매장 인테리어 지원을 하지 않으면서 조금씩 줄어든 것이 이 수준입니다. 총경리님, 문제는 간판 지원에 대한 현금 판촉입니다. 그게 너무 크고 화표(发票, 세금계산서) 정리도 되지 않기 때문에 큰 골칫거립니다."

중국에서는 아직도 영수증 거래가 완벽하게 이루어지고 있지 않다. 일반 점포나 식당에서는 정식 영수증인 화표가 아니라, 과거 우리나라 간이영수증 같은 쇼우쥐(收据)를 손으로 써서 주는 경우가 많은데, 이런 경우는 회사에서 비용으로 인정받지를 못한다. 또한 기업의 경우도 십칠 퍼센트 증치세(부가가치세)를 내는 일반 납세 기업과, 삼에서 오 퍼센트의 영업세만 내는 소기업은 발행하는 영수증도 다르며, 우리 회사처럼 처음부터 일반 납세자로 시작하지 않은 영세업자라 해도, 나중에 매출이 성장해서 연간 팔십만 위안을 넘으면 일반 납세자로 바뀌어 십칠 퍼센트나 되는 증치세를 납부해야한다. 그렇기 때문에 작은 회사나 영세업자들이 일부러 매출을 줄이거나, 화표를 발행하지 않는 무자료 거래의 탈세 행위가 성행하고 있어, 제대로 기업을 운영하는 우리 회사 같은 경우는 화표를 제대로 수취하지 못해 애로사항이 많을 수밖에 없었다.

그 때문에 우리 회사가 몇 년 후에 누적 적자를 벗어나서 처음으로 법인세(이십오 퍼센트 소득세)를 내게 될 때, 사업 초창기에 확보하지 못한 화표 때문에 이백만 위안(약 3억 6000만 원)이 넘는 금액을 경비로 인정받지 못해 실제보다 이익이 더 많이 난 것으로 간주되어 법인세를 더 내야만 하는데, 그 금액이 한국 돈으로 1억 원에 달하는 금액이다.

"그럼 그걸 안 하면 안 되나? 현금은 판촉에 대한 효율성이 하나도 없잖아."

다른 판촉물들을 대량으로 매입하면 단가를 떨어뜨릴 수가 있어서, 실제 제공하는 가치에 대비해서 경비를 줄일 수가 있으나, 현금을 주면 그런 판촉의 효율성이 전혀 없기 때문에, 나도 현금 판촉을 그리 마땅히 여기지 않았다.

"근데 사장님이 매장 간판은 모두 우리 거로 바꿔야 한다고 너무 강하게 주장하셔서요."

"내가 봐도 간판 사진을 합성한 것도 많고, 우리 가이드라인에 맞지 않게 싸구려로 허접하게 만들고 돈만 타가려는 것도 같던데. 도대체 이게 무슨 의미가 있을까?"

나의 동의에 송 부장은 기다렸다는 듯이 강한 어조로 자신의 의견을 주장했다.

"총경리님, 제 생각에도 이제 거의 일 년도 지나가니 간판 지원 현금 판촉은 없애야 합니다."

민 대표는 우리가 광고 홍보도 없는 상황에서 매장 간판이야말로 확실한 옥외 광고나 다름없다고 주장하며, 간판 지원금에 많은 돈을 쏟아붓고 있었다. 게다가 여기에 기름을 부은 것이 장 상무였다. 장 상무도 우리와 거래하는 매장은 우리 간판으로 바꿔야 우리 제품을 더 집중적으로 팔 것이라는 논리를 펼치면서 민 대표를 부추겼다. 하지만 그 이면은 달랐다. 장 상무의 목적은 무조건 실적을 올리기 위해 매장에 돈을 주는 것이 더 중요했다. 실제로 간판 지원비를 삼천 위안 정도 받은 매장은 그중의 반도 안 되는 돈으로 대충 간판을 만들어 붙이거나, 아예 간판이 아닌 현수막 같은 걸로 기존의 간판을 살짝 가린 후 사진을 찍어 지원금을 타가는 경우도 허다했다. 깐깐한 송 부장은 사진을 일일이 확인해보고 가짜가 명백한 곳에는 지원금을 주지 않으려 했으나, 회사가 약속을 지키지 않는다며 영업을 하지 못하겠다는 대리상들의 반발과 이 때문에 영업하기 힘들다는 장 상무의 등쌀에 못 이겨, 나는 결국 증빙이 없어도 간판 지원금을 주도록 지출 승인을 하고 말았다. 이 때문에 돈은 돈대로 나가고 욕은 욕대로 먹는 이중고를 앓고 있던 송 부장의 입장에도, 눈엣가시와 같은 간판 지원금을 없애는 게 제일 좋겠다고 생각한 것이다.

"총경리님, 장 상무에게 회계적으로 문제가 있어서 더 이상 안 된다고 밀어붙이시죠. 이거 나중에 진짜 큰 문제가 될 것입니다. 간판 만들고 화표 제출하라고 해도 대부분이 안 가져오거나 가짜 화표를 보내옵니다. 화표가 없어서 정상적으로 경비 처리할 수도 없어요."

"그럼 그거 없애는 대신 다른 대안은 없을까?"

"네, 제 생각엔 십 대 일 덤을 십 대 이로 늘리는게 좋겠습니다. 그러면 매장의 마진이 증가하니까 현금성이기도 하고, 제품 지급 비용은 원가로 처리되니까 효율성도 좋아 판촉비율도 떨어질 것입니다."

"그래. 나도 그 생각을 하긴 했는데, 덤을 한번 늘리게 되면 더 이상 판촉이 아니라, 다시 돌이킬 수 없이 항상 줘야 하는 거래처 마진으로 고착화되는 문제가 있고, 물량이 더 많이 나가니 유통 재고가 쌓여서 다음 매출에 부담을 줄 수도 있단 말이야."

십 대 이 덤이라 함은 열 개 주문하면 두 개가 많은 열두 개를 준다는 것으로, 일반적으로 할증이라고도 불린다. 이 정책은 우리나라에서 과거 화장품 할인 전문점 유통 때부터 많이 성행했던 정책인데, 전통적으로 이 세상에 에누리 없는 장사가 어디 있어 하듯이, 우리나라 고유의 정감 넘치는 조금 끼워 주는 판매 방식이 화장품업계에서 특유의 할증 정책으로 자리를 잡은 것이다. 그러다보니 이런 덤 정책을 늘린다는 것은 그만큼 매출 실적보다 제품 수가 더 많이 나가서 많이 팔리는 장점도 있지만, 그렇지 못하면 유통에 재고 부담을 줄 수도 있는 단점이 있다.

"그래도 판촉비를 감소시키는 데는 이만큼 좋은 건 없습니다. 일단 십 대 이로 덤을 쓰고요, 거기다 가전제품 등의 거래처 판촉을 강화하면 매장이나 대리상들도 불만이 없을 것입니다."

"그래, 판촉비를 줄일 수 있는 가장 좋은 방법이 덤이지. 그럼 일단 한번 해보자. 그리고 말이야, 육 개월간 신규 장려금을 받는 대리상들은 별도로 딜러 판촉을 하지 않아도 신규 장려금을 타기 위해 악착같이 목표를 달성하려 하지 않을까? 육 개월이 지나 신규 장려금이 끝나서 매출에 대한 원동력이 떨어진 대리상들에게 더 좋은 판촉품을 해주고, 아직 육 개월이 안 된 신규 대리상들에겐 딜러 판촉을 없애버리면 어떨까?"

"네. 그것도 좋은 생각이네요. 그런데 갑자기 판촉을 모두 없애면 그들도 기분 나빠 할 수도 있으니, 신규 장려금을 받는 사람들은 매출 목표를 신규 장려금 받는 조건보다 더욱 높게 줘서, 그걸 달성해야만 판촉품을 받을 수 있도록 하면 어떨까요? 그러면 장려금도 받고 판촉품도 받으려고 좀 더 매출을 하려고 할지도 모르죠."

"오, 그게 더 좋은 생각이네. 그럼 그렇게 하자. 명목상이라도 판촉이 있는 것으로 하자고. 그럼 판촉비율이 얼마나 될까? 목표는 소비자가 대비 십 퍼센트 이하로 낮추는 것이야. 우리가 지금 월 매출액이 일천만 위안을 넘어서고 있어. 여기에 일 퍼센트면 월 십만 위안(약 1800만 원)이고, 삼 퍼센트면 삼십만 위안이야. 그리고 나중에 매출이 더 증가해서 월 이천만 위안이 된다고 생각해봐. 그럼 삼 퍼센트만 줄여도 자그마치 육십만 위안이나 감소하게 돼. 일 년이면 칠백이십만 위안이니, 한국 돈으로……."

나는 얼른 계산기를 두들겨 보고는 깜짝 놀라 말했다.

"우아, 십삼억 원이나 되는 돈이야! 지금 우리가 매년 큰 적자에 허덕이고 있는데 일 년에 십삼억 원을 줄일 수 있다면, 우리 수익성이 얼마나 많이 개선되겠어? 내년도 송 부장의 핵심 목표는 그 삼 퍼센트를 줄이는 데 있음을 명심하기 바란다. 알았지?"

"넵, 알겠습니다. 꼭 달성하겠습니다."

그렇게 하여 당장 한꺼번에 삼 퍼센트의 감소를 취하지는 못했지만, 송 부장은 차근차근 유통에 반발이 없도록 가랑비에 옷 젖는 방식으로 판촉비를 줄여 나가서 결국 다음 해 매출액 대비 십일 퍼센트까지로 줄였다. 그리고 그 후에도 그는 판촉품을 다변화하며, 고객이 느끼기에 가치는 높지만 회사가 싸게 구입할 수 있도록, 업체와 직접 개발하는 방식을 통하여 판촉의 효율성을 높였다. 그리하여 이 년이 지난 후에는 대리상들이 느끼는 판촉비가 십일 퍼센트에서 떨어지지 않았어도, 실제 사용 경비는 십 퍼센트 수준으로 낮출 수가 있게 되어, 목표했던 판촉 비율 절감 삼 퍼센트를 달성했다.

이것이 시작이었다. 당장 시동을 걸고 마구 뛰쳐나가는 영업을 통제하지 않더라도, 나는 원가의 절감과 판촉비의 절감, 그리고 고정비와 출장비의 절감을 통해 상당 부분 수익성을 확보할 수가 있었다. 그 결과 회사의 적자 폭은 매해 감소하기 시작하여, 나는 손익계산서상의 영업이익란에 빨갛게 쓰여 있는 숫자가 곧 푸른색의 플러스(+)로 찍히는 날이 머지않았음을 예감할 수 있었다.

6. 제주한방 시로미

　기본적인 브랜드와 품목 구성이 만들어졌지만, 시간이 갈수록 회사는 보다 경쟁력 있는 제품이 더 필요했다. 경쟁사 제품과 비슷비슷한 것이 아니라, 우리만의 독특한 콘셉트가 있는, 즉 차별화된 브랜드가 절실했다. 차별화에는 반드시 경쟁사와 비교해 다른 어떤 것(Something Different)이 있어야 하는데, 무조건 다르기만 하다고 되는 것은 절대 아니다. 남들과 다르다고 해서 차별화가 된다면, 세상은 이상한 물건으로 가득 차버리고 말 것이다. 다르되, 목표 시장 고객의 니즈(Needs)를 만족시켜주며, 경쟁사보다 월등히 뛰어나야만 한다. 그래서 차별화가 말하는 다르다는 의미는 그냥 다른 것이 아니라, 반드시 경쟁적으로 우위를 점할 수 있는 '다름' 이어야 한다.

　나는 많은 고민 끝에 나 부장과 회의를 했다.

　"나 부장, 이쯤에서 우리도 남들이 따라 하기 힘든 우리만의 차별화된 브랜드가 하나 필요한데 말이야. 나 부장은 이에 대해 생각한 게 좀 있나?"

"네, 총경리님. 저도 이에 대해 고민을 했었는데, 지난번 사장님이 제주도에 대해 하신 말씀도 있고 해서, 이번엔 제주도로 가면 어떨까 싶습니다."

나 부장은 그동안 대한민국 방방곡곡의 천연 원료를 활용한 신제품들을 선보여왔기 때문에, 나는 그가 제주도로 간다는 말의 의미를 잘 이해하고 있었다.

"제주도라! 그거 좋네. 중국인들이 한국에서 가장 가보고 싶어 하는 곳이 제주도이니까, 우리나라 최고의 청정 지역이자 아름다운 제주도에서 나온 원료로 만든다면 모두들 좋아할 것 같아."

"제주도 한라산에서 자생하는 영지버섯 같은 천연 원료를 한방으로 만들어서, 저희도 A사의 한방 화장품 같은 우리만의 히트 제품을 만들면 어떨까요?"

나 부장이 A사 얘기를 하자, 나도 맞장구를 치며 말했다.

"그래. 이심전심이라고, 한방 제품이 중국인들에게도 무척 인기가 높은 걸 보고 나도 긍정적으로 생각하고 있었어. 그런데 나 부장도 알다시피 지금 중국에도 이미 수없이 많은 한방 화장품들이 나와 있잖아. 그리고 저마다 좋다고 떠들어 대고 있는데, 우린 무엇으로 그들과 차별화된 콘셉트를 만들어야 하지? 이번 한방 화장품도 그냥 남들 다 하는 비슷비슷한 콘셉트로 나갔다가는 중국 내 경쟁사와 다를 게 하나도 없을 테니 말이야."

"네. 그래서 제가 아는 사람들을 통해 제주도에서 원료를 개발하는 업체를 찾아 통화해봤습니다. 그래서 거기서 '시로미'라는 원료를 소개받았는데요. 흠, 이게……. 좀 황당하게도 옛날에 진시황이 찾으라고 사람을 보냈다던 그

불로초라고 하네요. 진짜인지 아닌지 모르겠지만요. 허허."

　나 부장은 피식 웃으며 좀 어이가 없다는 듯이 진시황의 불로초 애기를 지나가는 말처럼 꺼냈다. 그동안 진시황의 불로초 애기는 사실인지 아닌지 오랜 전설처럼 우리에게 구전되어 왔는데, 실제로 진시황이 진정한 불로초를 구했다면 어찌 그리 일찍 죽었겠는가? 그러나 나는 그 순간, 어떤 영상처럼 시공을 뛰어넘은 진시황의 모습과 수천 명의 신하들이 불로초를 찾아 떠나는 모습이 머리에 스쳐 지나가면서, 얼마 전에 읽었던 신문 기사 하나가 마치 영상 속의 작은 조각이 확대되듯 확연히 떠올랐다.

　"나 부장! 제주도, 진시황, 불로초, 이게 하나의 연결 고리로 이어지네."

　나는 얼떨결에 소리치듯 말하고는, 머릿속의 생각을 정리하느라 잠시 뜸을 들이다, 궁금해하는 나 부장을 보며 살며시 미소를 지으며 말을 이었다.

　"나 부장, 내가 얼마 전에 어느 신문에서 중국인들을 대상으로 설문 조사한 걸 봤는데, 중국인들이 가장 존경하는 사람이 바로 진시황이고, 그다음이 마오쩌둥이라네. 두 사람의 공통점은 이 넓은 중국 대륙에 통일 국가를 수립했다는 건데, 두 사람이 없었다면 지금 중국은 사분오열이 되어 유럽처럼 각기 서로 다른 나라로 맞붙어 끊임없는 분쟁이 이어졌을 거라는 것이야. 만약 그랬다면 수천 년 동안 이 넓은 대륙에서 얼마나 많은 사람들이 죽거나 굶주렸을 것이며, 중국이란 나라가 지금 여기까지 오지도 못했겠지."

　나 부장은 갑자기 내가 뜬구름 잡는 소리를 하자 잘 이해하지 못하겠다는 듯 어안이 벙벙한 표정을 지으며 나의 말이 끝나기를 기다렸다.

　"나 부장, 그러니까 중국인이 가장 가고 싶어 하는 제주도에서 자라는 불로초가 이번 우리 한방 제품의 콘셉트가 되는 것이고, 그 불로초의 주인공은 다름 아닌 중국인들이 가장 존경하는 진시황이란 거야. 진시황을 우리 화장품의 모델로 써서 불로초를 찾아 제주도에 가는 스토리를 만든다면, 우리만의 차별화된 제품과 재미있는 브랜드 스토리가 탄생되지 않겠어?"

"아, 네, 그거 재미있네요."

나 부장은 그제야 내가 무슨 말을 하는지 깨달은 듯 고개를 끄덕이며 대답했다.

"그럼 불로초, 시로미를 이번 한방 화장품의 콘셉트로 하자는 것이죠? 그렇다면 이번 건은 제주한방화장품이 되겠네요. 제가 이 콘셉트를 가지고 원료 회사와 더 의논해서 개발해보겠습니다."

그리하여 나 부장은 제주도에서 자라는 시로미와 천연 한방 원료를 이용한 한방화장품을 만들어냈다. 그는 기존처럼 약탕기에 물을 넣고 찌는 방식이 아니라, 제주산 감귤을 물에 넣고 쪄서 나오는 뜨거운 증기로 각종 한방 원료들을 추출하는 감귤증법을 개발하여, 감귤 성분이 천연 원료들이 가지고 있는 독성을 제거하는 한편, 좋은 효능들을 더욱 증가하게 하여, 제주한방화장품 시로미의 품질을 더욱 강화시키는 데 성공하였다. 나는 시로미라는 한글 이름을 그대로 활용하되, 마지막 글자인 '미'를 한자 '아름다울 미(美)'로 바꾼 '시로美'라는 브랜드명을 만들어, 중국 특허청에 브랜드를 등록했다.

또한 시로미와 진시황의 불로초에 대한 자료를 더 찾아보다가, 실제로 제주도 서귀포에 진시황의 명을 받고 온 서복이란 관리에 대한 이야기가 살아 있는 전시관이 있음을 발견했다. 문득 나는 타임머신을 타고 2200년 전으로 돌아가 내가 진시황이 된 것처럼 상념에 젖었다. 나의 머릿속에서 못다 했던 영화 같은 스토리가 꼬리에 꼬리를 물고 이어져 나갔다.

지금으로부터 2200여 년 전 열세 살의 어린 소년 영정(嬴政)은 진나라 31대 왕으로 즉위했다. 그러나 그때까지 그 어린 왕이 분열된 중국을 처음으로 통일한 위대한 황제가 될지는 아무도 몰랐다. 하지만 소년 영정은 어린 나이 때부터 중국 통일이라는 큰 꿈을 가슴에 품고 있었고, 온갖 고난을 극복하여 이십육 년 후에 마침내 그 뜻을 이루어 중국 역사에 길이 남을 최초의 별이 되었다.

이렇게 원대한 뜻을 이룬 시황제는 자신의 꿈을 영원히 간직하고 싶은 욕망에 불로초를 찾아 전 세계로 사람을 보냈는데, 그중 서복(徐福)이라는 관리가 진시황의 명령을 받들고 삼천 명의 선남선녀들과 함께 불로초를 찾아 한국 제주도의 서귀포에 당도하게 되었다. 실제로 서복이 당도한 포구라 하여 서귀포라 불리게 되었다고도 하는 이곳에는, 지금도 서복 전시관이 있어 진시황의 불로불사의

진시황을 위해 불로초를 찾아 제주로 온 서복을 기념하는 전시관 일부.

꿈과 서복의 먼 여정이 잘 전시되어 있다.

그럼 서복은 중국도 아닌 왜 제주도라는 그 멀고도 험한 길을 택했을까? 그건 바로 제주도 한라산에서만 자생하는 시로미를 찾기 위함이었다. 시로미는 해발 1400미터 이상의 청정 지역 고지대에서 나는 귀한 약초로서, 옛날부터 신선들이 먹는 약초라고 불렸고, 먹으면 불로장생한다는 전설이 먼 나라 중국 땅에까지 소문이 났기 때문이었다.

이에 우리 회사에서는 유네스코가 인정한 청정 지역 제주도 한라산에서 자생하는 시로미를 진시황의 불로초가 아닌 세계 여성들의 아름다움을 위한 불로초로 만들기 위해 피부 노화 억제에 좋은 화장품에 접목시켰으니, 열세 살 어린 소년 영정의 못다 한 불로장생의 꿈이 2200년의 긴 세월을 넘어, 지금 이 순간 세계 여성들의 아름다운 꿈을 위한 '시로美'로 탄생하게 된 것이다.

시로미의 제품 디자인은 진시황의 사진에서 비롯되었다. 황금빛 용포를 입고, 왕관을 쓰고, 배가 좀 나온 우람하고 위엄 있는 진시황의 모습에서, 나는 용기의 디자인과 아웃 패키지 디자인 방향을 착안해냈다. 그다음부터는 이와 비슷한 용기를 찾아 그래픽을 입히는 한편, 중국 디자이너로부터 다양한 패키지 디자인을 뽑아냈다. 그리고 다행히 나는 두 번째로 찾은 상하이 화장품 박람회에서 항저우에 있는 화장품 용기 업체가 보유하고 있는 단단하고 알찬 호리병 모양의 용기 하나를 찾아내어, 유리병에 황금빛을 칠하고 뚜껑에 금빛 찬란한 알루미늄 관을 씌우게 했더니, 제법 배가 불룩한 진시황처럼 그럴싸한 모습이 나타났다.

그리고 용기가 생산되는 삼 개월 동안 용기 디자인을 바탕으로 패키지 디자인을 진행했다. 고급스러움을 주기 위해 일반적인 종이를 사용하지 않고 황금색 비단 느낌의 벽지를 활용하여 케이스에 붙였더니, 마치 진시황의 비단 용포와 같은 느낌의 촉감을 제대로 살린 시로미의 디자인이 완성되었다.

　　게다가 나는 시로미 로고의 글씨체 하나에도 신경을 곤두세웠다. 시로미 때문에 제주도에 대해 많은 자료를 찾다보니, 우리나라의 명필 추사 김정희 선생께서도 제주도로 유배를 간 후에 그 유명한 추사체를 완성하게 되었다는 점을 알게 되었다. 나는 시로미를 모두 제주도와 연관된 스토리로 만들고 싶었다. 그래서 인터넷으로 추사체와 관련된 자료를 찾아 아직도 추사체가 여러 사람들에게 이어져 내려오고 있음을 발견했다. 나는 한국에서 추사체 명필로 계시는 분에게 무작정 이메일을 보냈다. 중국에서 한국의 아름다움을 전파하는 사람인데, 추사체로 쓴 시로미를 받아보고 싶다고 간곡한 부탁의 글을 올렸더니, 뜻밖에도 그분은 흔쾌히 추사체를 써서 내게 보내주었다. 그리하여 시로미 제품에는 진시황과 함께 수백 년의 시공을 뛰어넘어 김정희의 추사체도 제품의 로고체로 되살아나게 되었다.

　　하지만 시로미든 추사체든 중국의 많은 회사가 쉽게 따라 할 수도 있다는 생각이 들었다. 이젠 누구도 따라 할 수 없는 특허와 같은 인증서가 필요할 때였다. 나는 다시 나 부장과 의논했다.

　　"나 부장, 우리가 아무리 진시황이니 추사체니 떠든다 해도, 결국 발 빠른 중국 회사나 한국 경쟁사도 비슷하게 만들 수가 있는 것 아닌가? 요즘은 너무 속도가 빠르니 말이야. 뭔가 다른 방법이 없을까?"

그런 점에서 나 부장도 항상 나와 생각이 같았다. 그도 똑같은 고민을 하여 나름 방법을 강구하고 있었다.

"총경리님, 제주도에서 생산되는 제품에 대해 제주도청에서는 '온리 제주(Only Jeju)'라는 인증 마크를 통해, 이 제품이 제주도 특산품임을 인증해주고 있습니다. 우리도 이 마크를 획득하면 어떨까요?"

나는 눈이 번쩍 뜨였다.

"Only Jeju? 근데 우리는 원료를 제주도에서 가져오지만 생산은 중국에서 하지 않나? 그게 될까?"

"원료를 납품하는 회사가 제주도에 공장을 가지고 있어서 그 원료에 대해선 분명 인증 마크를 사용할 수 있을 겁니다. 단지, 우리가 사용 가능할지 여부는 제주도청에 그 취지를 잘 설명해서 설득해보면 어떨까요?"

"사실 우리 주요 원료가 제주도산이니 중국에서 만들어도 제주도 제품이라 해도 과언이 아니지. 그럼 밑져야 본전 아닌가? 어디 한번 해보자! 요즘 제주도가 중국인들에게 떠오르는 곳이 아닌가? 우리는 제품을 통해 중국 전역에 제주도를 홍보하게 될 것이고, 실제로 우수 대리상들을 제주도로 데려가서 제주 관광도 시켜준다면, 제주도 경제에도 더욱 도움이 되지 않겠어? 이런 측면으로 Only Jeju 마크가 얼마나 중요하고 이것이 서로 윈윈(Win-Win)이 되는 것인지를 잘 설명해보자고."

"그럼 제가 원료 회사에 얘기해보겠습니다. 그리고 총경리님도 한국 가셔서 그쪽 대표랑 우선 MOU라도 체결하시면, 그쪽에서도 우리를 믿고 더욱 적극적으로 로비를 해줄 것입니다."

나는 나 부장의 제안에 흔쾌히 결정을 내렸다.

"내가 한국 가서 바로 체결할 테니 날짜와 시간을 정해줘. 그리고 꼭 인증 마크는 우리가 따야 하고, 앞으로 중국의 그 누구에게도 이런 허가를 주면 안 된다는 것을 명심하게."

이렇게 해서 우리는 비록 중국에서 생산함에도 불구하고 제주도 제품임을 인증하는 Only Jeju 마크를 제품에 새겨넣을 수 있게 되었다.

다음에는 프로모션이었다. 나는 시로미처럼 차별화된 브랜드를 그냥 일반적인 신제품처럼 평이하게 출시하고 싶지가 않았다. 그리하여 송 부장과 몇 번의 의논 끝에 시로미 론칭 이벤트를 진행하기로 했다. 이미 Only Jeju 인증 마크 획득을 위해 제주도청 쪽에 제시한 바와 같이 우수 대리상과 점장들을 제주도로 여행시키자는 안에 대해 합의점을 찾았다.

우리는 8~9월 두 달간 실적이 우수한 점장과 대리상 들을 뽑아서 10월에 약 백오십 명의 사업자들을 제주도로 데려가기로 했다. 제주 여행을 시켜주는 것뿐만 아니라 제주도에서 대대적인 시로미 브랜드 론칭 행사에 참가할 수 있는 자격도 주어지는 것이었다. 그렇기 때문에 발등에 불이 떨어진 건 한국 법인도 마찬가지였다. 제주도 론칭 이벤트는 한국 법인에서 준비하기로 했고, 중국 법인은 전국에 흩어져 있는 우수 사업자들을 칭다오로 집결시켜 비행기에 탑승시키는 일이 주어졌지만 이도 만만한 일이 아니었다.

그런데 문제는 칭다오에서 제주도로 바로 가는 비행기가 없다는 것이었다. 여행사를 통해 여행 스케줄과 비행기 탑승에 대한 조정을 하던 송 부장이 나를 찾아 들어왔다.

"송 부장, 제주도로 바로 갈 수 없다면 큰일 아닌가? 그럼 서울을 경유해야 하는데, 인천공항에 내려 다시 김포공항까지 이 많은 인원들을 어떻게 통제하려고?"

송 부장이 다급히 들어오는 것을 보고 나는 일이 틀어지는 것 같아 걱정 어린 투로 물었다. 그러나 송 부장은 그게 문제가 아니라며 내 말은 안중에도 없다는 듯 말을 토해냈다.

"총경리님, 그보다 더 큰일은 비자 문제입니다. 원래 제주도는 무비자라서 별문제가 없었는데, 서울을 경유하려면 모두 비자가 있어야 한답니다."

"뭐? 그냥 경유만 하는 것인데도 비자가 필요해?"

"네. 이게 공항에서 갈아타는 것이 아니라 인천공항에 내려서 버스로 김포공항까지 이동해야 하는 사항이라, 결국 우리나라 입국 심사를 받아야 하기 때문입니다."

이제야 상황의 심각성을 인식한 나는 잠시 생각을 하다가 이내 차분한 마음으로 다시 송 부장에게 말했다.

"내가 알기론 중국인들이 우리나라 비자 받기가 보통 어려운 게 아니라고 하던데, 괜찮을까?"

"그게 쉽지가 않습니다. 최근 중국인들 중에 한국으로 관광하러 들어와서 불법 체류하는 경우가 많아서 조건이 무척 까다롭습니다."

"나도 그런 얘기는 들었어. 그럼 어찌해야 되는데? 여행사에서는 뭐라나?"

"그게 좀……."

송 부장은 주저주저하며 간신히 말을 토해냈다.

"여행사에서도 쉽지가 않답니다. 일단 비자를 받으려면 정확한 직업과 소득 증명이 있어야 합니다. 그래서 이들이 한국에 남아 있지 않고 중국으로 돌아올 것이라는 증명이 있어야 하는 거죠. 게다가 은행에 일정 금액의 잔고도 있어야 하고요."

"그거야 우리 회사 대리상과 점장 정도면 가능하지 않나?"

나는 송 부장의 말이 끝나기를 기다리지 못하고 말했다.

"총경리님, 그게 그렇지가 않습니다. 호적도 명확하지 않은 사람도 있고, 그 정도 잔고를 유지하는 사람도 많지 않으며, 또 자기 대신 부모를 보내는 사람들도 있어서, 그럴 경우는 비자 받기가 더욱 어렵습니다. 그래서 이런 조건을 모두 충당할 수 있는 사람으로 인원을 재조정해야 합니다. 은행 잔고는 비자 받을 때만 빌려서 채워놓고 빼면 되니까, 영업부에서 이 부분을 대리상들과 논의하여 맞춰보기로 했습니다."

"뭘 해도 쉬운 게 하나도 없네. 그럼 그리하면 되는 것인가? 또 다른 문제는 없고?"

송 부장은 지금까지는 서론에 불과하였고 이제부터가 본론이라는 듯이 자세를 고쳐 잡고 목소리를 가다듬는 헛기침을 한 번 하더니, 다시 예의 신중한 모드로 돌입하며 말했다.

"그런데 제주도가 아닌 서울로 입국하는 비자를 받으려면, 중국인들이 한국에 가서 불법 체류하고 돌아오지 않는 것을 방지하기 위해 보증금을 내야 한답니다. 그것도 일인당 만오천 위안이 되는 거금입니다. 이들이 이런 돈을 보증금으로 낼 수 있는 형편이 아닌데 말이죠."

이것은 한 달에 평균 삼천 위안 수준의 돈을 버는 사람들의 입장에서 오개월치 급여에 해당되는 금액이었다. 리더급 대리상을 빼고는 대부분이 한국 여행 한 번 가려고 이런 거금을 마련할 수 있는 사람들이 아니었다.

"어? 그렇게 많아? 그걸 그 사람들이 어떻게 마련하겠어? 여행사에게 잘 말해봐. 우리 회사가 보내주는 행사인데, 만약에 생기는 불상사는 모두 우리가 책임진다고 하면 되잖아. 우리도 명색이 중국에 거액의 자본금을 출자해서 세운 회사인데 말이야."

"그런 말을 안 해본 건 아닌데, 이게 여행사와는 상관없이 중국 정부 쪽에서 이루어지는 일이라서 어렵다고 합니다. 아무래도 회사에서 보증금을 임시로 내주어야 할 것 같습니다."

나는 급히 계산기를 두들겨 보다가 깜짝 놀라며 말했다.

"일인당 만오천 위안이면 백오십 명일 경우 이백이십오만 위안이니까……, 이게 사억 원이 넘잖아? 송 부장, 이렇게 많은 걸 우리가 지금 어떻게 해주냐?"

"총경리님, 근데 이건 행사가 끝나면 돌려받을 수 있는 돈입니다. 그렇지 않으면 이미 여기까지 온 행사를 진행할 수가 없게 됩니다."

나는 아차 싶었다. 처음부터 무비자인 제주도로 간다는 생각만 하였지, 입국 비자를 받는 일이 벌어질 줄은 생각해보지 못한 것이 탈이었다.

"송 부장도 알다시피 지금 회사가 신제품 개발이다 유통 개척이다 하며 쏟아부은 돈이 너무 많아서, 그 정도 금액이 한 달 넘게 묶여 있으면 우리는 자금적으로 어렵게 될 수가 있어. 그리고 그 돈을 언제 돌려받을 수 있을지 어떻게 알아? 이 불투명한 중국에서. 그러니 송 부장이 여행사랑 다시 얘기해서 성의만 보이자. 일억 원 정도로 조정해봐. 그리고 우리 회사가 그 모든 사람들을 보증해준다는 증명서라도 써주고. 그 여행사도 꽌시가 있을 것 아닌가? 어떻게 한번 해보라고."

"네, 알겠습니다. 그럼 여행사 대표를 만나서 다시 한 번 이야기해보겠습니다."

송 부장은 어쩔 수 없다는 듯 대답을 하고 돌아갔지만, 며칠 후에 의외로 내가 바라는 대로 협상을 잘 이끌어냈다. 하긴 백오십 명을 제주도로 데려가는 일은 중국 여행사에게도 꽤 군침이 도는 큰 건이었으니, 어차피 칼자루를 쥔 건 우리가 아니었겠는가? 그래서 우여곡절 끝에 회사의 보증금과 보증서 덕에 백오십 명의 사업자들은 서울을 경유하여 그들이 그토록 가고 싶어 했던, 한국의 아름다운 섬 제주도로 떠날 수가 있게 되었다.

한국 법인의 김 부장도 행사에 만전을 기하며 철저히 준비를 했다. 아무리 사업자들이 제주도 여행을 잘했다 하여도, 만약 행사가 조금이라도 잘못된다면 모든 게 허사가 될 수도 있기 때문에, 한국 법인의 책임 또한 막중한 일이었다. 특히 지역적으로 서울에서 벌어지는 행사가 아닌 관계로 김 부장에게도 보통 어려운 일이 아니었다. 수시로 제주도를 오갈 수 있는 여건도 아닌지라, 사전답사만 한 번 다녀온 후에는 계속 서울에서 이벤트 회사와 철저히 사전 점검을 하고 시뮬레이션을 한 후에야, 행사 하루 전에 진행을 도와

줄 직원들과 함께 제주도로 떠날 수 있었다. 그래서 나는 중국 법인 일행들의 일정과 다르게, 한국 법인 팀과 함께 행사를 점검하기 위해 미리 한국으로 와서 그들과 합류했다.

모기업 회장도 참석하는 자리인 만큼 민 대표도 잔뜩 긴장을 하는 눈치였다. 특히 행사에서 시로미 브랜드를 소개하는 중요한 역할도 직접 담당하기로 했기 때문에, 우리는 발표 자료도 특별히 디자인과 내용에 신경 써서 만들었으며, 민 대표의 중국어 통역에게도 대본을 만들어주어 철저히 준비시켰다.

그리고 결전의 날이 밝았다. 인천공항에서 입국 심사를 할 때 몇 사람이 애로를 겪었던 것 빼고는, 다행스럽게도 전원이 별 탈 없이 김포공항으로 이동하여 비행기를 갈아타고 제주도에 당도했다. 그 후부터는 준비된 여행 일정에 따라 모든 사업자들은 지정된 숙소로 이동을 한 후, 오후에는 간단한 제주도 관광을 마쳤다. 저녁이 되자, 사업자들은 시로미 론칭 행사를 위해 별도로 준비된 특급호텔 행사장으로 모여들었다.

그사이 전날 미리 와 있었던 나와 김 부장 팀은 행사에 차질이 없도록 만반의 준비를 마치고 그들을 반가운 얼굴로 맞이했다. 여러 대의 버스에서 내려 들어오는 그들의 얼굴엔 함박웃음이 피어 있었다. 한국의 아름다운 제주도에서 오후를 보낸 것만으로도 새벽부터 칭다오에 모여 비행기와 버스를 수차례 갈아타며 오전 내내 시달렸던 번거로움조차도 이미 충분히 보상받고도 남음이 있어 보였다.

좌중이 정리가 되고 VIP가 입장하자, 행사장은 갑자기 암전이 되면서 시로미의 출시를 알리는 동영상이 행사장을 가득 채우며, 웅성거리던 모든 사람들의 시선을 한 번에 사로잡았다. 화면에는 진시황의 꿈을 찾아 제주도에 온 서복 일행과 한라산 고지의 장생 불로초 시로미가 우리의 제주한방화장품으로 재탄생되는 이야기가 웅대한 배경 음악과 함께 울려 퍼졌다가 사라졌다. 순간 힘찬 박수와 우레와 같은 환호성이 쏟아지며 행사가 시작되었다. 그룹 회장의 환영 인사말과 민 대표의 열정 넘치는 발표도 좋았으며, 다채롭고 재미있는 행사와 한국 특급호텔의 맛있는 요리로 대미를 장식했다. 모두가 참여한 화합의 무대로, 행사는 거의 두 시간 만에 성공적으로 끝났다. 제주도에 와서, 태어나서 처음으로 받아 본 이런 특급 대우는 그들에겐 지금까지 겪어보지 못한 새로운 경험이었을 것이다.

제주도 행사에서 필자의 노래에 맞춰 춤을 추는 대리상.

행사가 끝나고 난 후, 모든 사람들이 각자의 숙소로 돌아가자, 나와 진행 팀은 밤늦도록 행사장을 마무리하고 용두암에 있는 횟집으로 자리를 옮겼다. 행사가 진행되는 동안 제대로 식사도 못한 진행 팀에게 나는 최고급 회로 그동안의 노고에 감사했다.

다음 날 나는 한국 법인 진행 팀과 헤어져 여행 패키지에 합류했다. 성산일출봉을 땀을 흘리며 오르다보니 여기저기서 들리는 소리가 온통 중국어뿐이었다. 처음에 나는 우리가 데려온 일행들이 많기 때문이겠거니 하였지만, 알고 보니 우리 일행이 아닌 중국인들이었다. 민속촌에 가도 안내인들이 모두 중국어로 말했다. 언제부터 제주도가 이리 중국인들의 차지가 되었는지 놀라울 정도였다. 그러나 지금 제주도의 노른자위 땅들이 중국의 거대 자본에 넘어가고 있는 걸 보면, 나는 중국인들의 특별한 제주도 사랑이 그리 마땅치만은 않았다. 나는 중국에서 과거 우리나라의 1970년대처럼 개발이라는 명목하에 아름다운 자연이 파헤쳐지고 사라지는 모습을 너무 많이 보고 있기 때문이다.

이는 물론 제주도가 아름다운 천혜의 자연을 가지고 있는 곳이기 때문만은 아니다. 자기 땅을 가지지 못하는 중국의 여건상, 돈 많은 중국인들이 미래를 대비하기 위하여 너 나 없이 해외에 땅을 사고 있기 때문이다. 거기에 부응하여 우리나라 정부는 제주도를 비자 없이도 입국이 가능한 자유 무역권으로 만들다 못해, 오십만 달러, 약 오억 원만 투자해도 중국인에게 영주권을 주고 있는 실정이니, 더 이상 말을 해 뭐 하겠는가? 이러다 과거의 조용하고 아름다우며 정감 넘쳤던 대한민국의 제주도는 다 사라지고, 마치 중국의 경제적 식민지로 전락한 일개 중국의 작은 성으로서, 산둥 성 같은 중국 제주성이 탄생할지도 모르겠다는 걱정이 나의 뇌리를 스치고 지나갔다.

1박 2일간의 아름다운 제주도 여행은 시로미와 관련된 서복기념관을 거쳐 마지막 면세점 쇼핑으로 끝났다. 매번 가는 곳마다 대단했던 중국인 사업자들의 바잉파워(Buying Power)는 마지막 종착지인 면세점에 도착하자 폭발하고 말았다. 어이없게도 우리와 거래하는 사업자들이 온통 한국의 다른 화장품을 사느라 혈안이었으나, 우리는 이를 제재할 수가 없었다. 그들은 분명 이렇게 한국에서 사 간 화장품들을 중국에 가서 더 비싼 값으로 팔 테니, 이런 기회를 놓칠 이유가 없었을 것이다.

3박 4일간의 시로미 론칭 행사와 제주도 여행을 무사히 마친 우리는 제주도에 도착했을 때와 똑같은 방법으로 서울을 경유해서 중국으로 그들을 돌려보냈다. 단, 나와 리더급 대리상들 여섯 명은 서울에 남아서 서울 본사 방문을 시작으로 우리 제품이 입점되어 있는 워커힐 호텔의 면세점 방문 후 남산타워와 동대문 상가 등을 둘러보며 서울 여행을 하루 더 추가했다. 그들에게 실제로 한국 경제의 중심지인 강남에 있는 본사와 최고급 호텔 면세점에 입점한 회사의 위상을 보여줌으로써, 자부심과 자신감을 고취하고 더욱 강한 신뢰를 쌓기 위함이었다.

워커힐 면세점에 갔을 때 대리상들은 서로 경쟁적으로 사진을 찍고 떠드느라 옆 매장에 방해가 되는 것도 아랑곳없이 소란을 피웠다. 그러자 결국 항의가 들어와 내가 자제를 요청하였으나, 그것도 잠시뿐이었다. 나는 참다못해 소란스런 그들 틈에서 빠져나와 면세점 입구로 걸어 나왔다. 문득 제주도에서 민 대표의 통역을 맡았고, 제주도 여행 때도 열심히 사업자들을 도와주느라 무척 애썼던 영업부 직원이 눈에 띄었다. 그녀는 매장 한 곳에 진열되어 있는 가방에서 눈을 떼지 못하고 서성이고 있었다. 나는 그녀에게 다가가 말을 걸었다.

"뭐 사고 싶은 게 있니?"

순간 그녀는 깜짝 놀라며 나에게 인사하며 머뭇거리듯 말했다.

"아니요, 가방이 너무 예쁜데, 비싸서요."

그녀가 손으로 만지작거리고 있는 가방은 내가 봐도 귀엽고 예뻐 보였다. 명품은 아니었지만 외국에서 라이선스 된 젊은층을 겨냥한 중가의 브랜드였는데, 원래 가격에서 오십 퍼센트 세일을 하고 있었다.

"지금 할인해서 많이 싸게 팔고 있는데, 이참에 하나 장만하지그래? 여기까지 왔는데 말이야."

"아니에요. 그래도 제겐 너무 비싸요."

할인된 가격이 이십만 원 정도였으나, 그래도 그녀의 월급의 절반이나 되는 금액이었다. 못내 아쉬워하며 돌아서는 그녀를 보니, 나는 그만 마음이 짠하여 충동적으로 가방을 사 주고 말았다.

"이건 이번 행사 때 일을 너무 잘해줘서 내가 선물로 주는 거야. 그러니 앞으로도 오래오래 회사에 남아서 열심히 일해줘. 알았지?"

"네? 진짜요? 총경리님, 너무 감사합니다."

뛸 듯이 기뻐하는 그녀를 보며 나도 마음이 무척 흐뭇했다. 그런데 중국으로 복귀한 몇 달 후, 춘절 때 고향으로 돌아갔던 그녀는 연락도 없이 회사에 출근하지 않았다. 고향 친지의 소개로 다른 회사로 자리를 옮긴 것이다. 그때 나는 다시 한 번 깨달았다. 중국인 직원들에겐 특별히 더 마음을 쏟아서 개인적으로 잘해줄 필요가 없다는 것을.

어차피 그들에겐 인간적인 마음보다 물질적인 조건이 더 중요한 게 현실이었다. 회사가 빨리 성장을 해서 이익을 실현하고 직원들에게 누가 넘볼 수 없는 급여와 복지 조건을 제공하지 못하는 한, 마음으로 잘해주려는 노력은 값싼 동정이자 자기 위로일 뿐이었다. 내가 진정한 경영자로 탈바꿈하기 위해서는 그들에게 미래의 비전과 함께 현실의 안정을 주는 것이 더 중요한 것이다.

나는 모든 행사를 무사히 끝내고 중국으로 돌아왔다. 제주도에는 함께 가지 못했지만, 중국에서 여러 모로 고생한 팀장들에게도 성공적인 행사에 대한 감사의 뜻을 표했다. 옛말에 '인심제, 태산이(人心齊, 泰山移)'란 말이 있다. 사람의 마음이 한데 모이면 태산도 옮길 수 있다는 뜻이다. 이런 성공적인 결과는 나 한 사람의 노력으로 된 것이 아니라, 모든 사람들의 정성이 함께하였기 때문에 가능한 일이었다.

7. 협상의 법칙

국경절 연휴와 시로미의 제주도 행사로 인해 영업일수가 부족했던 10월은 근래 들어 최악의 매출 실적을 내면서 다시 일천만 위안 아래로 곤두박질쳤다. 한 해가 또 지나가는 마당에 기대와는 달리 매출은 하락했지만, 나는 걱정하지 않았다. 10월 실적은 특별한 사정에 의한 한시적인 결과였고, 아직 우리에겐 다시 오를 수 있는 두 달이 더 남아 있기 때문이다.

손실은 여전했으나 점차 감소하고 있었다. 아직 떨어질 줄 모르는 영업 비용이 계속 이익으로 가는 길목을 붙잡고 있었으나, 그래도 일 년간 공들여 절감한 원가와 판촉비 등의 요인으로 전반적인 변동비율은 상당히 떨어져서, 손실 폭은 전년 대비 무척 감소한 편이었다. 이 상태라면 삼 년 차인 내년이면 손익분기에 도달할 수가 있을 것 같았다.

이렇게 되면 이제 답은 하나뿐이다. 박리다매처럼 유통을 더욱 넓혀서 매출을 증대시키는 것이다. 지금까지 우리는 산둥 성, 장쑤 성, 산시 성, 허베이 성에 선택과 집중을 하여 가시적인 성과를 가져왔지만, 여전히 하나의 껍질을 깨고 나오기엔 역부족이었다. 아직도 중국은 넓고 가야 할 곳은 수도 없이 많으니, 이젠 우리도 다른 성으로 눈을 돌릴 때가 온 것이다.

그때 마침 헤이룽장 성 하얼빈에서 기쁜 소식이 왔다. 연말을 맞아 하얼빈 인근에 있는 소규모 대리상의 쟈오샹후이에 민 대표가 참석했다는 소식을 들은 경쟁사의 리더급 대리상 중의 한 명인 쉬 이사가 민 대표를 만나러 온 것이다. 그녀는 경쟁사 제품을 하얼빈을 중심으로 인근 지역까지 넓혀서 취급하고 있었으나, 최근 매출 부진으로 수익도 감소하고 회사의 신임도 잃게 되자, 경쟁사와의 계약을 파기하고 남아 있는 재고를 처분하며 어려운 상황에 처해 있었다.

하얼빈 외곽 작은 도시에 대리상 하나만 있었던 우리 입장에서 그녀는 절대로 보잘것없는 사람이 아니었다. 민 대표는 동북 3성의 거대한 시장을 쉬 이사를 통해 개척할 수 있을지도 모르겠다는 일말의 기대감을 가지고 칭다오로 돌아왔다. 회사에 오자마자 그는 나와 장 상무를 불러 쉬 이사에 대해 논의했다. 하지만 전 직장에서 쉬 이사에 대해 이미 잘 알고 있었던 장 상무는 그녀를 반대하며 말했다.

"사장님, 쉬 이사는 능력이 떨어지는 사람입니다. 매출도 한 달에 백만 위안 수준이 채 안 되는데, 이사라는 직급치고는 적은 편이라서 제대로 인정도 받지 못하는 인물이죠. 그런 사람이 와서 얼마나 매출을 할 수 있을지 모르겠네요. 잘한다 해도 그 큰 시장에서 백만 위안 이상을 할 수 있을까요?"

민 대표는 장 상무의 말을 듣고 이내 고민에 잠겼다. 어느 정도 침묵의 시간이 지나자, 민 대표는 장 상무의 말에 동의를 표했다.

"장 상무가 나보다 더 잘 알겠지. 내가 일견한 걸로 그 사람을 얼마나 잘 알겠나? 그럼 장 상무의 뜻대로 하지. 단지 아쉬운 건 동북 지역이라는 어마어마한 시장에 우리는 고작 대리상 한 명이 하얼빈에서 깨작거리고 있다는 것이야. 그렇다면 내가 쉬 이사를 포기하겠지만, 대신 장 상무는 쉬 이사보다 몇 배를 더 할 수 있는 좋은 사업자를 찾아내야 해. 지금까지 우리가 급성장을 하였지만, 아직 천만 위안 언저리에서 머물고 있는 이 상황을 오래 지속할 수 없으니 말이야. 장 상무, 알겠나?"

그때 장 상무가 '네'라고 대답을 하기도 전에 나는 얼른 그들의 대화에 끼어들며 화두를 하나 던지듯 말했다.

"그런데 그 쉬 이사 말이죠. 경쟁사에선 그리 큰 실적이 아니겠지만, 우리에겐 백만 위안만 해도 감지덕지 아닌가요? 우리 매출은 이제 한 달에 천만 위안 수준입니다. 백만 위안이면 우리 전체 매출의 십 퍼센트나 됩니다. 게다가 경쟁사에선 하얼빈 지역에서만 영업을 허락했지만, 만약 우리가 그 영역을 헤이룽장 성 전체, 아니 지린 성까지 확대해준다면 쉬 이사 매출이 지금보다 몇 배는 성장할 수 있지 않을까요? 물론 그녀가 이런 능력이 되는지는 차후의 문제이지만 말이죠."

그러나 장 상무는 단호했다.

"쉬 이사가요? 안 돼요. 그럴 능력이 있는 사람이었으면 지금처럼 막다른 골목에 이르지도 않았을 겁니다. 그러니까 자기 스스로 우리를 찾아온 거죠. 그녀는 절대 안 됩니다."

그렇게 쉬 이사와의 계약은 없었던 일이 된 듯하였지만, 여러 날이 지나도 장 상무는 막상 쉬 이사보다 뛰어난 사람을 찾을 수가 없었다. 결국 한 해가 지나자, 장 상무도 쉬 이사와 계약하기로 결심을 하게 되었다. 분명 내가 마지막에 던졌던 화두 하나가 장 상무의 머릿속에서 떠나지 않았겠지만, 그도 쉬 이사가 아닌 다른 대안을 찾지 못했기 때문이다. 그 시장을 놀리느니 기대만큼은 아니더라도 당장 새해에 크게 늘어난 목표라는, 발등의 불부터 끄는 것이 상책이라 그도 생각한 것이다.

중국의 최대 명절인 춘절이 끝나자, 쉬 이사로부터 하얼빈에 헤이룽장 성과 지린 성의 우수 대리상들을 모아놓을 테니, 회사에서 사람을 보내달라는 요청이 왔다. 그래서 나는 중국의 최북단 동북 2성에 진입하기 위하여 하얼빈으로 문 이사를 출장 보내겠다는 품의서에 사인을 했다. 비록 한겨울이 지났다고 하지만, 그곳은 여전히 영하 삼십 도에 육박하는 강추위와 폭설 등으로 외곽 지역은 사람도 잘 왕래하지 않는 동토(凍土)의 땅이었지만, 그런 만큼 피부 보호를 위해 화장품도 많이 필요로 하는 시장이기도 했다. 그래서 봄이 오는 3월부터 얼른 영업을 시작해야만 다시 돌아오는 겨울을 대비할 수가 있는 곳이기에, 춘절 연휴가 끝나자마자 출장을 보낸 것이다.

처음 동북에 있는 대리상들이 먼저 우리와 거래하고 싶다고 연락이 왔을 때만 해도 나는 호박이 넝쿨째 들어오는 것이라 낙관하였지만, 하얼빈으로 출장 간 문 이사로부터 날아온 소식은 그리 좋지가 않았다. 쉬 이사 휘하 네 명의 부장들은 쉬 이사를 존중하고 따르는 사람들이라 분명 우리와 쉽게 거래할 것이라는 기대와는 달리, 우리가 제시한 거래 조건이 그들에게 썩 만족스럽지 않았는지, 하얼빈에 모인 대리상들은 하루 만에 협상을 결렬하고 각자 자신들의 지역으로 돌아갔다.

나는 그날 저녁 퇴근 후에야 비로소 뒤늦게 문 이사로부터 온 이메일을 통해 자초지종을 파악할 수가 있었다. 그 보고 내용에는 대리상들이 각자 지역으로 돌아갔는데, 본인은 다음 날 칭다오로 돌아오는 비행기 일정을 취소하고, 가장 중요한 대리상 중의 한 명인 지시(鷄西, 계서)에 있는 대리상을 따라가서, 그쪽의 하부 대리상들도 직접 만나 설득 작업을 하겠다는 것이었다. 지시는 하얼빈에서 버스로 여섯 시간이나 떨어져 있는 곳이었다.

순간 나는 큰일 났구나 하는 생각에 얼른 문 이사에게 전화하여, 지시로 가지 말고 원래 일정대로 칭다오로 돌아오라고 했다. 하지만 그는 이미 장 상무와 논의한 끝에 비행기표도 취소하고, 다음 날 이른 새벽에 출발하는 일정을 모두 약속한 뒤였다. 나는 지금이라도 늦지 않았으니 약속을 취소하고 칭다오로 돌아오라고 했지만, 문 이사는 본인이 책임지고 최선을 다해보고 싶다는 강한 의지를 보이며, 나의 의견을 듣지 않고 결국 지시로 떠났다.

그는 영하 삼십 도의 혹한에도 불구하고, 먼 지시까지 따라가서 회사 소개를 하며 우리 회사와 거래를 맺게 하기 위하여 최선을 다했다. 그의 말에 의하면, 많은 대리상들도 자신의 노력에 감동을 받았다고 보고했다. 그때 나는 그에게 짧은 답변만을 쓸 수밖에 없었다.

"협상 과정은 이미 엎질러진 물이 되었으니, 그 감동의 결과가 좋은 성과로 나타나기만을 바랍니다."

당시 나는 문 이사에게 그들을 쫓아가면 안 된다며 다음과 같이 설명했다.

(1) 우리는 일단 우리의 패를 던져보는 것으로써 이미 소기의 목적을 달성했다.

(2) 우리는 이미 그들에게 패를 다 보여줬고, 현재 숨겨놓은 다른 패가 없으니 따라가봤자 헛고생이다.

(3) 따라가면 오히려 우리의 약한 모습을 보고 그들은 우리가 목매고 있다고 생각하여, 더 많은 요구를 할 우려가 있다. 따라서 이럴 때는 그들이 없어도 된다는 듯 강하게 물리치고 돌아와서, 이후 그들의 요구를 들어보고 난후, 적절히 대응해도 늦지 않다.

그러나 왜 문 이사는 상사인 내 말을 듣지 않으며 무리수를 두었을까? 그와 수차례의 통화를 통해 느낀 내 생각은 이랬다.

(1) 십육 년간 쌓아온 구태의연한 영업의 근성주의를 버리지 못했다.

(2) 영하 삼십 도 추위에서 노력하는 사람에게 격려보다 잔소리하는 게 기분 나빴다.

(3) 본인의 업적을 만들고 싶은 욕심이 과도한 책임감을 만들었다.

(4) 직속 상사인 장 상무가 허락한 일이라서, 자신은 더 이상 책임이 없다.

(5) 대리상들과 첫 거래를 트는 것이 중요한 전략적 협상 과정임을 인식하지 못했다.

어쨌든 결론이 중요하다. 문 이사가 가져온 결론은 우리가 처음에 제시한 조건의 두 배에 달하는 것이었다. 이것은 우리가 수용할 수 없는 너무도 큰 차이였다. 그런데 문 이사는 이에 대한 2차 협상조차도 못하고, 회사에 돌아가서 의논해보겠다는 식으로 더 큰 숙제만 안고 돌아왔다. 목적과 계획도 없는 무모한 책임감과 욕심이 오히려 화를 부른 것이다.

협상은 밀고 당기는 과정의 연속이다. 처음부터 내가 가진 모든 패를 보여주고 밑천이 바닥나면, 더 이상의 협상은 이루어질 수가 없다. 그래서 협상을 하기 위해서는 최선, 차선, 최악의 경우를 모두 준비해야 한다. 한 가지 제안만을 가지고 있는 상황에서 협상이 결렬되었을 때, 대안을 즉석에서 만들 수 있는 능력이 없다면, 아무리 최선을 다했다고 주장해도 소용없는 일이다. 그럴 때는 오히려 상대방의 약점을 파고 들어가 대범하게 대응하며 시간을 벌어야 한다. 그리고 나서 다음 협상을 준비해야 한다. 협상은 전략이다. 근성만으로는 통하지가 않는 냉혹한 비즈니스 현실이다.

그럼 문 이사는 진정 책임감이 있는 사람일까?

책임감은 영어로 '리스펀서빌리티(Responsibility)'로, 풀이해보면 'Response (응답) + ability(능력)', 즉 응답할 수 있는 능력을 뜻하는 것이지, 우리가 흔히 이해하는 것처럼 반드시 해야만 하는 의무감을 뜻하는 것이 아니다. 책임감이란 이렇듯 응답하기 위해 매사에 열려 있고 준비하는 자세다. 상사의 갑작스런 요구나 내게 주어진 마땅히 해야 할 일에 스스로 마음을 닫고 반응하지 않는다면, 어떻게 일이 제대로 돌아가겠는가? 따라서 책임감은 바로 커뮤니케이션과 관련 있다. 상사와 응답하고, 동료와 응답하며, 거래선과 응답하면서 자신의 업무와 역할과 계획에 적극적으로 응답하는 행동이다. 이렇게 응답을 하지 않고 혼자 무조건 해보자는 식은 오히려 책임감이 없는 행동이다.

문 이사는 회사에 손해를 끼친 점에 책임을 지고 회사를 떠나겠다며 사표를 제출했다. 문 이사만 한 인재도 아쉬웠던 나는 그를 만류하였지만, 마침 딸의 교육을 위해 호주로 떠날 준비를 해왔던 가족을 따라 본인도 호주로 가겠다고 했다. 실제로 호주에 가서 어떻게 먹고살지 아무런 계획도 없었던 그는, 이번에도 나의 어떤 충고도 무시했다. 협상과 책임감이 통하지 않는 그와 그의 가족에게 앞으로 큰 고난이 다가올 것이 내겐 눈에 선해 보였지만, 일단 떠나겠다는 그를 나는 만류할 수가 없어 안타까울 뿐이었다.

책임감이란 이런 것이다. 순간적인 책임으로 회사를 떠나는 것이 아니라, 회사에선 실수를 만회하기 위해 노력하는 것이며, 가정에서는 가족에게 어려움을 주지 않기 위해 가장으로서 책임을 다하는 것이다. 그런 점에서 잘못된 문 이사의 책임감은 그도 회사도 힘든 잘못된 결과를 가져오고 말았다.

동북 지역 대리상들이 요구한 거래 조건은 너무나 터무니없어, 도저히 재고의 여지가 없었다. 차라리 안 하는 것이 상책이라고 생각했을 정도였다. 이런 조건으로 거래를 한다면 분명 회사는 당장 매출로는 성장할 수 있겠지만, 나중에는 수익성을 갉아먹는 좀벌레 같은 존재들을 키우는 꼴이 되어 골치를 앓을 것이 뻔하기 때문이다.

하지만 그냥 포기할 수만은 없었다. 나는 일말의 가능성을 찾아 그들이 제안한 조건을 송 부장에게 자세히 분석해서 시뮬레이션 해보라고 했다. 그런데 분석 결과 재미있는 사실이 발견되었다. 장기적으로 볼 때는 그들의 요구 조건을 모두 들어주지 못할 정도는 아니라는 것이다. 나는 재협상을 통해 서로가 조금씩 양보한다면, 어쩌면 계약이 성사될 수도 있겠다는 실낱 같은 가능성을 갖게 되었다.

그래서 나는 장 상무에게 이번에는 쉬 이사를 칭다오로 초청하라고 했다. 회사도 눈으로 직접 보게 하고, 홈그라운드의 이점을 살려 더욱 자세히 회사와 제품에 대한 설명도 하면서, 천천히 거래 조건을 이야기하려고 했다. 왜냐하면 나는 우리 회사와 간절히 거래하고 싶어 하는 쉬 이사를 먼저 설득하고 나서, 회사가 나서지 않아도 쉬 이사가 직접 휘하의 대리상들을 설득하는 것이 가장 바람직하다고 생각했기 때문이다.

충무공 이순신 장군이 23전 23승의 승률 백 퍼센트로 전사에 길이 남을 위대한 업적을 남긴 것도, 이길 수 있는 싸움을 하기 위해 가장 중요한 조건 중의 하나인 전쟁터를 선택하였기 때문이다. 옛말에 이길 수 없다고 판단되면 이길 수 있는 곳으로 전쟁터를 옮기라고 했다. 협상도 마찬가지이다. 이미 한 번 하얼빈으로 원정 가서 성과를 거두지 못한 상황이라면, 우리가 유리한 장소로 그녀를 불러들이는 것이 좋겠다고 생각했다. 쉬 이사가 회사를 둘러보면서 여러 명의 한국인 리더들을 직접 만나는 한편, 제품과 우리의 연구 기술에 대한 전문적인 설명도 들으면, 막연하게 생각했던 회사에 대한 생각이 점차 신뢰감으로 바뀔 것임에 틀림없기 때문이다.

그런데 내 예상은 살짝 어긋났다. 장 상무는 쉬 이사 휘하의 네 명의 관리자급 대리상들도 함께 회사를 방문하고 싶어 한다는 말을 전해 듣고, 다섯 명의 비행기표를 선뜻 예매해주었다. 나는 뒤늦게 알고 반대하였지만, 이를 돌이키기는 쉽지가 않았다. 내가 반대한 이유는 다섯 명의 항공비 및 체류비도 수백만 원에 달했지만, 무엇보다도 그들이 똘똘 뭉치면 우리가 유리한 협상의 고지를 차지하기 어려울 것 같았기 때문이다. 하지만 장 상무는 이번엔 자신이 직접 나서서 협상할 테니 걱정 말라고 하면서, 그들이 칭다오를 방문하겠다고 하는 것도 마음이 이미 돌아섰기 때문인 것이라며 나를 안심시켰다. 그래도 나는 장 상무가 이런 일에 경험이 풍부한 사람이라 생각했었기에, 걱정 반 안심 반 하며 이번 일을 그에게 일임했다.

그러나 그건 나의 오판이었다. 일주일이 지난 후, 내가 마침 주말 워크숍 등의 과로로 몸살이 나서 회사에 출근하지 못했을 때였다. 약과 잠에 취해 비몽사몽 헤매며 집에서 하루를 보낸 저녁 즈음에 장 상무에게서 전화가 왔다.

"신 상무님, 쉬시는데 늦게 죄송합니다."

장 상무 특유의 약간 톤이 높고 느릿한 목소리가 전화기 밖으로 흘러나왔다.

"곧 퇴근 시간인데 무슨 일이죠?"

웬만해선 내게 전화도 걸지 않는 장 상무이기에, 나는 뭔가 불안한 마음으로 조심스럽게 물었다.

"다름이 아니라, 제가 내일 갑자기 약속이 잡혀서 허난 성으로 출장을 가게 되었습니다. 허난 성에 괜찮은 신규 대리상 후보가 나타나서, 내일 당장 가지 않으면 기회를 놓칠지도 몰라서 말입니다. 신 상무님이 안 계셔서 일단 급히 내일 아침 비행기 예매도 했습니다. 출장 품의는 다녀온 다음 정리하겠습니다."

"네, 이른 아침부터 고생하시겠네요. 그럼 건강 조심하시고 잘 다녀오시기 바랍니다."

나는 안도의 숨을 쉬며 그의 출장을 허락해주었다. 그런데 말이 끝나기가 무섭게 그 뒤에 나온 말이 나를 당황스럽게 만들었다.

"그런데 말이죠. 내일 헤이룽장 성과 지린 성에서 쉬 이사를 포함한 다섯 명의 대리상들이 회사를 방문합니다. 하필 공교롭게도 제가 갑자기 허난 성으로 출장을 가게 되었으니, 동북 대리상들에 대한 계약 건은 신 상무님께서 처리해주시길 바랍니다."

"네? 뭐라고요? 그건 장 상무님께서 여태껏 준비해왔던 일이잖습니까? 그걸 갑자기, 그것도 지금 이야기하면 어떡합니까?"

"동북에 진입하는 것도 중요한 일이니, 차일피일 미룰 수는 없는 일이지요."

"하지만 지금 문 이사도 사표를 내고 일도 제대로 하지 않는데, 저 혼자 어쩌란 말입니까?"

"그러니까 신 상무님께 부탁하는 것이죠. 전 허난 성에 가야 하니 이번엔 신 상무님이 잘해보시기 바랍니다."

"알겠습니다."

나는 전화를 끊고 한동안 생각에 잠겼다. 이것은 분명 지난 하얼빈 출장 건으로 내가 영업에서 협상을 제대로 못한 점을 지적했던 것에 대한 장 상무의 반격이었다. 마침 내가 하루 휴가를 낸 빈틈을 노려 장 상무는 내게 준비할 여력도 주지 않고 큰 책임을 떠안겨버린 것이었다. 이는 책상머리에 앉아서 이래라저래라 하지 말고 '그럼 어디 네가 한번 직접 해보라'는 시위나 다름없었다. 한편으로 나는 총경리로서 내가 영업까지 직접 할 수 있는가에 대한 시험의 장이라 생각하기로 했다.

나는 발등에 불이 떨어진 것마냥, 그들의 일정부터 챙겼다. 도착 시간과 돌아가는 시간, 다섯 명이 모두 함께 오는 숨은 의도는 없는지 등등을 장 상무에게 물었다. 그러나 장 상무로부터는 그들이 오후 세 시에 도착 예정이란 말 외에는 다른 정보를 들을 수가 없었다. 뻔히 들여다보이는 장 상무의 의도를 눈치챈 나는 더 이상 그에게 기대할 것이 없다는 생각에, 그가 출장을 가도록 내버려뒀다. 그래도 다행인 것은 헤이룽장 성에서 오는 사람들이 오후에 오기 때문에, 내일 오전에 준비할 시간은 충분히 있겠다고 생각했다.

다음 날 아침 출근하자마자 나는 문 이사를 호출했다. 문 이사는 이미 사표를 제출한 상황이었지만, 호주로 떠나기 전까지 내가 후임자를 채용하면 인수인계를 해주겠다며, 마지막 마무리 정리를 하고 있는 중이었다. 그는 더 이상 실질적인 업무에 개입하고 있지 않았지만, 나는 조금이라도 정보가 필요해서 그를 찾을 수밖에 없었다.

"문 이사, 오늘 동북에서 사람들이 온다는데 알고 있었어요?"

"네. 어제 장 상무를 통해 들었습니다."

"갑자기 장 상무가 출장을 가는 바람에 내가 그들과 협상을 하게 되었는데, 문 이사가 이미 출장 가서 만나 본 적이 있으니 날 좀 도와줘요."

"네. 알겠습니다. 그런데 총경리님, 장 상무 말이죠. 제가 떠나는 마당에

이 말은 꼭 해야 될 것 같아서요. 장 상무는 오늘 일부러 없는 약속을 만들어서 자리를 피한 것입니다. 어제 제게도 말했습니다. 어디 신 상무가 혼자서 얼마나 잘하는지 두고 보자고 하면서요. 떠나는 마당에 마지막으로 말씀드리니, 장 상무를 주의하십시오."

문 이사는 특유의 주저하는 듯한 말투로 띄엄띄엄 나직한 목소리로 말했다. 장 상무에 대해선 나도 이미 짐작하고 있었던 바였지만, 문 이사의 입을 통해 직접 들으니 그가 더욱 괘씸하게 여겨졌다. 장 상무는 본인이 직접 쉬 이사를 비롯한 대리상들과 오늘 약속을 잡았으면서도, 문 이사와 자기 때문에 더욱 어려워진 숙제를 자신이 스스로 해결할 생각은 안 하고, 회사가 어찌 되든 이걸 기회로 나에게 골탕을 먹이고자 하는 그런 사람이었다.

나는 문 이사에게 오늘 방문 예정인 다섯 명의 이름, 나이, 경력과 과거 매출 실적을 물었지만, 하얼빈까지 가서 직접 만나 상담을 했다는 그는 그들의 이름조차도 정확히 모르고 있었다. 그러면서 한다는 말이, 면담을 통해 차츰 알아가는 것이라고 했다. 지금이라도 당장 쉬 이사에게 전화해서 모든 걸 다 파악해오라고 했다. 협상 대상에 대해 가장 기본적인 정보조차도 모르고 출장을 갔으니, 일이 제대로 될 리가 있었겠는가.

한 시간쯤 뒤, 문 이사는 내가 원하는 정도의 자세한 정보까지는 아니었지만 간단한 신상명세서를 가져왔다. 나이는 대부분 사십대 중반 이후로 오랜 기간 화장품을 다뤄온 안정적인 경력을 가지고 있는 사람들이었지만, 장 상무 말대로 매출 실적은 기대만큼 크지가 않았으며, 이후로도 크게 더 성장할 것 같아 보이지는 않았다. 나는 쉬 이사가 아직도 부총으로 진급 못한 이유를 알 것만 같았다. 하지만 그 정도 매출이라 해도 아직 경쟁사 매출 실적의 반도 안 되는 우리 수준에서는 꽤 큰 금액이었다. 나는 오전 내내 그들을 다룰 전략을 구상했다. 이 일을 꼭 성사시켜야만 하겠지만, 그들의 실적을 보니 그들의 요구대로 무리한 조건을 수락하면서까지 반드시 데려올 조직은 아니었다. 나는 장 상무가 아무리 나를 비웃는다 해도, 최악의 순간에는 그들과 계약을 하지 않을 것이라고 마음먹었다.

그래도 여전히 정보가 부족한 나는 전략상 그들을 모두 만나지 않고 우선 쉬 이사만 먼저 만나고, 내일 모두를 함께 만나고자 했다. 가장 우호적이며 그들의 우두머리인 쉬 이사에게 나의 의도를 전달하는 한편, 상대방의 생각과 상황을 미리 알아보기 위함이었으나, 하필 그날 하얼빈에 눈이 많이 와서 비행기가 연착되는 바람에 쉬 이사조차도 만나지 못한 채 다음 날을 기약할 수밖에 없었다.

협상을 하는 사람이 상대방의 기본 정보도 모르고 어찌 성공적인 협상을 할 수 있겠는가? 그들의 상황이 어떤지, 처한 위치는 어떤지를 파악하고, 왜 먼 칭다오까지 내려오기로 하였는지, 숨기고 있는 다른 뜻은 없는지를 예측하여 경우의 수에 따라 대안을 만들어야 한다.

지금까지 영업부는 당장의 매출 때문에 쉬 이사 조직과 어떡하든 계약을 하려는 데만 급급하여, 그들에게 끌려가는 듯한 인상을 보이는 바람에 그들을 더욱 기고만장하게 만들었을지도 모른다. 이미 우열이 가려졌고 누가 칼자루를 쥐었는지가 명확하게 드러난 상황에서, 어떻게 하면 우리에게 유리한 조건으로 협상을 성공시킬 수 있을까? 나는 생각하고, 생각하고, 또 생각했다. 그리고 부족하나마 파악된 정보와 함께 현 상황을 돌이켜 보니, 그들도 지금 처한 상황이 그리 좋지 않으며, 헤이룽장 성과 지린 성에서 칭다오까지 먼 길을 온 것을 보면 우리와 거래하고 싶은 마음이 간절한 것이 분명하다고 생각되었다. 그렇다면 이젠 내가 공격할 때였다. 우리 회사는 당신들 같은 정도의 조직은 계약하지 않고 그냥 되돌려 보낼 수도 있다는 강한 마음으로, 나는 좀 더 우월한 고지를 점령하여 협상에 임하겠다는 마음을 먹게 되었다

다음 날 나는 동북에서 온 대리상들을 영접한 후, 사무실이 있는 이층 회의실이 아닌 삼층 소강당에 자리를 마련하도록 했다. 그 이유는 그들에게 선불리 회사의 업무가 돌아가는 상황을 보여주고 싶지 않았을 뿐만 아니라, 내가 다른 일로 방해받지 않고 오직 협상에만 집중할 수 있도록 하기 위함이었다. 간단한 오피스 투어 후 나는 바로 그들에게 가지 않고, 원래 계획대로 임 부장을 통해 회사 및 제품을 자세히 소개하도록 하였으며, 나 부장에게는 금년 신제품 개발 계획 및 자사의 우수한 품질을 자랑하도록 했다. 그렇게 오전을 보내고 나서, 나는 그들과 함께 일부러 사층 구내식당에서 직원들과 함께 점심식사를 함으로써, 회사의 친근하고 즐거운 분위기를 느끼도록 하여 그들의 긴장된 마음을 느슨해지도록 만들었다.

『삼국지』에서 제갈공명이 오촉 연합군을 결성하여 조조의 대군을 격파한 적벽대전의 가장 큰 승리 요인은 바로 뛰어난 지략가인 조조를 방심케 한 것이다. 조조는 주유와 친한 장간을 파견하여 정보를 알고자 했지만, 주유는 오

히려 친구인 장간을 속여 조조를 안심시켰으며, 방통은 조조를 찾아가 피로에 지치고 해전에 약한 병사들이 배멀미를 하지 않도록 배를 하나로 묶게 하는 연환계를 성공시켰다. 결국 제갈공명이 예측한 대로 아무도 예상치 못했던 동남풍이 불자, 오촉 연합군은 화공을 써서 조조군을 섬멸했다. 적벽대전은 『손자병법』의 천(天), 지(地), 인(人)이 조화를 이룬 대표적인 성공 사례지만, 가장 큰 성공 요인은 쉽게 방심하지 않고 치밀한 조조를 안심시킨 결과였다.

협상에서도 상대방을 안심시킨다는 것은 매우 어려운 일이다. 따라서 나는 먼저 협상에 들어가기 전에 오전 두 시간을 소비해서 나보다 그 분야에서 더 전문적인 팀장들이 프레젠테이션을 하게 하여 그들에게 신뢰감을 주려고 했다. 신뢰감은 상대방을 안심시키게 하는 가장 중요 요소이다. 다음으로 그들에게 편안한 느낌을 제공함으로써, 그들이 우리 회사를 믿고 안심할 수 있도록 한 것이다.

그렇게 오전을 보낸 후에야 비로소 나는 통역과 함께 삼층으로 올라갔다. 나는 간단한 자기소개 후, 협의에 앞서 서먹한 분위기를 없애기 위해 간단한 퀴즈 두 가지를 준비했다. 일종의 아이스 브레이킹(Ice Breaking)용 도구였지만, 그 이면에는 기존의 고정관념을 깨기 위해 내가 주로 직원 및 사업자들에게 활용하고 있는 방법으로, 자신도 모르게 잠재의식 속에 닫혀 있었던 마음을 서서히 열게 하는 암시가 내재되어 있었다. 모두들 한바탕 웃음으로 즐겁고 화기애애한 분위기가 무르익었을 즈음, 내가 말을 꺼냈다.

"아마 제가 여러분에게 이 문제들을 내기 전에 암시를 걸지 않았다면, 오히려 여러분은 문제를 쉽게 풀었을 것입니다. 그러나 여러분은 자신도 모르게 저의 암시에 걸려 제가 의도한 대로 문제를 어렵게 생각하게 되었고, 그런 고정관념 때문에 쉬운 길이 있음을 찾지 못한 것입니다. 이처럼 지금까지 여러분은 다른 회사에서 일하면서 그 회사의 방식에 길들여지며 고정관념이 생기게 됐습니다. 만약 그렇게 길들여진 관점으로 우리 회사를 보면 우리 회사가 당장은 부족해 보일 것이며, 급성장하고 있는 회사의 장기적인 꿈과 미래를 보지 못할 수도 있습니다. 따라서 지금까지 여러분의 경험과 고정관념을 모두 버리고, 백지 같은 마음으로 우리 회사와 장기적으로 이룰 수 있는 기회와 꿈을 바라봐주시기 바랍니다."

그리고 나서 그들의 요구에 대해 문 이사가 제시했던 1차안을 화면에 띄워 보여주었다.

"이 조건에 대해 여러분은 만족해하지 않고, 우리에게 이런 조건을 제시했습니다."

다음 화면에는 그들이 제시한, 회사가 수용하기 힘든 조건으로 가득 차 있었다.

"하지만 이 조건을 우리는 모두 수용하기 힘듭니다. 그래서 저는 칭다오까지 내려온 여러분을 위해 절충안을 준비했습니다."

나는 우리가 제공해줄 수 있는 수준을 제시했다. 나의 제안서에는 오늘 방문한 당사자들의 요구 조건을 만족시키는 대신, 그들이 거느린 하위 대리상들에 대한 거래 조건에 대해서는 이미 1차안에서 제시한 수준에서 벗어나지 않는, 절대 양보할 수 없는 조건이었다. 순간 좌중이 술렁대기 시작하자, 나는 그들에게 생각할 시간을 삼십 분 주겠다며 자리를 피했다.

협상은 쌍방이 더 좋은 것을 얻기 위해 싸우는 과정이라기보다는 하나씩 양보해가면서 합의점을 찾는 과정으로 이해해야 한다. 모든 세상사가 그렇듯이 'Give & Take'는 있어도 'Take & Give'는 없다. 따라서 나는 먼저 양보하여 그들의 요구 사항 중 리더급 대리상에 대한 조건을 수용해준다는 것을 강조하고, 대신에 하부 지역의 대리상에 대한 조건을 양보해달라고 요청했다. 리더급 대리상들에게 주는 거래 조건은 일 인당 지급액은 매우 큰 편이지만 네 명뿐이 되지 않는 반면, 하부 대리상들은 백 명이 넘기 때문에 개별 금액은 적어도 회사가 제공해야 할 총체적인 금액은 훨씬 더 크기 때문이다.

삼십 분 후 내가 회의실에 들어갔을 때는 이미 의논이 끝난 뒤였다. 그들은 내 의견에 대해 약간의 수정을 하였지만, 내가 준비했던 차선안 범위에 들어가기에 충분히 수용 가능한 조건이었다. 나는 흔쾌히 승낙하며, 예상 밖으로 협상이 잘되어 간다고 생각했었지만, 그건 오산이었다.

그들은 약간의 뜸을 들이다가 마침내 진정한 속내를 드러냈다. 그것은 새로 영업을 준비하는 기간이 필요하므로, 첫 달에는 아무런 매출 조건 없이 일 인당 오만 위안을 지원해달라는 요청이었다. 이는 프로 스포츠 선수들이 이적을 할 때 받는 일종의 스카우트 비용 같은 개념이었다. 하지만 중국에서 오만 위안이면 대리급 도시 근로자의 연봉에 해당하는 거액으로, 그들이 앞으로 매출을 얼마나 할 수 있을지도 의심스러운 판국에 선뜻 들어줄 수 있는 금액이 아니었다.

내가 그들의 요구대로 상당 부분을 수용하였는데도 불구하고, 개인적인 욕심이 과하여 이런 큰 금액을 요구하는 걸 나는 받아들일 수가 없었다. 나는 회사가 이런 식으로 계약을 한 번도 해준 적이 없다고 단호하게 거절하는 한편, 우리 회사의 다른 장점을 부각시켜 그들을 다시 설득하였지만 소용이 없었다. 이것만은 그들도 절대로 양보할 수 없다는 것이었다. 그렇게 설왕설래 반복되는 이야기가 오가며 시간만 지나가자, 나는 더 이상 무의미하다는 것을 느끼고는, 다시금 그들을 한번 쭉 둘러보며 발언을 주도하는 사람이 누구인지 살펴보았다. 그러자 네 명 중 두 명이 주도적으로 의견을 이끌고 있었고, 나머지 두 명은 말없이 따라가는 분위기임을 알 수 있었다. 그제야 나는 이것이 가장 큰 걸림돌이라는 것을 깨달았다. 그래서 내가 애초부터 이들을 한곳에 모아놓는 게 문제라고 하지 않았는가? 이들이 뭉쳐 있는 한, 우리에게 유리한 협상으로 이끌어내기는 쉽지 않을 것이 분명했다. 이젠 내가 결단을 내려야 할 때였다.

나는 그들의 요구를 딱 자르듯이 거절했다. 순간 모든 것이 멈춘 듯 정적만이 회의실을 가득 채웠다. 그리고 그 정적을 가장 먼저 깬 것도 나였다.

"자, 다 끝났습니다. 모두들 호텔로 돌아가서 다시 한 번 생각해보세요. 제가 여러분에게 해줄 수 있는 것은 여기까지입니다. 멀리서 오셨는데 안타깝지만, 부디 안녕히 돌아가시기 바랍니다."

나는 통역이 나의 말을 전달하는 사이, 그들에게 건네주었던 모든 자료들을 일부러 내가 직접 회수했다. 그리고 그때 나의 눈은 그들의 당혹스러워하는 표정을 하나도 놓치지 않았다.

그들이 주섬주섬 짐을 정리하고 호텔로 돌아가는 길에 나는 쉬 이사에게 전화를 하여, 따로 만나고 싶다고 했다. 쉬 이사는 이번 협상을 시작하게 된 발단이자 조직의 책임자였으며, 어쩌하든 계약을 성사시키고 싶어 하는 사람이었기에, 나는 이들을 해산시킨 후 다시 원점으로 돌아가 쉬 이사와 담판을 짓기로 한 것이다.

'뭉치면 살고 흩어지면 죽는다'란 속담이 있다. 아마도 이 속담은 동북에서 함께 온 그들에게 해당되는 말이라 생각된다. 그렇다면 반대로 내 입장에서는, '그들이 뭉치면 나는 죽고, 흩어지면 산다'인 것이다. 따라서 내가 최우선적으로 해야 할 일은 그들을 뭉치지 못하게 하는 것이었다.

병법서인 『삼십육계』에도 '위위구조(圍魏救趙)'라는 말이 있다. 이는 강한 적을 분산시켜 쳐부순다는 전략이다. 전국시대에 위나라의 대군에게 공격을 받아 도읍인 한단을 포위당한 조나라는 이웃의 제나라에게 구원을 요청했다. 제나라는 급히 한단으로 진격하려 했지만, 군사인 손빈이 이를 막았다. 손빈은 위나라 군사와의 정면 승부는 세력적으로 불리하므로, 수비가 상대적으로 허술한 위나라의 수도를 공격하면, 위나라는 한단의 포위를 풀고 철수할 것이므로, 그때를 노려서 총공격을 하자고 했다. 그 결과 제나라는 결국 대승을 거두었고, 아울러 조나라도 구하게 되었다고 한다. 이런 점에서 킹 핀인 쉬 이사야말로 내게 있어서는 위나라의 수도였다.

나는 쉬 이사와 독대를 하며 오늘 있었던 일들을 간단하게 정리한 후, 현재 우리가 처한 상황의 문제점을 얘기했다. 먼 동북 하얼빈에서 여기까지 찾아온 쉬 이사 입장에서도 어떻게 다시 일을 풀어야 할지 난감한 상황이었다. 나는 각각의 문제점을 조목조목 얘기하며 쉬 이사에게 질문을 던졌다.

"네 명의 부장들은 두 부류로 나뉘는데, 두 명은 분명 회사의 제안에 따라 올 것으로 보입니다. 그러니 일단 두 명만으로 먼저 시작하면 안 될까요?"

"그건 안 됩니다. 말이 많았던 그 두 명의 매출이 현재 가장 많으며 제일 중요한 사람들입니다. 그 둘이 빠지면 안 하는 것보다 못해져요. 특히 그중 지린 성 통화에서 온 유 부장은 꼭 같이 시작해야 합니다. 헤이룽장 성은 내가 살고 있는 곳이라 어떡하든 관리할 수 있지만, 지린 성은 멀기도 하고 더 큰 시장이기 때문에 앞으로 유 부장이 지린 성을 맡아서 키워 나가야 할 가장 중요한 사람입니다."

나는 잠시 생각을 한 후에 알았다며 고개를 끄덕이고는 다른 질문으로 넘어갔다.

"회사는 지금까지 아무런 매출 조건 없이 장려금을 지급한 사례가 없습니다. 또한 이런 선례를 남길 수도 없어요. 만약에 이런 게 소문이 나면 기 거래하는 대리상들과도 형평성 문제가 있고, 앞으로도 일반적인 일로 여겨질 수 있습니다. 이런 상황에서 쉬 이사가 해결할 수 있는 안은 없는지요?"

나는 가능하면 내 주장을 쉬 이사에게 설득하기보다는 문제점을 던지고 쉬 이사가 대안을 말하도록 계속 유도해 나갔다. 그러자 그녀의 입에서 여러 안들이 나왔지만, 내가 할 수 있는 일은 심각한 고민을 하는 포즈와 함께 단호한 한마디 "부커이(不可以, 할 수 없어요)"뿐이었다. 그렇게 한 시간이 흐르자, 쉬 이사가 결심했다는 듯 마침내 최후의 안을 꺼냈다.

"그럼 이러면 어떨까요? 내가 받기로 되어 있는 마진 중 일부를 포기할 테니, 대신 그들이 요구하는 금액을 지급해 주세요. 나는 솔직히 돈보다 이 거래를 꼭 이루고 싶어요."

나는 다시 한 번 심사숙고하는 표정으로 고민을 하였지만, 내심 쾌재를 불렀다. 바로 내가 그녀에게 하고 싶었던 말을 긴 시간에 걸쳐 그녀가 스스로 말하게 한 것이었다.

나는 쉬 이사가 부하를 위해 희생할 줄 알고 미래를 위해 투자할 줄 아는 훌륭한 리더라는 점을 칭찬하며 말했다.

"노자는 『도덕경』에서 '상선약수(上善若水)'라 하여, 최고의 선은 물과 같으니, 리더는 물을 닮아야 한다고 하였습니다. 물은 만물을 이롭게 하면서 다투지 아니하고, 사람들이 싫어하는 곳에 머무니 도(道)라 할 수 있다. 머무는 것은 땅처럼 낮고, 마음 쓰는 것은 연못처럼 깊으며, 베풀 때에는 참으로 어질며, 말은 신의가 있고, 바르게 잘 다스리고, 일에도 아주 능하며, 움직일 때를 잘 안다고 하였습니다. 오늘 보니, 바로 쉬 이사가 물과 같은 덕목을 가진 훌륭한 리더입니다."

나는 칭찬과 함께 그녀의 의견을 받아들였지만, 그들이 요구하는 모든 조건을 다 받아들일 수는 없었다.

"하지만 매출 조건도 없이 무조건 돈부터 주는 건 마땅치가 않습니다. 그러니 이렇게 하죠. 일단 그들이 요구하는 금액의 오십 퍼센트만 선지급하겠습니다. 그 돈이면 충분히 새로 우리와 거래를 하기 위한 준비에 보탬이 될 것입니다. 그리고 나머지 오십 퍼센트는 우리와 거래 후 이백만 위안의 매출 실적을 달성했을 때 주겠습니다."

"좋습니다. 그럼 그렇게 하는 걸로 하고 제가 호텔로 돌아가 이야기해보겠습니다. 결과에 대해서는 내일 다시 얘기하죠."

긴 상의 끝에 저녁 시간이 다 되어서야 쉬 이사는 호텔로 돌아갔다. 그리고 다음 날 아침, 일찍부터 회사를 방문한 다섯 명은 내가 준비한 계약서에 사인을 했다.

일반적으로 '교육'이라 하면 선생이 학생들에게 지식을 전달하는 것으로, 영어로는 티칭(Teaching)이라고 한다. 이것은 쌍방의 공감대보다 일방적인 하향식 전달 체계이다. 반면 코칭(Coaching)은 열린 질문을 통해 상대방이 직접 문제점을 인식하고 해답을 찾아갈 수 있도록 길을 열어주는 것이라고 할 수 있다. 나는 이번 협상에서 내가 직원들에게 잘 사용해왔던 코칭 스킬을 쉬 이사에게 활용하여, 쉬 이사가 문제점을 스스로 인식하고 답을 찾게 함으로써 큰 갈등 없이 협상을 성사시킬 수가 있었다.

몇 달 전 저장 성 항저우로 출장을 갔을 때도 그랬다. 초기 실적이 우수했던 대리상의 매출이 계속 떨어져, 그녀가 요구하는 지사 사무실 및 창고 임대료를 회사가 지원하기가 힘들 정도였다. 특히 항저우는 물가가 비싼 곳이라 임대료를 커버하기 위해서는 매출이 지금의 두 배는 되어야만 했다. 그럼에도 불구하고 그녀가 회사에 요구하는 것은 과거와 변함이 없었고, 영업부는 이를 수용할 수가 없어 결국 그녀와 영업부와의 관계는 더욱 악화만 되고 있었다. 이에 장 상무는 자신이 오랫동안 거래한 대리상이다보니, 사이가 너무 친밀해져서 싫은 소리를 하기가 힘들다는 이유로 내가 대신 출장 가서 문제를 해결해주기를 원했다.

그때도 이미 막바지까지 치달은 갈등으로, 나는 최종 결단을 내려야만 하는 상황에 처하게 됐었다. 내가 출장 가는 목적은 항저우의 문제를 깔끔하게 해결해주거나, 아니면 항저우와의 거래를 파기할 수밖에 없다는 양단 간의 선택뿐이었다. 그때 나는 하루 종일 대리상과 미팅을 했지만, 내가 한 얘기는 거의 없었다. 나는 단지 팩트(Fact), 즉 매출 실적과 손익만 보여주고, 이 참담한 결과에 대해 화두를 던지고는 구체적인 질문을 통해 그녀의 대답을 유도했다. 그러자 처음에는 주저하던 그녀도 차츰 문제점들에 대해 이야기를 시작하더니, 나중에는 봇물 터지듯 원인과 대안까지도 술술 나오게 되었다. 자신의 입으로 얘기한 대안은 자신이 지킬 수밖에 없을 것이다. 그래서 나는 그녀의 의견을 수용해줬고 서로 다시 한 번 잘해보자는 측면에서 문제는 해결되었다.

출장을 다녀와서 내가 장 상무에게 결과를 설명해주자, "이걸 그녀가 제안했다고요? 진작 내게는 왜 이런 제안을 안 했을까요?"라고 반문하는 그를 보며, 그저 쓴웃음만 지어 보였다. 지금도 그는 절대 모를 것이다. 코칭이 얼마나 냉철한 분석과 헌신적인 마음이 있어야만 이루어지는지를.

동북 지역 사례에서도 만약 내가 쉬 이사에게 자신의 마진을 일부 양보하라고 강요했다면, 그녀가 그런 마음이 설령 있었다 해도 하지 않았을지도 모른다. 아니, 양보했다 해도 나의 강요에 의해 어쩔 수 없이 한 그녀의 마음에는 잔뜩 불만이 쌓이게 되었을 것이다. 그러나 그녀 스스로가 문제점을 인식하고 해결하고자 했기 때문에, 자신이 희생해서라도 조직을 이끌어 나가고자 하는 리더십이 발현되어 쌍방이 만족할 만한 해결안이 나온 것이다. 바로 협상에서는 자기의 주장만을 고집하며 싸우는 것보다 쌍방의 합의점을 찾기 위해 나보다는 상대방이 대안을 제시하도록 하는 질문의 기술이 중요하다고 할 수 있겠다.

8. 민족의 영산 백두산

　동북 지역의 어려운 거래를 원만하게 성사시키자, 놀라는 건 장 상무뿐만이 아니었다. 민 대표도 특별히 나를 치하하며 중국에서도 영업을 할 수 있는 나에 대한 재발견을 하게 되었다. 이 일은 나중에 내게 대단히 유리한 전환점이 되는데, 무엇이든 명확한 목적에 따라 성심으로 행한다면 안 될 것이 없음을 다시 한 번 깨닫게 된 사례였다.

　쉬 이사와의 거래 조건 중의 하나는 그녀를 부총으로 승진시키는 것이었다. 중국인에게 있어서 미엔쯔(面子), 즉 체면은 돈보다 중요할 때가 많다. 오랜 기간 이사에 머물러 있었던 그녀는 부총이 되어 손상된 미엔쯔를 높이 세우고 싶었던 욕심이 강하였기 때문에 스스로 마진을 양보한 것이다. 그런 점에서 우리와 거래를 하면서 부총이 된 그녀의 열정은 더 이상 예전의 그녀가 아니었다. 쉬 부총은 하얼빈에 가만히 머물지 않고 헤이룽장 성과 지린 성의 여러 지역을 오가며 신규 대리상을 열성적으로 모집하여 보다 많은 점포와 거래를 성사시켜 나갔다.

쉬 부총의 매출 실적은 매월 백만 위안 정도만 해도 다행이라고 했던 우리의 기대를 뛰어넘어 월 삼백만 위안을 돌파했다. 물론 초기에는 유통 라인에 제품들이 들어가는 단계라 매출이 많이 나올 수도 있다. 진정한 실력은 유통 재고를 얼른 소진하고 또 제품들을 채워 넣는 시점에서 나타날 것이지만, 그래도 이 정도 유통 파이프라인을 가지고 있다면, 나중에 매출이 떨어져도 월 이백만 위안 수준은 충분히 할 수 있으리라 생각되어, 나는 무척 고무적이었다. 이제부터는 영업부에서 잘 관리하여 매출을 지속적으로 유지하도록 하는 일만 남았다.

그러나 장 상무는 달랐다. 그는 회사의 영업 총괄임에도 불구하고 동북 지역이 자신이 담당하는 구역이 아닌 것처럼 행동했다. 때론 멀다는 이유로, 때론 다른 지역 영업이 더 급하다는 이유로, 출장을 기피하고 전화로 대충 업무를 때우려고만 했다. 그러면서 슬쩍 발을 빼고 동북 지역 출장을 내가 대신 가도록 했다. 내가 보기에 그는 내가 처음에 계약을 체결했으니 내가 끝까지 책임지라는 식으로 자신의 책임을 다하지 않는 것으로밖에 보이지가 않았다. 그래서 나는 어쩔 수 없이 이대로 방치해둘 수 없다는 생각에, 내부 관리 업무가 바쁜 와중에도 틈을 내어 우리 제품들이 유통에 잘 정착할 수 있도록, 지린 성의 창춘과 퉁화, 헤이룽장 성의 하얼빈과 지시 등을 돌아다니며 회사 소개와 영업 정책을 설명했다. 때론 비좁고 냄새 나는 시외버스에서, 때론 추운 침대칸 기차 안에서 나는 봄이 온 지 이미 꽤 되었지만 아직 흰 눈이 남아 있는 동북 지역의 광활한 대륙의 한파와 시간과 싸워가며 영업을 했다. 비록 몸은 무척 힘들었지만, 이런 노력의 결실이 매출 실적으로 뚜렷하게 나오는 것 또한 큰 보람이었다. 그 후 8월에 퉁화에 출장 갔을 때는, 휴일에 시간을 내어 우리나라 민족의 영산 백두산 천지를 보게 된 것도 큰 보람 중의 하나였다.

그때 나는 퉁화에서 업무를 마치고 마침 휴일이었던 다음 날 토요일에 퉁화 지역을 담당하는 류 이사 차를 타고 백두산으로 갔다. 백두산이 퉁화에서 가깝다고 하길래 그리 멀지 않은 줄 알았는데, 네 시간이나 걸리는 거리였다. 예전에 랴오닝 성의 단둥에 갔을 때도 그랬다. 단둥의 대리상이 거래도 하지 않는 한 매장에서 우리 제품을 다른 곳에서 구입해서 싸게 판다는 이야기를 하며 내게 같이 가자고 했다. 내가 칭다오로 돌아가는 비행기가 빠듯할까봐 걱정되어 그곳이 가깝냐고 묻자, 그녀는 아주 가까운 곳이니 걱정 말라고 했다. 그런데 그곳은 두 시간이 넘게 걸리는 거리여서, 공항까지 목숨을 건 엄청난 과속을 하지 않았다면 비행기를 놓칠 뻔한 적도 있었다. 아무튼 거대한 대륙에 사는 중국인들의 거리와 시간 관념은 우리랑 달라도 너무 달랐다.

백두산으로 가는 이른 아침부터 하필이면 비가 내리기 시작하더니, 차량이 자꾸 지체되었다. 하는 수 없이 우리는 계획을 변경하여, 당초 가려고 했던 북쪽 코스가 아닌 퉁화에서 좀 더 가까운 서쪽 코스로 방향을 바꾸어 우여곡절 끝에 백두산에 도착했다. 그러나 어렵게 도착한 백두산 입구에 크게 걸린 장백산이라는 간판을 본 나는, 이곳이 우리나라 백두산이 아닌 중국 장백산이라는 아쉬움과 안타까움을 먼저 만나야만 했다. 어쨌든 북한은 중국에 백두산의 반을 팔았고, 이젠 엄청난 관광 수입을 올리고 있는 중국은 이곳이 그들의 땅이고 그들의 명산이라고 우기며 역사도 뜯어고치고 있는 이 현실이 슬프지만, 그 덕에 백두산 땅을 밟을 수 있게 되어 좋기도 한 걸 보면, 세상은 참으로 아이러니한 것 같다.

중국의 유명 관광지의 입장료는 어딜 가나 비싸도 너무 비싸다. 백두산 입장료가 백이십오 위안에 버스비 팔십오 위안, 총 이백십 위안이면 한국 돈으로 사만 원이나 되는데도, 어디서 이리 많은 사람들이 몰려왔는지, 백두산은 수많은 관광객들로 몸살을 앓고 있었다. 티켓을 끊고 입구로 들어가면 버스가 기다리고 있다. 모든 방문객들은 이 버스를 타고 산을 올라가야만 한다. 중국 산은 다들 이 모양이다. 우리나라 설악산, 지리산처럼 자연을 만끽하며 함께 호흡하는 등산 코스가 별로 없고, 대부분 버스와 케이블카로 이루어진 관광 코스가 만들어져 있다. 그래서 어느 산에 가도 짧은 치마에 하이힐을 신은 중국 여성도 자주 만나게 된다. 진정한 등산이 아닌 관광이니 가능한 일이다. 출장 중 짬을 내어 짧은 일정에 방문한 나 같은 사람에게도 얼마나 다행인지 몰랐다.

버스를 내리고 보니, 천지까지 1442개의 계단을 올라가야 했다. 놀라운 건 계단 초입에 가마가 있다. 사백 위안(약 7만 2000원)을 주면 천지까지 인부 두 사람이 메고 태워다 준다고 한다. 세상에, 그 높은 곳

백두산 천지로 오르는 계단의 숫자.

을 맨몸으로 오르기도 힘들 텐데, 나는 가마를 메고 오른다는 것이 상상이 가지 않았다. 아쉬운 건 비 때문에 오늘은 운행을 하지 않는다는 것이었다.

그런데 재미있는 것은 각 계단마다 번호가 새겨져 있어서 내가 지금 얼마만큼 올라왔는지를 알 수가 있다는 것이다. 이처럼 내가 도달해야 할 곳이 어디이고 얼마나 남았는지를 알 수만 있다면, 사람들은 쉽게 포기하지 않고 완급을 조절하며 끝내는 모두 목적지에 도달할 수 있을 것이다. 하지만 이를 잘 알 수 없는 우리의 인생살이는 수많은 계단을 오르고도, 바로 성공의 문 앞에서 고개를 돌리고 내려왔다는 사실조차도 모르는 경우가 많다.

공자는 중용(中庸)의 지극함을 말하면서, 안타깝게도 사람들이 중용을 오래 실천하지 못한다(民鮮能久矣 민선능구의)라고 하면서, 공자 또한 이를 삼 개월을 지속하기 힘들다고 했다. 이처럼 지금 너무나 힘들어서 못 견딜 것 같은 시간은 참고 견디기 어려운 뿌연 안개 속에 쌓여 있지만, 백두산 정상은 내게 앞으로 얼마 남았다는 이정표를 던져주며, 비 오는 날이라 해도 1442개의 계단만 오르면 천지를 만날 수 있다는 기대감을 한껏 부풀게 해주었다. 그러니 뭐가 대수로웠겠는가? 필히 정상까지 참고 오랫동안 지속할 수 있는 '능구(能久)'의 일이었다.

계단을 오르며 점점 높아지는 숫자를 바라보다가 나는 문득 중국에서의 지난 삼 년이 아련히 겹쳐 보이기 시작했다. 지난 삼 년은 보람도 있었지만 고통의 연속이었다. 다시 한국으로 돌아가고 싶은 생각이 수십 번이었다. 술 마시고 집에 들어온 날이면 아내에게 다 때려치우고 한국으로 돌아가겠다는 말로 신세 한탄도 여러 번 했었다. 하지만 끝내 나는 참아냈고, 어떻게든 모든 걸 다시 바로잡으려고 노력했다. 그 결과 나는 영업 이익 흑자 전환이라는 첫 번째 고지가 얼마 안 남았음을 직감할 수 있게 되었다. 조금만 더 가면, 뿌연 안개비 너머 백두산의 장엄한 천지가 나를 기다리고 있는 것처럼.

정상에 오르자, 중국어를 직역한 이해하기 힘든 이상한 한국어가 피곤한 나의 얼굴에 황당한 미소를 짓게 했다. 이런 것만 봐도 여긴 한국이 아닌 것이 분명했다. 우리 민족의 영산이 이처럼 중국의 땅이 되었고, 중국은 이를 빌미로 동북공정을 더욱 노골적으로 이어 나가고 있는데, 우리나라는 그저 수수방관을 하고 있으니 과거 목숨 바쳐 대륙에서 피눈물을 흘린 독립 투사들이 지하에서 통곡할 일이었다. 이런 아쉬움이 안타까움이 되는 와중에도, 더 큰 아쉬움은 비를 헤치고 올라온 보람도 없이 천지가 하나도 보이지 않는다는 것이다. 뿌연 물 안개 너머 천지는 그 속살을 쉽게 허락하지 못하겠다는 양, 하얀 베일에 감춰져 있었다. 이때 이런 기회를 노리고 사진을 합성해주는 장사꾼이 나의 손목을 잡았다. 한 장에 삼십 위안. 여기까지 와서 천지 사진 한

뿌연 천지(위)에 배경을 합성(아래)한 사진.

장 건질 수 없는 방문객들의 안타까움을 노린 상술은 확실히 빛을 발했다. 그러니 어쩌랴? 나도 천지와 함께하고픈 간절함은 똑같은 마음인 것을.

"아저씨 사진 한 장 추가요!"

점점 강해지는 빗줄기에 비를 피하기도 어려워지자, 나는 천지를 보지 못한 아쉬움을 뒤로 하고 다시 1442개의 계단을 밟고 내려왔다. 마침 입구에는 넓은 휴게소가 있어서, 나는 흠뻑 젖은 몸에 한여름 백두산의 추위를 피해 그곳으로 들어갔다. 수많은 중국 컵라면 속에 위풍도 당당히 신라면이 있었다. 원래 슈퍼마켓에서는 사 위안 정도 하는 중국산 신라면이 여기선 이십 위안으로 둔갑해 있었다. 진짜 메뚜기도 한철이라고, 추위 때문에 사시사철 관광하기가 힘든 백두산 관광은 여름 대목 특수를 노리는 바가지가 가는 곳마다 기승을 부렸다. 그래도 백두산에서 반가운 신라면을 먹을 수 있다는 것만으로도 감사할 일이다. 얼큰하고 따뜻한 신라면 국물이 돈이 아깝지 않을 더 큰 위안을 주었으니 말이다. 그런데 중국에서 나오는 신라면은 나무젓가락 대신 플라스틱 포크가 내장되어 있어 별도로 젓가락이 필요 없고, 물을 붓고 뚜껑을 닫은 후 포크를 꽂아 고정시키면 뚜껑이 열리지 않아 편리하다. 우리는 나무젓가락을 살짝 벌려 클립처럼 그 틈에 뚜껑이 열리지 않도록 고정시키는데, 라면 하나를 통해서도 나라마다 다른 생활의 지혜를 보는 것 또한 쏠쏠한 재미가 아닐 수 없다.

컵라면으로 시장기를 채우는 동안 비가 좀 잦아들자, 우리는 여러 코스로 나뉜 미니 버스를 타고 대협곡으로 향했다. 비바람에 침식된 백두산 계곡이 날카로운 기세를 뽐내는 가운데, 보슬비가 만드는 물안개가 계곡을 감싸며

곳곳마다 경이롭고 신비로운 자연이 만든 걸작품들을 부끄러운 듯 살포시 보여주고 있었다. 대협곡은 관람객들을 위해 나무판으로 운치 있는 관람로를 내어 걷기 무척 편했다. 해발 2000미터 높이에서 신선하고 풋풋한 나무 내음에 어울리는 자연친화적인 길을 따라 삼림욕을 즐길 수 있는 산책로였다. 나는 계단을 오르내리며 힘들었던 때와는 달리, 신바람 난 강아지마냥 굽이진 길을 따라 여기저기를 뛰어다니며 협곡의 매력에 푹 빠져들었다.

그러다 문득 꺾인 채 길게 누워 있는 거목 하나가 보였다. 번개를 맞았을까? 거친 비바람에 쓰러졌을까? 부러진 채 누워서 질긴 생명을 이어가고 있는 오래된 나무에 사람들은 '검은 곰이 누워 있는 곳(黑熊臥倉, 흑웅와창)' 이라고 이름을 붙였다. 백두산의 영기는 꺾인 거목에게도 여전히 생명을 이어주고 있었다.

그런데 나는 왜 하필 검은 곰일까 생각해봤다. 백두산에 곰이 여전히 살고 있기 때문일까? 아니면 과거 곰을 숭배했던 우리 민족의 전통이 아직도 구전되어 내려오고 있기 때문일까? 일제강점기 때 일본군은 식민지사관을 만들어 우리 민족의 오랜 역사를 신화로 만들었다. 곰

검은 곰이 누워 있는 곳이란 의미의 흑웅와창.

이 마늘을 먹고 사람이 되어 환인과 결혼해서 단군이 탄생했다는 말도 안 되는 사실을 지금도 여전히 우리나라 학교에서 가르치고 있는 것이 더 말도 안 되는 슬픈 현실이다.

역사적으로 단군의 아버지는 배달국의 환웅이고, 어머니는 곰을 숭배하는 부족국가의 수장의 딸이었다고 한다. 과거 흩어진 부족사회를 하나로 묶는 가장 좋은 방법은 결혼이었으므로, 당시 가장 우세한 세력이었던 부족국가와 환웅이 결혼으로 맺어져, 그 사이에서 나온 아들이 나중에 여러 부족국가를 하나로 통일한 고조선을 세우고, 홍익인간의 신성한 덕을 널리 퍼뜨렸으니, 그가 바로 우리나라의 시조인 단군왕검인 것이다.

실제로 순 우리말인 '고맙습니다' 라는 단어의 어원에서도 우리는 곰을 발견할 수 있다. '고맙습니다' 는 원래 '곰 왔습니다' 였다. 당시 곰은 곧 신이었으므로, '곰 왔습니다' 는 표현은 신이 내려오신 것처럼 극진히 좋다는 표현으로, 당시 이보다 더 큰 고마움을 표현할 말은 없었을 것이다. 반면, 우리가 자주 쓰는 한자어인 '감사(感謝)합니다' 는 그저 내 마음속에 생기는 고마움의 표현일 뿐이다. 그런 점에서 순 우리말인 '고맙습니다' 가 '감사합니다' 보다 얼마나 더 훌륭한 표현이겠는가? 그런데 요즘 사람들은 '감사합니다' 를 '고맙습니다' 보다 더 존중하는 듯 사용하고 있는 것 같다. 이렇게 순 우리말 속에서 우리는 곰에 대한 우리 민족의 뿌리를 발견할 수 있으니, 우리말을 더욱 애용해야겠다.

비 오는 날씨에 밤이 더욱 빨리 오는 것일까? 백두산에서 만난 검은 곰의 상념 속에서 어느덧 날이 어둑해지자, 나는 갑자기 피곤이 몰려오는 것 같았다. 날씨가 도와주지 않아 아쉬움을 남기고 이제는 돌아갈 시간이었다. 그런데 애초에 류 이사의 계획은 백두산의 북쪽 코스를 가는 것이었기 때문에, 그녀는 호텔을 북쪽에 예약했었다. 우리는 얼른 이곳 근방의 호텔을 알아봤지만, 여름 성수기인 백두산 인근의 호텔엔 빈 방이 하나도 없었다. 결국 어쩔 수 없이 우리는 차로 약 두 시간 정도를 달려, 예약해둔 북쪽 코스 인근에서 때늦은 식사를 한 후 피곤한 몸을 간신히 풀 수 있었다.

다음 날, 놀랍게도 날은 화창했다. 이곳에서 자동차로 창춘에 가려면 이른 아침에 출발해야 하는데, 이런 날씨라면 천지를 꼭 만날 수 있을 것만 같았다. 어제 북쪽 코스로 온 것이 전화위복이 된 것이다. 나는 얼른 계획을 바꿔 장백산공항에서 창춘공항으로 가는 비행기를 알아보게 한 후, 두 시 오십 분 표를 예매했다. 적어도 이곳에서 열두 시에 출발하면 비행기를 탈 수가 있으므로, 나는 서둘러 북쪽 코스를 오르면 천지를 볼 수 있을 거라 생각했다. 그러나 나름 일찍 서둘렀는데도 불구하고 주차장에는 수많은 관광버스와 승용차가 가득했다. 순간 불길한 예감이 스멀스멀 기어 올라왔다. 아니나 다를까, 천지로 향하는

인산인해인 천지로 향하는 버스 승차장.

버스 정거장은 인파가 순식간에 몰려 완전 무질서의 극치였다. 새치기와 밀어 붙이기로 나는 영혼 없는 몸뚱이처럼 이리 쏠리고 저리 쏠리며 버스 승차장까지 무려 한 시간 동안을 흘러흘러 간신히 버스에 오를 수 있었다.

그런데 어제와는 달리 버스는 바로 천지 앞으로 가지 않고 중간 기점에서 섰다. 이곳에서 장백폭포, 소천지, 천지로 갈라지는 버스로 갈아타야 한다는 것이다. 아쉽게도 이 모든 것을 둘러보기엔 우리에게 시간이 너무 없었다. 그렇다면 선택과 집중뿐. 당연히 천지뿐이 없었다. 그러나 누군들 안 그렇겠는가? 천지행 버스 타는 곳으로 갔더니, 이곳은 초입의 주차장보다 더 많은 사람들로 인산인해였다. 대형버스가 아니라 작은 11인승 승합차였기 때문에, 사람들을 싣고 내리는 데 더 많은 시간이 소요되는 것이었다. 사람들 말이 대략 두 시간은 기다려야 한다니, 이러다간 천지 구경도 못하고 공항으로 돌아가야 할 판이었다. 그때였다. 류 이사가 어디로 전화를 하여 아는 사람을 찾더니만, 우린 VIP 전용 통로로 슬쩍 들어가서 혼잡함을 피하고 바로 차에 오를 수가 있었다. 하여튼 중국에선 어딜 가나 꽌시가 중요하다. 꽌시를 통하면 안 되는 것도 될 수가 있으니, 꽌시 없는 중국은 상상이 안 가는 대목이었다.

차는 꼬불꼬불한 고갯길을 빠른 속도로 달렸는데, 나는 마치 롤러코스터를 탄 것처럼 이리저리 몸이 쏠릴 때마다 관성에 저항할 여유도 없이 온몸을 차에 맡겨야만 했다. 대형버스가 오르지 못하는 이유가 여기에 있었다. 약 삼십여 분을 달리는 동안 백두산의 아름다움이 차창 밖으로 시시각각 바뀌며 스쳐 지나갈 때마다 나의 입에선 탄성이 절로 나왔으나, 한편으론 차로 스쳐 지나가면서 볼 수밖에 없는 절경이 안타까울 뿐이었다. 승합차가 당도한 언덕 높은 곳엔 사람들이 성지 순례자처럼 길게 줄을 이어 한 점을 향해 이어져 있었다. 해발 2600미터, 구름과 내가 같은 높이에 함께 있었지만, 나의 눈은 더 높은 곳을 향해 있었다.

'그래! 저곳에 바로 천지가 있다.'

나는 얼른 순례자의 일부가 되어 가파른 오솔길을 따라 십여 분을 더 올랐다. 그리고 마침내 땀내 나는 사람들로 이루어진 장벽 틈을 헤치고 마주친 그 푸르름이란!

내 눈앞에 천지가 있었다. 한눈에 다 담을 수 없는 그 거대한 호수가 쪽빛 하늘에 물들어 눈이 시리게 가까이 펼쳐져 있었다. 그리고 호수를 호위하는 원탁의 기사들처럼, 백두산의 영봉들이 서로의 기세를 뽐내며 용맹스럽게 우뚝 서 있었는데, 그중 최고인 2749미터의 백두봉은 이름 그대로 이곳이

우리 민족의 영산 백두산 천지의 장관.

장백산이 아니라 백두산임을 증명해 보이며, 저 멀리 북한 땅 위에서 지금은 중국에 속해 버린 자신의 반쪽을 애달프게 내려다보고 있었다. 그래서 이곳은 장백산이 아니라 분명 백두산인 것이다.

　백두산 정상의 날씨는 하도 변화무쌍해서 선택받은 사람들만이 천지를 제대로 볼 수 있다고 하는데, 과거 장쩌민 주석은 세 번을 왔어도 한 번도 천지를 못 봤다고 한다. 그러나 나는 오늘 천지 앞에 서 있다. 하늘은 스스로 돕는 자를 돕는다고 하지 않았던가? 내가 포기하지 않고 오늘 일정을 수정하면서까지 도전한 대가였다. 나는 천지를 허접한 내 카메라에 모두 담을 수가 없었다. 그리하여 내 눈은 카메라 렌즈가 되고 내 가슴은 현상판이 되어, 영원히 잊지 않기 위해 천지의 곳곳을 하나도 놓치지 않겠다는 듯, 그렇게 하염없이 바라보았다. 그러나 시간이 없었다. 아쉽지만 내려가야만 했다.

　정거장에서 파는 찐 옥수수로 점심을 대신하며, 우리는 올라왔던 길을 굽이굽이 다시 내려가서, 다행히 비행기 시간에 간신히 맞춰 장백산공항에서 창춘공항으로 비행기를 갈아타며 칭다오에 도착했다. 출장 중 짧은 기간에 겪은 평생 잊지 못할 추억의 백두산이었다.

9. 사상누각(沙上樓閣)

회사의 모든 일을 내가 다 할 수는 없었다. 마케팅 및 관리 업무 때문에 바쁜 중에도, 동북 지역의 영업 초기에는 내가 틈틈이 관여하였지만, 엄연히 영업부가 따로 존재하는 마당에 내가 계속할 수도 없는 일이었다. 나는 일을 다시 장 상무에게 넘기고, 그에게 퇴직한 문 이사 대신 새로 뽑은 한국인 관리자인 조 차장을 잘 키워서 동북 지역의 영업을 지속적으로 잘 이어 나가게 해달라고 요청했다.

조 차장은 한국에서 정규직으로 직장 생활을 하지 못하고 수많은 아르바이트로 전전하다가, 십 년 전에 칭다오로 넘어와 한국인을 대상으로 비자를 대행해주는 사업을 해서 한때 돈 좀 벌었다고 했다. 그러나 최근 칭다오의 급속한 인건비 상승으로 많은 한국인들이 떠나게 되자 사업을 접게 되었는데, 마침 문 이사의 퇴사로 사람을 뽑고 있는 우리 회사로 들어오게 된 것이다. 나는 그가 비록 업무적으로 부족한 점이 많아 보였지만, 중국어를 잘하고 성실한 것 같아 영업부 내부 관리 업무를 맡겼다. 그러나 아무래도 장 상무의 그늘에서 벗어나지를 못하고, 과거 문 이사 때처럼 장 상무가 벌인 일을 뒤처리하거나 시키는 일만 하는 처지가 되어 가는 것 같아, 나는 그가 동북 사업부의 영업 현장에 배치되기를 바랐다.

하지만 그것은 나의 생각일 뿐이었다. 장 상무는 여전히 지역에서 발생하는 본질적인 문제를 개선하기보다 상황에 따라 발생하는 문제를 미봉책으로 해결하려 하였고, 조 차장을 영업 일선에 활용하지 않고 자신이 벌인 자질구레한 일만 처리하는 정도로 활용했다. 그러다보니 동북 지역 쉬 부총은 점점 회사에서 잊혀진 사람이 되어, 실적도 나날이 줄어들었다. 게다가 겨울이 다가오자 결국 올 것이 오고 말았다. 영하 삼십 도가 넘는 동북으로 배송되는 제품은 아무리 스티로폼으로 잘 싸매어 보내도 얼어서 깨지기 일쑤였고, 눈이라도 많이 내리면 외곽 지역은 인적도 줄어들어 영업하러 다니지도 못할 정도가 되니, 쉬 부총은 어느 순간 덜컥 일에서 손을 내려놓고 말았다. 나는 갈수록 줄어드는 동북 지역의 매출 실적을 들여다보고는 참다못해 장 상무를 찾았다.

"장 상무님, 동북은 앞으로 어찌할 것입니까? 대안이 뭐죠?"

근심스런 나의 걱정과는 달리 장 상무는 언제나 무사태평한 듯 보였다.

"글쎄요, 날이 워낙 추워서 영업도 안 된다고 하니, 제가 어찌할 바를 모르겠네요."

"그렇다고 이대로 방치만 할 겁니까? 출장을 가서 쉬 부총이랑 얘기라도 나눠야 하지 않나요?"

"그러게 제가 쉬 부총은 애초부터 떡잎이 누렇다고 했잖아요. 그 정도뿐이 안 되는 사람이란 말이죠."

"이미 지난 얘기를 하면 뭐 합니까? 그래도 거래하자고 한 사람은 장 상무였잖아요. 게다가 처음엔 매출도 잘 나왔고요."

"그거야 다 유통 재고로 깔린 거였죠."

"그렇다면 그 유통 재고가 소진되고 재주문이 들어오도록 하기 위해, 장 상무님은 동북에 대해 어떤 영업을 하였나요? 그동안 동북 지역으로 출장이라도 제대로 다니며 일했나요? 그게 장 상무의 역할이고 책임이 아닌가요? 영업이란 게 책상에 앉아서 문제 생기면 전화로 대답만 해주는 곳이 아니잖아요. 텔레마케팅하는 것도 아니고."

"출장비 아껴 쓰라면서요? 동북 한 번 가면 출장비가 얼마인데 그래요?"

내가 장 상무에게 계속 논리적인 질문을 던지자, 할 말이 막힌 그는 대답을 회피하려고 변명을 하였는데, 참으로 어처구니가 없는 말이었다. 나는 그를 빤히 쳐다보다 화를 억누르고 한숨을 쉬며 타이르듯 말했다.

"한 번 출장 갈 때 여러 곳을 계획적으로 묶어서 출장비를 효율적으로 쓰란 말이지, 누가 출장을 가지 말라고 했나요? 영업부가 현장에서 대리상들을 만나며 영업을 하겠다는데, 제가 언제 출장비 아까우니 출장 가지 말라고 했나요?"

"거 참. 그래도 이제 올해도 다 지나가니 동북은 일단 두고 봅시다. 지금 날씨엔 동북에 간다고 별 다른 대안도 나오지 않아요."

"장 상무! 올 겨울을 제대로 못 넘기면, 내년 봄에도 동북 지역의 미래는 없습니다. 시장은 한번 망가지면 처음 시작할 때보다 다시 세우기가 어려운

법이에요. 그러니 이제라도 당장 출장 가서 의논을 해보세요. 무엇이 문제인지, 앞으로 대안은 무엇인지. 장 상무가 가기 힘들면 조 차장이라도 보내란 말입니다."

"알겠어요. 알았다고요. 쉬 부총이랑 언제 갈지 얘기해볼게요."

나의 거듭되는 요구에 장 상무는 알겠다며 말을 하였지만, 그건 일단 이 자리를 모면하려는 것일 뿐이라는 걸 나는 모르지 않았다. 나의 예견대로 장 상무는 동북으로 출장을 가지 않았다. 그렇다고 내년의 사업 계획을 수립하느라 바빴던 내가 갈 수 있는 형편도 아니었다. 내가 사업 계획을 마무리하고 한국으로 출장 가서 경영진에게 사업 계획을 보고하고 왔을 때는 이미 한 해가 저물어가고 있었다. 그리고 그 해가 끝나는 것처럼 동북 사업부의 종말도 점점 다가오고 있는 것을 그때는 아무도 모르고 있었다.

이듬해 중국의 대명절 춘절이 코앞에 다가왔는데도, 하얼빈의 쉬 부총은 연락이 두절된 채 깜깜 무소식이었다. 전화를 하면 그의 남편이 받아서 그녀가 아프다는 소식만 전해줄 뿐 업무적인 이야기는 더 이상 할 수가 없었다. 나는 장 상무를 더 이상 기다릴 수가 없어, 어떡하든 춘절이 다가오기 전에 그녀를 만나야겠다는 일념으로 남편과 약속을 정한 후 영하 삼십 도의 하얼빈으로 직접 길을 나섰다. 상황은 다르지만, 작년 이맘때 문 이사가 처음 거래를 성사시키기 위해 갔던 그 길을 일 년이 지난 지금 나도 그때의 문 이사처럼 막연한 마음으로 가게 된 것이다. 어찌 될지도 모르는 상황에 통역을 데리고 가면 비용만 많이 들 것 같아, 나는 두 달 전 회사를 떠나 고향인 하

얼빈 인근 지역으로 돌아간
양 과장에게 통역을 부탁하
였기 때문에, 홀로 강추위
를 무릅쓰고 양 과장과 약
속된 호텔로 갔다.

그런데 호텔에 와 보니
길 건너 멀리 하얼빈 역이

안중근 의사의 얼이 살아 있는 하얼빈 역.

보이는 게 아닌가? 일제강점기 때 안중근 의사가 이토 히로부미를 처단한 바
로 그곳이었다. 나는 무심코 안중근 의사의 자취를 찾아 길을 건너갔다. 그
러나 표를 끊지 않으면 그 역사의 현장 속으로 들어갈 수 없었다. 나는 잠시
시계를 들여다보며 망설인 끝에, 결국 다시 호텔 쪽으로 길을 건너와 역사
(驛舍)만 하염없이 바라보며 지난 역사(歷史)의 소용돌이 속에 잠시 빠져들
었다. 그곳에 직접 가 보지 못하는 아쉬움과 함께 아직도 식지 않은 안중근
의사의 호연지기가 나의 가슴 한켠에 뭉클 올라왔다.

그때였다. 친숙한 조선족 사투리가 아득한 나의 사념을 일깨웠다.

"총경리님, 오랜만입네다."

양 과장이었다. 회사 창업 초기에 중국 세무 회계에 대해 아무것도 모르던
내게 구원투수처럼 나타나서 회계 업무의 기초를 잡아주고, 먼저 정착한 부
모를 따라 한국으로 일하러 가게 된 남편 때문에 아이들을 돌보기 위해 홀연
히 고향으로 돌아갈 수밖에 없었던 그녀였다.

"양 과장, 진짜 반갑다."

나는 두터운 머플러로 얼굴을 칭칭 동여매다시피 하고 그 특유의 동그란 눈만 내민 채 나를 바라보고 있는 그녀의 두 손을 잡으며 반가움의 인사를 나누었다.

"이래 추운 날씨에 뭐 볼 게 있다고 밖에서 서성거리고 있습네까? 호텔로 가다 보니 웬 멀대 같은 사람이 발을 동동거리며 서 있길래, 이런 추위에 뭐 하는 사람이 저런가 하고 보니 총경리님 같아 고저 한번 와봤습네다."

"하하, 그랬던가? 난 별로 추운 줄 몰랐는데? 지금 생각해보니 진짜 춥네. 얼른 호텔로 들어가자."

나는 예약한 방 두 개를 체크인 한 후, 양 과장을 불러 자초지종을 설명했다.

"이런 이유로 내일 오전에 쉬 부총 남편을 일단 먼저 만난 다음, 함께 쉬 부총을 보러 가기로 했는데, 양 과장이 하루만 수고 좀 해줘. 암튼 이리 와줘서 참으로 고마워."

"일없습네다. 뭐 저도 마침 하얼빈에서 볼일도 있었으니 너무 신경 쓰지 마시라요."

"그래? 그럼 이리 모처럼 만났고, 일은 내일부터이니 오늘 저녁 먹고 우리 하얼빈의 유명한 빙등제나 구경 가볼까? 거기 가본 적 있나?"

"빙등제요? 거기 입장료가 엄청 비싸고 날도 이래 추워서 우린 고저 엄두도 못냈습네다. 가보고는 싶기도 하지만서두……."

양 과장이 말꼬리를 흐리며 가고 싶은 마음을 슬쩍 비치자, 나는 이내 흔쾌히 대답했다.

"그럼 내가 구경시켜줄 테니 우리 함께 가보자. 나도 예전부터 가고 싶었는데, 늦은 밤에 혼자 잘 알지도 못하면서 갈 수도 없고, 이럴 때 구경 한번 하는 거지, 또 언제 해보겠니?"

이리하여 우리는 그 밤에 최악의 강추위 속에서 빙등제가 열리는 조린 공원으로 가기 위해 택시에 몸을 맡겼다. 그런데 빙등제를 보러 간다는 말을 들은 운전기사가 거긴 볼 것도 없고 진짜는 태양도로 가야 한다는 바람에, 택시는 급히 핸들을 꺾어 태양도를 향하게 됐다. 그런데 이 아저씨 하는 말이 거기까지 가려면 택시 요금과는 상관없이 무조건 백 위안을 달라는 것 아닌가? 그는 벌써 우리가 하얼빈 촌놈임을 눈치챈 것이다.

삼십여 분을 걸려 도착한 빙등제 입구는 혼잡을 막기 위해 경찰들이 차를 세우지 못하게 했기 때문에, 기사는 택시를 입구보다 한참 멀리 세워 줬다. 우리는 빙등제를 향해 조심조심 빙판길을 살피며 걸어갔다. 그러다 문득 얼마나 남았는지 살펴보기 위해 고개를 들어 보니, 길 건너 얼음성의 현란한 조명은 도착도 하기 전에 나의 입에서 감탄사가 절로 나오게 하고도 남음이 있

었다. 매표소를 향해 가까이 갈수록 하얼빈의 얼음 제국의 규모는 점점 더 대단해 보였다. 거대한 얼음 성곽으로 꾸며진 출입구에는 여기가 흔히 얘기하는 작은 빙등제가 아니라, 세계적으로 유명

하얼빈 빙등제 입구.

한 거대한 얼음 왕국임을 과시라도 하듯 '하얼빈 빙설대세계' 라는 거창한 글귀를 내세우며, 입장 전부터 나의 심장을 기대감으로 두근거리게 했다.

입구에 들어서자 삼백 위안이나 되는 비싼 표가 아깝지 않을 정도로, 지구상에서 보지 못했던 빙설 왕국이 각양각색으로 나를 유혹하며, 어리둥절한 이방인의 넋을 홀딱 빠지게 했다. 걸음을 옮겨가면 갈수록, 같은 듯 다르고 다른 듯 같아 보이는 현란한 얼음과 조명의 세계는 갈 곳 잃은 나그네가 어디로 발을 옮겨야 할지 더욱 혼란스럽게만 했다. 게다가 날은 어찌나 추운지, 카메라 줌을 당겨 사진을 찍어보려고 해도 카메라가 얼어 줌이 잘 돌아가지 않을 정도였으며, 나의 호흡이 모자에 닿으면 바로 얼어서 성에가 낄 정도로 추워도 보통 추운 게 아니었다. 하지만 그 모든 걸 감수하고라도 이 얼음 제국은 충분히 올 가치가 있는 곳이었다.

그런데 이곳은 그저 아름답고 멋진 곳만이 아니었다. 세계의 유명 브랜드들의 보이지 않는 전쟁터였다. 이 얼음성들은 여러 회사들이 돈을 들여 만들어, 자신들의 브랜드를 알리려는 광고의 장이기도 했다. 저마다 브랜드 특성에 맞게 화려하게 치장한 얼음성들이 경쟁적으로 자신을 뽐내며 소비자들을 유혹하고 있었다. 그중 역시 주당인 내게 제일 와 닿는 곳은 하얼빈을 대표하는 하얼빈맥주성이었다. 안으로 들어가 보니 무료로 맥주 시음도 할 수 있어, 참새가 방앗간 그냥 지나칠 수 없듯이, 나는 날이 아무리 추워도 영웅은 석 잔은 해야 한다는 마음으로 작은 시음잔에 차가운 맥주 석 잔을 내리 들이켰다. 그러나 맥주로는 추위를 이길 정도의 알콜기를 채울 수가 없어, 나

중국 바이주 회사의 얼음성.

는 역시 추위에는 독한 중국 술이 제격이라는 생각에 붉은빛으로 장식한 중국 바이지우(白酒, 고량주)인 홍화랑주의 성을 향해 한달음에 달려가 봤지만, 그곳은 시음을 제공하지 않아 섭섭한 마음으로 발길을 돌리기도 했다.

이쯤 되면 이젠 신나게 노는 일만 남았다. 거대한 삼 층으로 만들어진 코카콜라성에서 얼음 미끄럼틀을 여러 번 타며 동심으로 돌아가기도 했고, 눈썰매장에서 타이어를 끌고 언덕 위로 올라가 타이어에 온몸을 던지기도 했다. 이렇게 빙등제를 맘껏 즐기며 여러 곳을 누비다 도착한 곳은 사람들의 평안을 위해 만든 거대한 얼음의 절, 대불사였다. 이곳은 그저 보기만 하는 곳이 아니라, 실제로 사람들이 향을 사서 태우며 소원을 빌기도 하고 있었다. 우리나라와는 달리 중국에서는 어딜 가도 교회는 없어도 절이 있는 걸 보면, 중국에는 여전히 불교 신자가 상당히 많음을 알 수가 있다. 나는 경건한 마음으로 거대한 얼음부처를 바라보았다. 부처님의 자애로움이 차가운 얼음 왕국에도 따스한 은혜를 내리는 듯한 기분이 들었다.

숨을 쉬면 콧속의 콧물이 바로 얼어붙는 추위에도 정신없이 돌아다녔던 나는 어느새 기진맥진했다. 그리고보니 이곳에 들어온 지도 벌써 두 시간이 되었다. 한 시간 뒤면 폐장할 시간이라, 우리는 이제 거의 볼 건 다 봤다는 생각에 아쉽지만 빙등제를 나와 호텔로 돌아왔다.

다음 날 아침, 나는 양 과장과 함께 쉬 부총의 사무실을 찾았다. 그곳엔 쉬 부총은 없었지만 그녀의 남편이 나를 기다리고 있었다. 그는 아내 대신 그동안 잔일을 이어가고 있었지만, 전략적인 큰 결정을 내릴 수 있는 위치는 아니었다. 약 삼십 분간 나는 동북 지역에서의 어려움에 대한 불만 섞인 이야기를 들어주고 나서 그에게 말했다.

"그 모든 것을 해결하기 위해 지금 제가 온 것이 아닙니까? 그러기 위해서는 제가 오늘 꼭 쉬 부총을 만나야만 합니다. 그러니 그녀에게 안내해주세요."

나는 남편이 요구하는 사항을 다 들어주겠다는 마음으로 그에게 진심을 전하려 애썼다. 비록 통역을 통해 전달되는 것이었지만, 그는 나의 표정과 목소리를 통해 나의 진심을 느꼈는지, 드디어 쉬 부총에 대해 말을 꺼냈다.

"쉬 부총은 근 일 년간 영업을 하느라 몸도 마음도 너무 힘들어져서 병이 난 게 사실입니다. 거짓말이 아니에요. 한동안 병원에 입원했다가 지금은 퇴원하여 집에서 쉬고 있으니, 집에 가면 만날 수 있을 겁니다."

"그럼 어서 함께 가시죠."

나는 그를 재촉하여 집으로 갔지만 그녀는 없었다. 남편은 밖에서 쉬 부총과 오랜 시간 통화를 하고 와서는 난처한 표정으로 죄송하다며 말을 했다.

"집에 있었는데, 몸이 안 좋아져서 병원에 갔나봅니다. 오늘은 만날 수 없겠네요."

낌새를 보니 병원에 갔다는 건 핑계이고, 그녀는 나를 만나고 싶지 않아 뒤늦게 자리를 피한 게 틀림없었다.

"그럼 제가 병문안도 겸해서 병원으로 가겠습니다. 먼 칭다오에서 여기까지 왔는데 꼭 쉬 부총을 만나고 싶습니다."

그러나 소용이 없었다. 쉬 부총은 핸드폰 전원을 끊은 채 이미 사라져버린 것이다. 남편은 어떻게든 이 난국을 해결해보려고 이곳까지 나를 오게 하였지만, 그녀는 나의 기대와 남편의 바람마저 저버리고 말았다. 이렇게 되면 나는 더 이상 할 얘기도 없었다. 나는 소득도 없는 하얼빈 출장을 마무리하며, 남편에게 최후의 통첩을 했다.

"춘절 이전까지 쉬 부총이 대답을 안 하면 우리와 더 이상 거래를 하지 않겠다는 걸로 알겠습니다. 따라서 모든 대리상들에게 곧 다가오는 올해의 일년치 사무실 및 창고 임대료를 지급해줄 수가 없으며, 동북 지역을 위해 채용한 미용강사 두 명은 퇴직 처리할 수밖에 없습니다. 이 주일 남았습니다. 그때까지 기다리겠습니다."

나는 더 이상 미련이 없다는 듯 냉담하게 돌아섰다. 총경리가 이곳까지 찾아왔는데도 일부러 자리를 피한 쉬 부총이 괘씸하기도 하였지만, 이대로 연락도 안 되는 사람을 믿고 앞으로 일 년의 투자를 할 수가 없었기 때문이다.

그러나 결국 쉬 부총은 춘절이 지나도록 아무런 연락도 하지 않았다가, 2월이 다 지나갈 즈음에 뜬금없이 홀로 회사를 찾아와서 더 이상 거래를 지속할 수 없다며, 자신이 가지고 있는 제품의 반품을 요구했다. 모두 삼백만 위안이나 되는 금액이었다. 나는 그녀를 다시 한 번 설득하였지만, 소용이 없었다. 일 년 만에 같은 자리에서 다시 만난 그녀는 과거 나를 처음 만났을 때 자신감 넘쳤던 쉬 부총이 아니었다. 피로와 스트레스로 몸과 마음이 모두 다치고 부쩍 늙어버린 중년의 한 여성일 뿐이었다. 그녀의 말에 의하면, 그동안 장 상무와 뜻이 맞지 않아 고군분투(孤軍奮鬪)하였던 자신이 부총으로서 미엔쯔(面子, 체면)가 너무 상했기 때문이라 했다. 회사로부터 제대로 지원을 받지 못해서, 아랫사람으로부터 존중도 제대로 받지 못하게 된 그녀는 미엔쯔 때문에 고개를 들 수가 없다고 하니, 나는 더 이상 그녀를 잡을 수가 없었다.

우리나라도 체면을 중시하는 경향이 있지만, 중국인들은 특히 더 미엔쯔를 중요하게 여기는데, 이는 식사를 하는 경우 특히 잘 나타난다. 손님을 초대한 사람은 손님과 자신의 미엔쯔를 위해서 다 먹을 수도 없을 만큼 한상 가득 음식을 차려 놓으며, 손님은 음식이 입에 맞지 않아도 초대한 사람의 미엔쯔를 위해 계속 맛있다고 하면서 먹어야 한다. 또한 반대로 음식이 맛있어서 다 먹는 것도 상대방의 미엔쯔를 깎는 일이니, 적당하게 먹고 음식을 남겨야 한다.

『사기(史記)』를 지은 사마천의 경우는 인생의 목표를 위해 미엔쯔를 버린 경우이다. 한무제의 명령으로 흉노를 정벌하러 떠났던 이릉이란 장수가 패하여 포로가 된 사건이 일어나자, 이릉의 처리를 위해 무제가 중신 회의를 열었다. 그때 다른 신하들은 모두 이릉을 능지처참할 것을 주장하였으나, 사마천만은 이릉의 충절과 용감함을 두둔하다가 무제의 노여움을 사 사형을 받게 되었다. 당시엔 사형을 면하는 방법이 두 가지가 있었는데, 많은 벌금을 내거나 궁형(거세를 하는 벌)을 받는 것이었다. 하지만 돈이 없었던 사마천은 사형을 면하기 위해 궁형을 선택할 수밖에 없었다. 주변 사람들은 그가 당연히 죽음을 선택해야 한다고 했다. 그러나 그는 아버지로부터 이어받은 사기를 편찬한다는 목표를 위해 미엔쯔를 버리고 치욕적인 궁형을 선택하여 사람들로부터 비웃음을 샀다. 그래서 지금도 목숨보다 중요한 미엔쯔를 버린 사마천이 얼마나 큰 고통을 치른 것인 줄 잘 아는 중국인들이기에, 그가 더 위대해 보이는 것은 아닐까?

그런 만큼 미엔쯔를 상한 쉬 부총의 상실감은 죽음보다 더 큰 마음의 상처를 주었을 것이다. 그녀 입장으로 보면 다시 부총으로서 만회를 하기 위한 노력보다, 치욕적인 우리 회사와의 거래를 끊고 다른 곳에서 다시 시작하는 것이 더 나은 선택이었을 것이다. 이는 중국인에게 미엔쯔가 얼마나 중요한지를 다시금 일깨워주는 대목이 아닐 수 없었다.

동북 지역의 영업은 이렇게 일장춘몽처럼 일 년 만에 무너져버렸다. 영업 조직을 구축하기 위해 들어갔던 투자비만 해도 수억 원이었는데, 우리는 막대한 손실과 반품 재고를 떠안은 채 큰 위기를 맞이하게 되었다.

어느 한쪽에 치우친 영업은 그 바퀴만 비대해져 비뚤게 나가는 자동차와 같다. 우리는 이런 차를 타고 장거리 여행을 떠날 수가 없다. '모로 가도 서울만 가면 된다' 라는 속담이 있다. 과정이야 어떻든 결과가 중요하다는 이 말은 지금 세상에서는 잘못된 말이다. 무조건 서울만 가면 되는 게 아니라, 이제는 어떻게 제대로 된 길로 안전하고 빠르게 가느냐 하는 것이 더욱 중요 하다. 다른 곳은 어떻게 되든 내가 하기 편한 곳에서만 매출을 잘해서 무조 건 전체 매출 목표 백 퍼센트만 달성하면 된다는 식으로 영업을 한다면, 소홀했던 한 곳은 시장이 망가지고 만다. 세부적인 목표를 세워 달성하는 과정 은 없고, 오직 주먹구구식의 한 뭉텅이 영업 방식으로 치우쳤기 때문이다.

장 상무가 돈과 판촉 지원으로 퍼주는 영업 방식은 회사의 이익이나 대리 상의 안정화보다는 오직 매출 결과만 잘 나오면 되는 것이 아니냐는 식이었 다. 이는 누구나 하기 쉬운 영업 방식으로써 처음엔 좋은 성과가 나오겠지 만, 마약 같은 회사의 지원에 취한 대리상들의 과도한 욕심 때문에 유통 재 고는 늘어나고 실판매는 이루어지지 않게 되어, 동북 사업부 외에도 점차 부 실 대리상들을 양산하는 결과를 초래했다.

사상누각(沙上樓閣)이라고나 할까? 오래지 않아 회사 매출은 추락하기 시 작했다. 영업의 기초 과정을 무시하고 매출 목표 달성에만 중점을 둔 장 상 무의 잘못된 계획은 대리상들의 잘못된 행동을 초래하였고, 결론적으로는 대리상들을 몰락의 길에 들어서게 하였으며, 이것이 다시 부메랑이 되어 장 상무도 추락의 길을 가게 되었다. 그리고 회사에겐 안 하는 것보다도 못한 더 큰 손해를 끼치고 말았으니, 회사도 다시 한 번 큰 위기에 빠지고 말았다.

10. 새로운 도전의 시작

"이게 말이나 돼? 육백만 위안이라니? 바로 얼마 전에도 천만 위안을 넘었었는데, 어떻게 갑자기 매출이 절반으로 떨어지냔 말이야!"

한국에서 설날을 끼고 한 달간 머물다 온 민 대표는 팀장 회의가 끝나갈 즈음에 보고된 2월 매출 실적을 보고는 어이가 없다는 표정으로 화를 내었다.

"그게 말입니다. 아무래도 춘, 춘절이 있어서 영업일수가 부족했고, 동북 쪽에서 매출이 전혀 안 나오는 바람에 그, 그리되었습니다."

장 상무가 떠듬거리며 조심스럽게 대답을 하였지만, 민 대표의 화만 더 돋우었다.

"그걸 내가 몰라서 그러나? 어찌 이 지경이 되도록 놔뒀냔 말이야? 동북이 이 지경이 되도록 영업은 도대체 뭘 했어, 엉? 신총! 너는 알고 있었어?"

장 상무를 향했던 화살이 갑자기 나에게 돌아오자, 나는 드디어 때가 왔음을 직감했다.

"사장님, 둘이서만 이야기하고 싶습니다. 회의도 다 끝났으니 팀장들은 다 나가라고 하시죠."

나는 주위를 물리치고 민 대표에게 지난 상황을 자세히 설명했다.

"그래서 제가 1월에 쉬 부총을 만나러 하얼빈에 다녀왔지만, 성과가 없었습니다. 그리고 쉬 부총은 얼마 전 칭다오로 와서 우리와 더 이상 거래를 하지 못하겠다고 최후 통보를 하고 갔습니다. 가뜩이나 매출이 부진한데 반품까지 요구하고 있어서 갈수록 태산입니다."

"나 없는 동안 어찌 회사가 하루아침에 이리 될 수가 있냔 말이야? 신총이라도 똑바로 바로잡았어야 하는 거 아닌가? 총경리가 되어서 도대체 뭘 한 거야?"

나는 더 이상 장 상무의 잘못을 모두 내가 뒤집어쓰고 싶지 않았다. 나는 이미 장 상무의 문제점에 대해서 이메일로 여러 번 보고한 바도 있었고, 민 대표도 이를 잘 인지하고 있던 사항이었지만, 그도 당장 장 상무를 어떻게 할지 결정하지 못하고 있음을 잘 알고 있었다.

"사장님, 제가 여러 번 장 상무에게 충고를 하였지만 제 얘기를 제대로 귀담아 듣지를 않았습니다. 영업은 사장님과 장 상무가 직접 하나의 명령 체계로 이루어져 있지 않습니까? 제가 중간에 끼어서 장 상무를 통제하기가 쉽지 않습니다."

나의 항변에 민 대표가 답답하다는 듯이 말했다.

"총경리는 사장이나 다름없는데, 당연히 영업도 책임져야 하는 것 아닌가? 그럼 왜 네가 총경리를 하고 있냐? 차라리 총경리에서 물러나버려."

민 대표의 세상물정 모르는 말에 나는 그만 울컥 화가 솟아났다.

"사장님, 제가 잘못한 것은 저를 탓하십시오. 그러나 장 상무가 잘못한 것을 저에게 탓하시면 안 됩니다. 지금까지 계속 그리하시니, 장 상무가 언제나 제멋대로인 것 아닙니까?"

나의 강경한 응대에 민 대표는 당혹감을 느꼈다. 지금까지 내가 그에게 이리도 강하게 대응한 적이 별로 없었기 때문이다. 그러자 더욱 크게 노발대발할 줄 알았던 민 대표는 생각과는 달리 오히려 더 차분해졌다.

"그래서 어찌하면 좋겠다는 거지?"

"사장님, 차라리 저에게 영업 총괄을 맡겨주시고, 장 상무를 제 권한 밑에 넣어주세요."

나는 드디어 큰마음 먹고 내가 그동안 고심했던 생각을 끄집어냈다.

"네가 영업을 진짜로 할 수 있겠어?"

"네. 할 수 있습니다. 이미 동북 사업부도 처음엔 제가 잘 이끌지 않았습니까? 저도 이젠 충분히 중국에서 겪을 만큼 겪었습니다."

"그래서 어찌 해보려고 하는데?"

민 대표의 질문에 나는 빈 노트를 꺼내 볼펜으로 조직도를 그리며, 그동안 생각했던 영업 계획을 자세히 설명했다.

"네. 영업 조직을 이렇게 세 개의 사업부로 나누어서, 제가 영업 총괄을 겸직하면서 1사업부를 동시에 맡고, 장 상무는 2사업부, 그리고 조 차장을 3사업부 팀장으로 맡기겠습니다. 즉, 장 상무는 더 이상 임원이 아니라 팀장으로 하락하는 것이죠. 그게 싫어서 그가 회사를 나가도 상관없습니다. 제가 다 커버하겠습니다."

조 차장은 여전히 장 상무의 그늘에서 벗어나지를 못하고 있었다. 그도 과거 문 이사 때처럼 시키는 일만 하다가 회사를 떠나게 될지도 모를 것 같아, 이 기회에 새로 급부상하는 허난 성을 3사업부로 분리하여 맡겨보기로 마음먹은 것이다.

"하지만 네가 관리, 마케팅, 게다가 영업까지 어떻게 다 하겠다는 거야? 그러다 더 큰 걸 놓칠 수도 있어."

"그러니 사장님, CFO감 한 명만 채용해 주세요. 저도 원래 재무통이 아니기 때문에 회사가 더 커지면 어차피 제가 물러나고 중국 세법에 강한 재무 전문가가 맡아야 할 일입니다. 그런 사람이 재무적으로 자리만 잡아주면 제가 발로 뛰면서 다 할 수 있습니다."

"알겠네. 하지만 장 상무를 함부로 내보낼 수는 없어. 자칫 앙심을 품고 경쟁사로 간다면 아직 안정되지 않은 우리 회사 영업이 더욱 위태로워질 수도 있단 말이야. 그러니 일단 기회를 한 번 더 주는 게 좋겠네."

"그러니까 장 상무는 2사업부 팀장으로 백의종군하라고 기회를 주세요. 정신 차리고 제대로 일하면, 그때 다시 영업 총괄로 복귀시키면 됩니다. 그동안 제가 해이해진 영업부를 다시 바로잡아 놓겠습니다."

나의 계획에 민 대표는 다른 방안이 없다고 생각했는지, 마지못해 동의했다. 그렇게 해서 장 상무는 상무라는 호칭은 유지하였지만 직책상으로는 2사업부의 팀장으로 강등되어 나의 통제를 받게 되었다. 장 상무 밑에서 보조 업무를 하던 조 차장은 3사업부의 팀장으로 독립되어 새로운 비전을 꿈꿀 수 있게 되었다. 사실 이 정도 되면 일반적인 사람들은 미엔쯔가 구겨져서 스스로 물러나는 경우가 대부분이지만, 장 상무는 언제나 일반적 상식이 통하지 않았다. 조직 발표가 나자 처음엔 착잡한 표정을 지었던 장 상무는 다음 날 어떤 결심을 하였는지 나를 찾아와 말했다.

"그동안 업무가 너무 힘들고 책임이 무거웠는데, 이를 신총이 맡아주신다니 저는 훨씬 마음이 가벼워졌습니다. 앞으로 2사업부 하나는 제가 잘 관리할 테니 잘 부탁드립니다."

물론 자신의 감정을 숨기고 억지로 하는 말이라고 나는 믿고 싶었지만, 이후에도 그의 변하지 않는 행동들을 보고 나는 그때 그 말이 진심이었을 것이라고 생각하게 되었다.

나는 산둥 성을 반으로 나누어 산둥 성 북쪽과 인접한 허베이 성, 산시 성에 1사업부를, 산둥 성 이남과 인접한 장쑤 성, 안후이 성에 2사업부, 그리고 새로 진입한 허난 성에 3사업부를 편재하여 가장 큰 1사업부를 내가 직접 맡고, 각각 장 상무와 조 차장이 담당하게 했다.

여기서 이해를 돕기 위해, 중국내 각 성의 지명에 대해 잠시 설명해보겠다. 각 성의 이름은 일반적으로 큰 자연 지명과 연관이 있다. 한국어 발음으로 하남성(河南省)인 허난 성의 경우도 큰 강인 황하(黃河)의 남쪽이란 뜻이다. 그런 점에서, 황하의 북쪽은 하북(河北), 즉 허베이 성이 되는 것이다.

우리가 아직 진입을 못하고 있는 후베이 성, 후난 성도 마찬가지이다. 이번에는 강이 아니라 큰 호수이다. 바로 둥팅 호(洞庭湖)의 북쪽이 후베이(호북), 남쪽이 후난(호남)이 된다. 그래서 나는 산둥 성도 분명 산의 동쪽임을 유추 해석할 수 있었지만, 도대체 어느 큰 산이 있어 이렇게 큰 성을 동과 서로 나눌 수 있을까 하고 중국 현지인들에게 물어봤지만 명확한 답을 들을 수가 없었다. 그러다가 최근 한국인들도 많이 가는 타이항 산(태항산)에 가 본 후에야 이를 명확히 알 수가 있었다. 우리가 흔히 말하는 타이항 산은 하나의 산이 아니라 우리나라의 태백산맥처럼 여러 산들로 이루어진 거대한 산맥이었다. 허난 성과 산시 성을 지나 허베이 성까지 연결되어 있는 이 거대한 산줄기를 중심으로 분명 그 서쪽은 산서(산시)성이고 동쪽은 산동(산둥)성임에 틀림이 없다. 이쯤하면 중국 지도에서 주요 성들이 어떤 위치에 있는지를 짐작할 수가 있을 것이다.

허난 성의 경우는 새로 막 시작한 사업부로서 신규 장려금 지원을 받으며 매출이 계속 신장할 여력이 강한 곳이었기에, 경험이 부족한 조 차장이라 해도 비교적 쉽게 영업을 하며 경험을 쌓을 수가 있을 것이다. 허난 성으로 시장을 개척한 것은 장 상무의 공도 없지 않아 있었다. 지난번 동북에서 쉬 이사 일행이 찾아왔을 때, 슬쩍 도망간 장 상무는 실제로 허난 성으로 출장을 갔었다. 단지 일부러 그날 일정을 잡아서 내게 골탕을 먹이려 한 것이 잘못이었던 것이다. 장 상무는 이 부총의 소개로 왕 부총을 만나 허난 성을 담당할 리더급 대리상으로 왕 부총 조직과 대리상 계약을 체결했다. 문제는 왕 부총의 역량이 부총감의 수준이 되지 않는데도 불구하고, 당장의 매출을 위해 또 한 번 그녀가 원하는 조건대로 비교적 좋게 계약을 체결했던 것이다. 후에 겪으며 알게 되었지만, 그녀는 개인적인 욕심이 과하여 하부 구성원들에게 잘 베풀지를 않아서 그들에게 존경을 받지 못하는 사람이었다. 한마디로 부하들을 부려먹을 줄만 알고 제 실속만 차리기에 급급한 인물이라, 나중엔 조직이 와해되는 아픔을 겪게도 된다. 리더십이란 내가 아닌 타인에 대한 배려로부터 시작된다는 것을 어리석은 그녀나 장 상무는 서로 모르고 있었다.

그러나 다행인 것은 왕 부총의 밑에 있던 이 부장의 발견이었다. 그녀는 잘못된 상사와의 만남에서 홀로 꿋꿋하게 살아남게 된다. 이 부장은 왕 부총이 자신에게 큰 도움이 되지 않는 사람임을 알았으나, 허난 성에 터전을 두고 있는 상황에서 그녀의 밑에서 쉽게 벗어날 수가 없었다. 회사가 왕 부총에게 허난 성에 대한 독점권을 주었기 때문이다. 그러나 그녀는 쉽게 포기하지 않고 자신의 밑에 있는 직원들과 한가족처럼 합심하여, 밤낮으로 휴일도 없이 헌신적으로 영업을 했다. 그 결과 전국 최고의 실적을 내는 부장이 되고, 단기간에 이사로 진급을 하자마자 또 다시 1등 이사가 되어, 이 년 만에 부총이 되면서 허난 성을 반으로 나눠 왕 부총 밑에서 독립을 하게 된다. 그런 이 부장이 있었기에 나는 신입이나 다름없는 조 차장을 3사업부 팀장으로 맡길 수가 있었던 것이다.

나에겐 큰 목표가 있다. 지금까지 반복되어 왔던 한순간의 반짝 매출이 아니라, 지속적으로 성장 가능한 뿌리가 깊고 단단한 영업 조직을 구축하는 것이다. 그리하여 나는 추락하는 매출을 다시 끌어올리기 위해 잘못된 점을 바로잡으려고 전국을 순회하며 대리상들을 만났다. 그동안 장 상무가 저지른 일을 수습하기 위해 조직 시스템을 재정비하고, 중국 전역을 누비며 대리상들의 교육에 온 노력을 기울였다. 무엇보다도 구체적이지 못하고 머릿속에만 가둬 놓고 있는 대리상들의 영업 목표와 계획을 숫자로 끄집어내는 영업의 프로세스를 개선함으로써, 그들을 목표지향적인 체질로 바꾸기 위해 애썼다.

또한 나는 뚜렷한 원칙을 세우려 했다. 내가 장 상무에게 매우 답답했던 것은 그가 자신이 만든 영업의 규정과 원칙을 본인이 스스로 깬다는 것이었다. 나는 과거 나의 통제권 밖에 있었던 장 상무가 출장을 한 번 가기만 하면 또 무슨 사고를 칠지 걱정해야만 했다. 나는 그에게 대리상을 만나도 절대로 규정의 한도 내에서만 약속을 하라고 신신당부를 했지만, 그는 매번 사업자들이 요구하는 것들을 허락하고 돌아왔다. 언제나 그의 사고방식은 영업을 하다보면 이럴 수도 있고 저럴 수도 있듯이, 상황이 모두 다른데 어떻게 하나의 규정으로 모두 똑같이 적용할 수 있느냐는 식이었다. 물론 나도 이 말에는 동의하나, 만약 해줄 수 있는 일이 있고 해줄 수 없는 일이 있다면, 진정으로 하면 안 되는 일은 회사의 규정을 깨는 일이라고 생각했다. 사무실 지원 규정, 판촉 지원 규정 등의 원칙을 특정한 사람에게 깨는 순간, 회사의 법은 바로 무너지기 때문이다.

따라서 규정의 테두리를 벗어나는 일을 해야 할 경우라면, 그 규정을 깨는 것이 아니라 규정 내에서 다른 방법을 찾아야 한다. 예를 들어 실적이 우수한 어떤 대리상이 지역적으로 사무실 임대료가 매우 비싸서 회사 지원 기준으로 사무실 운영이 어렵다면, 규정을 깨고 임대료를 올려주는 것보다 매출 실적 대비 특별 장려금을 통해 부족분을 지원해주는 한편, 매출도 독려하는 방법이 더욱 좋을 것이다. 한 사람에게 사무실 임대료 지원 규정을 깨는 순간, 자칫 소문이라도 나면 실적과 상관없이 다른 이들에게도 공평하게 해줄 수밖에 없기 때문이다.

공평성과 공정성은 다른 것이다. 우리는 공평성과 공정성에 대해 혼동하지 말아야 한다. 회사의 규정은 언제나 공평하게 주어지지만, 대리상들의 판매 실적에 따른 결과는 절대 공평하지 않고 성과에 따라 공정하게 평가되어서 차등이 주어져야 한다는 사실이다. 그래서 기회는 공평하게, 결과는 공정한 것이 조직을 운영하는 가장 기본적인 리더십의 원칙이 되어야 할 것이다.

사람들은 이렇게 차등적인 평가를 차별로 오인하고 불공평하다고 탓할 수도 있겠지만, 잘하는 사람과 못하는 사람에게 똑같은 보상을 해준다는 것만큼 잘하는 사람에게 불공평한 것은 없을 것이다. 과거 찬란한 문명을 구가하던 지구상의 초강대국 중국이 공산주의 국가가 된 후 쇠퇴한 이유도, 잘하든 못하든 똑같이 분배하는 사회에서는 일 잘하는 사람들에겐 분명 불공평한 일이었기 때문일 것이다. 그러니 이런 사회에서 누군들 남들보다 더 잘하려는 노력을 하였겠는가? 우리나라가 한국전쟁을 겪고 난 60년대 초기에 분명 중국은 우리나라보다 더 잘사는 나라였다. 그런데 모든 것이 공평한 중국과 노력한 만큼의 대가가 다른 한국은 삼십 년이 지난 후 천지 차이로 바뀌었다. 그리고 중국이 자본주의를 받아들인 지 이십여 년이 지난 지금, 과거에 머물러 있는 한국과 급진하는 중국과의 전세는 또 역전되고 있는 것도 사실이다. 세상은 이렇듯 매사가 공정하게 돌아가고 있는 것이다.

나는 영업을 맡아 중국 전역을 돌아다니다가, 대리상들로부터 참으로 아이러니한 말을 들었다. 그동안 장 상무가 너무도 불공평했다는 것이다. 나는 장 상무만큼 도가 지나칠 정도로 대리상들이 요구하는 대로 잘해준 사람도 없다고 생각했는데, 불공평하다는 게 이상하다며 이유를 묻자, 그들의 대답이 이구동성으로 가관이었다.

"누구는 이걸 해줬고, 누구는 저걸 해줬는데, 왜 나는 안 해주는 것이냐? 너무 불공평하다."

한 마디로 장 상무가 자기만 빼고 다른 대리상들에게 너무 잘해준다는 것이다. 그들은 하나같이 자신이 받은 혜택은 당연히 받아야 하는 것이었고, 남들에게 해준 혜택은 불공평한 처사라고 생각하는 것이다.

결국 장 상무가 자기 편한 대로 수시로 규정을 깨고 특별히 지원해준 일은 전혀 고마운 일이 아니라 마땅한 일로 간주되었으며, 나중에는 부메랑이 되어 그의 뒤통수를 강하게 때리게 되었다. 또한 사업자들 입장에서 그의 불공평한 처사는 불만의 대상이 되어, 장기적으로는 조직에서 이탈하는 대리상도 생기고 매출 실적에도 악영향을 주었으며, 결국 그는 영업 총괄 자리에서 물러나게 되었다.

과유불급(過猶不及)이란 말이 있다. 규정을 어기는 것이 지나쳐 남발된 특혜는 더 이상 전혀 특별한 혜택이 되지 못한다. 우는 아이에게 떡 하나 더 주는 것은 그 아이의 버릇만 망치는 일이다. 그래서 나는 이를 바로잡기 위한 행동 원칙을 다시 세워야만 했다. 사무실과 판촉 지원은 원칙에 절대 어긋나면 안 된다. 이것은 어느 누구도 예외가 없다. 단, 시용품, 교육 지원, 사업자 모집 행사 등은 탄력적으로 현장 상황에 맞게 지원해주었다.

돈을 주면 가장 쉽다. 몸도 마음도 덜 피곤하다. 하지만 돈이란 마약에 취한 대리상에게 더 센 마약을 제공하지 못하면 그리 오래가지 못한다. 교육과 쟈오샹후이나 샘플링은 회사와 브랜드를 알리고 제품을 체험하게 하는 가장 좋은 방법이다. 대신 몸도 마음도 피곤하다. 하지만 이를 통해 대리상들과 매장들은 뿌리가 깊고 단단해진다. 뿌리가 단단하니 어떤 역경이 오더라도, 설령 흔들릴지언정 뿌리째 뽑혀 나가지는 않는다. 그래서 이런 끈질긴 작업들은 힘들고 고단하지만 더욱 보람 있는 일이 되는 것이다.

나는 근 오 개월 동안 주말도 쉬지 않고 구두굽이 닳도록 중국의 전역을 돌아다녔다. 그러나 매출은 기대만큼 올라가지 않았다. 민 대표는 왜 아직도 매출이 이 모양이냐고 조급해하였지만, 나는 그에게 조금만 더 기다려달라고 요청하며, 분명 분위기와 사기는 달라지고 있음을 여러 차례 보고하였다. 민 대표는 너도 별 수 없는 것 아니냐며 나를 못미더워하는 듯이 바라보았다. 『손자병법』에는 조직이 잘못된 것에 대해 병사를 탓하지 말고 조직의 기세를 탓하라고 했다. 전쟁에서 잘하고 못하는 것은 모두 조직 분위기, 조직의 사기에 따라 달라지기 때문이다. 대나무가 죽순을 피우고 어느 날 하늘 높이 쭉 뻗어 오르기 위해서는 수년간 땅 밑에서 뿌리를 단단하게 박는 시간이 있었기 때문이다. 나는 마지막으로 민 대표에게 한 달만 더 기다려달라고 했다. 그래도 뚜렷한 성과가 없다면 스스로 영업에서 물러나겠다는 비장한 각오였다.

그런데 한 달 후, 놀랍게도 매출이 급신장하기 시작했다. 회사의 배송이 따라가지 못할 정도였다. 전 직원이 교대로 하루 종일 물류 팀에 투입되어, 제품 포장 작업을 함께하며 고생스럽지만 즐거운 비명을 질러댔다. 그러면서도 다들 마음 한구석에는 이러다 예전처럼 다음 달에 매출이 뚝 떨어지면 어쩌나 하는 염려도 있었다. 하지만 기우였다. 매출은 매월 신장하였고, 목표를 매번 백 퍼센트 이상 달성하며 신기록을 갱신해 나갔다. 영업의 뿌리를 튼튼히 하려는 나의 목적이 달랐고 과정이 달랐기 때문에, 매출은 들쑥날쑥 꺾이지 않고 지속적으로 신장할 수 있었던 것이다. 나는 자신이 있었다. 아니, 이미 그리 되리라 확신하고 있었다. 그것이 내가 중국 땅에서 첫발을 내딛은 이후 다시 도전한 두 번째 시작이었다.

내가 영업을 맡은 이후로 매출은 승승장구하여, 지금은 수백억 원대의 매출을 달성하고, 마침내 누적 적자를 탈피해서 진정한 이익을 실현하고 있다. 그리고 나는 개인적인 사정으로 회사를 물러난 민 대표의 그늘에서 벗어나 중국 법인장이 된다. 중국 법인장이라면 중국에서는 동사장을 뜻한다. 어찌 보면 한 회사에서는 더 이상 오를 지위가 없는 것이다. 그러나 그건 끝이 아니라, 내겐 세 번째 도전의 시작이고, 지금도 도전은 현재 진행형이다.

나는 언제나 다짐한다.

일류기업은 항상 일류가 되기 위해서 노력하는 기업이지, 일류가 되었다고 생각하는 기업이 아니다. 그래서 일류를 향한 기업은 언제나 현재 진행형인 것이다.

11. 대단원

중국은 변하고 있다. 그리고 점점 더 빠르게 변하고 있다. 지금 우리가 살고 있는 21세기 중국의 변화는 그 어느 때보다도 치열하다. 자본주의를 받아들인 이래로 세계의 굴뚝이었던 중국은 이제 세계 경제를 좌지우지하는 소비의 중심으로 자리를 잡았다. 또한 첨단 기술을 모방하던 중국은 더 이상 없다. 인터넷, 모바일, 드론, 전기자동차, 항공기, 조선 등 모든 것의 중심엔 언제나 중국이 있다. 그리고 이미 외국 브랜드가 시장의 팔십 퍼센트를 점유하고 있는 중국 화장품 시장은 지금은 한국 브랜드들이 돌풍을 일으키며 각축을 벌이고 있지만, 중국의 화장품 산업도 점점 두꺼운 껍질을 깨고 세상에 나오고 있다. 과거 다른 산업에서 외국의 경쟁자를 물리쳤듯이 언젠가 중국의 화장품업계도 중국 기업의 천하가 될지도 모르는 일이다.

이제 어느 누구도 중국의 과거와 현재를 바탕으로 미래를 예측할 수가 없으며, 가만히 안주하거나 일견(一見)하듯 짧은 지식으로 그 속도를 따라잡기는 너무도 힘들다. 그러나 대부분의 한국 기업은 아직도 중국을 무시하고 있다. 엄청난 저력을 보여주고 있는 샤오미를 '대륙의 실수'라고 깔보고 있으며, 한국 화장품이라면 중국인들이 무조건 다 사려는 줄로 착각하고, 법적으로 위생 허가를 받지도 않고 갖은 편법으로 무장하여 불법적으로 중국 시장에 들여오고 있다. 그것은 한낱 장사치들이나 하는 일이다. 한 방에 돈을 벌고 싶고 금방 사라지고 싶다면 그리하여도 될 것이다. 그러나 진정 중국에서 오래가는 회사를 만들고 싶은데 이런 짓을 한다면, 그건 불에 타서 죽음을 면치 못하는 불나방과 같은 일이 될 것이다. 그래서 중국에 와서는 중국 법에 따라야 한다. 합법적이고 투명한 경영으로 지속 가능한 기업의 토대를 만들어야 한다.

그리고 한국인이라는 보잘것없는 자부심과 우월감 같은 것은 모두 내려놓고, 중국인을 존중하고 사랑하는 마음으로 대해야 한다. 그것이 지금 내가 중국을 살아가는 방식이다.

기회의 땅 중국에 남들보다 먼저 온 나의 작은 성공을 보고, 이미 한국과 중국의 많은 기업들이 비슷한 방식으로 따라 들어오고 있다. 이제야 비로소 중국 시장에서 세계적인 브랜드들과 그리고 중국의 현지 브랜드들과 싸울 준비가 되었다 싶었는데, 나는 지금 중국에서 한국 브랜드와 싸우고 있다. 안타깝지만 이것이 현실이고, 내가 극복해 나가야 할 또 다른 단계의 도전이다.

그래서『손자병법』에도 전승불복(戰勝不復)이라는 말이 있지 않은가? '전쟁에서 한 번의 승리가 계속 반복되지 않는다'는 손자의 말은 2500년의 시공을 넘어, 지금의 승리에 도취하여 자만하면 그 성공이 실패로 바뀔 수 있다는 경각심을 언제나 내게 일깨워주고 있다.

중국은 넓고 언제나 변함없이 그 자리에 있다. 단지 그 땅 위에 있던 수많은 기업과 사람들이 사라질 뿐이다. 그리고 나 개인은 비록 세월이 흘러 사라질지언정, 내가 일군 이 기업이 언제나 그 자리에서 중국 고객들과 함께 숨 쉬며 함께 남아 있게 할 것이다. 그것이 내가 지금 중국인에게 영원히 사랑받는 백년 기업을 꿈꾸며 지금도 대륙을 달리고 있는 이유이다.

이제 내겐 힘차게 달리는 일만 남았다. 힘차게 달리다 보면 언젠가 나는 하늘 위를 날게 될지도 모를 것이다. 내 등을 간지럽히던 보이지 않던 날개가 참을 수 없다는 듯이 고개를 치켜세우고, 나는 알지도 못했던 한 쌍의 나래를 활짝 펼쳐 너무도 자연스럽게 하늘 위로 비상할 것이다. 그리고 저 놀랍도록 광대한 중국 땅을 내려다보며, 그 모든 곳에 나의 흔적을 남길 것이다. 그렇게 희망은 하나둘씩 나를 찾아와 새로운 꿈으로 바뀌어 나를 다시 반복되는 삶의 현실로 인도할 것이다.